환단고기에서
희망의 빛을 보다

단군, 환단고기, 그리고 주체사관

환단고기에서 희망의 빛을 보다

단군, 환단고기, 그리고 주체사관

강희남 · 김명옥 · 김종성
림광철 · 박순경 · 이덕일
이매림 · 최재영 · 최진섭
지음

도서출판 말

"사대유교인 김부식 해독은 이완용보다 심해"

이제 우리의 민족·민중의 역사성을 생각해보자. 1976년부터 필자가 한국 신학의 주제로서 통일신학 강연을 전개하기 시작했을 때, 민족 개념 규명과 이념 문제 해명을 풀어나가고자 했을 때, 아주 막막한 문제가 민족 개념 규명이었다. 우선 항일민족 독립운동을 민족 개념의 출발점으로 생각했으나, 그것만으론 부족했다. 우리 민족의 자주통일의 필연성이 어떤 근거에서 설정되어야 할 것인가 하는 물음은 무엇보다 우리 민족의 시원을 확인할 필요가 있었다. 앞에서 언급했듯이 필자는 오늘의 한국 역사가들에게서 민족 개념을 확인할 수 없었으며, 오랫동안 공백으로 남겨두었다.

박순경

내가 무엇 한가지 쓸만한 것을 찾아볼 수가 없는 세월을 살다가 어둔 밤길에 작은 반디불을 맞난(만난) 것처럼 한가닥 희망의 빛을 본 것이 있으니 곧 『환단고기』라는 책이다. 이것을 관학에서는 위서(爲書)라 해서 거들떠보지도 않디만(않지만), 나는 그 책에서 어느 달은(다른) 력사서에서 찾아볼 수 없는 뚜렷한 주체사관을 발견하고 '여기에 우리 민족의 갈 길이 있구나' 하고 홀로 기쁨에 잠겼다. 그리고 단제도 신화라고 가르치는 세대에서 단제조선에 대한 생생한 기록은 물론이고 단제 이전에 잃어버렸던 거의 5천개년의 력사를 다시 찾게 된 것이다.   강희남

사대유교인 김부식의 『삼국사기』가 만들어지게 되었으니 이로부터 불행하게도 우리 배달겨레에게는 역사와 역사의식은 두 개의 개념으로 나누이게 되고, 정통적인 민족주의 사관은 이것이 임하야언(林下野言)의 대우를 받고 사대주의 노예사관만이 일약 정론정사의 영광을 누리게 되니 이것이 민족교육의 비극이 아닐 수 없었다. 이 해독은 이완용 등 오적칠적이 왕명을 팔고 나라 땅 판 것보다 더이상 심하여 이 나라 겨레들의 독립정신과 통일의식을 썩게 하고 다시 민족의 주체성이 잘 자라날 수 없게 만들었던 것이다.   한암당 이유립

우리 민족은 처음 환국(桓國)이 창립된 이래 단군, 부여, 삼한, 삼국, 고려, 조선 및 대한민국을 거쳐 5천 년의 국가 주권은 한민족에 의해 계승되었으며, 한국 강토에 근거해 서로 물려주면서 큰 난리를 겪어도 우뚝하게 독립하였고, 민족의 광채를 보전하며 백 번 전쟁에 분발하여 시종일관하였고, 전(全) 국가의 인격을 보전하였다.

1942년 상해임시정부 3.1절 선언문

기자를 민족의 시조로 높이는 주자학적 역사관, 즉 사대주의적인 역사관을 비판하면서 단군을 시조로 보는 주체적 역사관의 흐름이 양명학자들 사이에서 전승되고 있었다는 해석이 가능한 것이다. 대한제국이 망하자 조선 후기 내내 이단으로 몰렸던 이들 양명학자가 가장 먼저 만주로

망명해 독립운동을 전개한다는 점도 이들의 이런 사상과 『환단고기』가 갖고 있는 역사관이 서로 일맥상통함을 말해준다. 　　　　　이덕일

　　이렇게 고조선 역사를 본문 맨 앞에서 소개한 『삼국유사』는 조선시대 내내 금서로 지정되지 않고 계속해서 출판됐다. 고조선과 신선교에 대한 책을 소장하기만 해도 참수형에 처하면서 『삼국유사』 속의 고조선 역사는 그대로 방치했던 것이다. 이는 『삼국유사』에 담긴 고조선 역사가 고조선 역사의 진상을 알려주기에 불충분했거나 고조선 역사의 진상과 배치되는 것이었기 때문이라고 볼 수 있다. 이 책만 봐서는 고조선 역사를 이해할 수 없다는 점이 핵심 이유가 됐다고 볼 수 있다. 　　　　　김종성

　　대한민국의 국통은 반드시 현금의 대한민국을 만들기 위해 희생한 독립운동가의 사관, 임시정부의 사관으로 다시 바로 잡혀야 한다. 그 중심에 단군이 있다. 앞으로 어느 누가 무슨 이유로 '단군'을 부정하는지 국민은 지켜봐야 한다. 대한민국을 다시 바로 세우는 것은 좌우의 이념이 아니다. 지난 100여 년간 조선인, 한국인의 마음과 생각을 반도로 밀어 넣어 옥죄어 왔던 조선총독부의 사관의 올무를 벗어던지는 것이 급선무이다. 　　　　　이완영 이매림

　　일제강점기 때 독립운동가들은 빼앗긴 나라를 되찾기 위해 총을 들고 적과 싸웠지만, 펜을 들어 왜곡된 역사를 바로잡기 위해서도 싸웠다. 최남선은 단군을 "조선이라는 장강의 샘 밑"이라고 했는데, 단군을 부정하는 일은 장강의 샘 밑을 막아버리는 일과 같기 때문이었다. 　　　김명옥

또한 송시열은 "오로지 우리 동방은 기자 이후로 이미 예의의 나라가 되었으나 지난 왕조인 고려 시대에 이르러서도 오랑캐의 풍속이 다 변화되지는 않았고 …… 기자께서 동쪽으로 오셔서 가르침을 베풀었으니 오랑캐가 바뀌어 중국인(夏)이 되었고 드디어 동쪽의 주(周)나라가 되었습니다.(『숙종실록(肅宗實錄)』 7, 9)"라고 하였다. 이런 송시열의 주장은 '중국의 속국인 기자조선이 한반도 역사의 출발'이라는 현대 중국 정부의 동북공정 주장과 일치한다.

최재영

한암당 선생이 사대주의에 반감을 지니고 독립운동을 벌인 이기, 계연수, 이상룡 등의 사상과 학문을 접하며 성장했기에 자연스레 주체사관이 형성된 것이다. 이유립은 평안북도 삭주라는 만주와 조선의 변방 지대에서 태어나 자주적, 주체적 사관정립을 목표 삼은 인물들의 훈도 아래 자라났다. 시간이 흐르면서 그의 삶의 목표는 '민족의 주체사관과 가치의 정립'으로 집약되었고, 그 방법론으로서 역사 및 철학사상의 연구를 꾀하였다.

전형배

이처럼 환단고기는 내용 서술에서 비록 주관적이고 과장확대해 놓은 부분 그리고 근대에 만들어낸 부분도 있지만 한편으로는 일정한 력사사료에 근거하여 우리 민족사관을 옳게 정립전개하려고 한 긍정적인 측면도 찾아볼 수 있는 것이다. 앞으로 이 문제에 대한 연구를 더욱 심화시켜 단군 및 고조선 력사와 고구려 력사를 사료적으로 풍부히 하는 데 이바지해 나가야 할 것이다.

림광철

계연수의 스승 이기(李沂)는 『환단고기』와 깊은 관련이 있는 고성(固城) 이씨라는
점에서도 중요하다. 「단군세기」의 편찬자라는 행촌 이암(李嵒: 1297~1364)도, 『태
백일사』의 편찬자라는 일십당(一十堂) 이맥(李陌: 1455~1528)도 본관이 고성이다.
또한 대한민국 임시정부 초대국무령으로서 신흥무관학교 국사교재를 집필했던 석주
(石洲) 이상룡(李相龍: 1858~1932)도 본관이 고성이다.

기자를 민족의 시조로 높이는 주자학적 역사관, 즉 사대주의적인 역사관을 비판하면
서 단군을 시조로 보는 주체적 역사관의 흐름이 양명학자들 사이에서 전승되고
있었다는 해석이 가능한 것이다. 대한제국이 망하자 조선 후기 내내 이단으로 몰렸던
이들 양명학자가 가장 먼저 만주로 망명해 독립운동을 전개한다는 점도 이들의
이런 사상과 『환단고기』가 갖고 있는 역사관이 서로 일맥상통함을 말해준다.

1장

환단고기에 담긴
주체적 역사관과 독립운동가

이덕일

1. 결론부터 내린 '위서론'의 문제점

1979년 『환단고기』가 세상에 공개되면서 위서논쟁에 휩싸여 지금까지 논란이 계속 중이다. 『환단고기』가 공개와 동시에 위서논쟁에 휩싸였다는 사실은 한국 역사학계의 한 단면을 그대로 보여주고 있다. 『환단고기』는 『삼성기(三聖記)』, 『단군세기(檀君世紀)』, 『북부여기(北夫餘紀)』, 『태백일사(太白逸史)』라는 네 종류의 사료(사서)를 한 권으로 묶은 책이다. 따라서 이 책을 위서로 단정짓기 위해서는 이 네 종류의 사료에 대한 교차검증이 선행되어야 했을 것이다. 그러나 이런 과정을 생략한 채 공개 시기나 용어 문제 등 몇 가지 지엽적인 사항을 가지고 『환단고기』 전체를 위서로 몰았다. 이는 『환단고기』뿐만 아니라 『화랑세기』도 같은 과정을 거쳤다. 제대로 된 연구를 통한 결론으로 '위서론'을 제기한 것이 아니라 먼저 위서라는 결론을 내려놓고 이 전제에 꿰어맞춘 연구를 한 것이다. 그 이유는 위서론자의 한 명인 조인성의 아래와 같은 말이 설명해 주고 있다.

> 이러한 내용은 지금까지 축적되어 온 우리 고대사학계의 연구 성과와는 동떨어진 것이다. 따라서 종래 학계에서는 『규원사화』나 『환단고기』를 무시하여 왔다.

고대사학계의 연구 성과와 다르므로 위서라는 것인데, 이는 역사학적 방법론이 도치(倒置)된 것이다. 고대의 역사 사실에 관해서 서술하고 있는 사료를 후대의 연구 성과와 어긋난다는 이유로 위서로 결론짓는다면 역사학 자체가 존립하지 못할 것이다. 역사학이란 과거의 사료를 연구해서 결론을 내는 학문이지 후대의 연구 결과를 기준으로 과거를 재단하는 학문이 아니기 때문이다.

『환단고기』는 앞서 말한 것처럼 『삼성기』, 『단군세기』, 『북부여기』, 『태백일사』라는 네 종류의 사료를 한 권으로 묶어 공개한 것이다. 네 종류의 사료를 한 권으로 묶어서 『환단고기』라는 새로운 제목을 붙인 공개 방식 때문에 오해가 증폭된 측면도 있다. 『환단고기』 범례에 따르면 네 종류의 사료는 저자와 저술 시기가 다르다. 따라서 네 종류의 사료는 일차적으로 독자적인 연구의 대상이다. 그 후 다른 세 사료와 비교 검토하는 과정을 거치는 것이 역사학적 방법론에 더 타당했을 것이다. 그러나 『환단고기』 전체가 한 권의 사료처럼 취급되는 바람에 공격의 대상이 되기 쉬웠던 측면도 존재한다.

『환단고기』 위서론자들은 많지만 그 내용은 크게 두 가지로 압축된다. 첫째는 『환단고기』가 후대에 작성된 위서라는 것이다. 『환단고기』 작성 시기에 대한 시비는 크게 둘로 갈린다. 하나는 『환단고기』가 공개된 1979년경에 작성된 위서라는 것이고, 다른 하나는 구한말에 작성된 위서라는 것이다. 둘째는 『환단고기』가 사용하고 있는 용어를 볼 때 위서라는 것이다. 세계(世界), 국가(國家), 부권(父權), 산업(産業), 헌법(憲法), 개화(開化), 문화(文化), 평등(平等), 만방(萬邦), 자유(自由), 문명(文明), 인류(人類), 개벽(開闢), 원시(原始) 등의 용어가 근대에 사용되었던 용어라는 것이다. 그러나 이런 용어들은 대부분 동양고전에 이미 사용하고 있던 용어들이지 『환단고기』가 창작한 용어들은 아니었다. 또한 근대(近代)라는 용어 자체가 사마천(司馬遷)의 『사기(史記)』나 반고(班固)의 『한서(漢

書)』주석서에 여러 번 등장하는 것처럼 당나라 시대 때 이미 보편화된 용어로서 자신들이 살던 시기와 가까운 시기를 뜻하던 용어이지 20세기 전후를 뜻하는 용어가 아니었다. 『환단고기』 위서론자들의 논리대로라면 『사기』·『한서』의 주석서도 모두 20세기 이후에 만들어진 위서가 되는 것이다.

이는 『환단고기』 위서론자들이 동양 고전에 대한 이해가 부족하다는 사실을 말해주는 것이다. 실제로 『환단고기』를 사실로 보는 관점의 학자 유철은 「『환단고기』 위서론 논박」이란 논문에서 위서론자인 박광용이 「대종교 관련 문헌에 위작 많다」(『역사비평』, 1992)라는 논문에서 『환단고기』의 '잠청배(潛淸輩)'라는 용어를 위서의 근거로 몬 것에 대해 비판했다. 박광용은 '잠청배'라는 용어에 대해서 "「청에 내통한 무리(潛淸輩)」로 표현한 부분이 있는데 이는 잘 이해하기 어려운 부분이다 ……. 이 서술은 1894년 이후에야 가장 적절하게 맞는 개념이다."라고 비판했다. 유철은 잠청배란 청에 내통한 무리란 뜻이 아니라 오잠(吳潛)과 류청신(柳淸臣)을 뜻한다는 사실을 모른 것이라고 비판했다. '잠청배'가 고려의 오잠과 류청신을 뜻한다는 말은 안경전 역주의 『환단고기』(2012)에 자세히 나오지만 그 이전 임승국 번역·주해의 『한단고기』(1986)에서 이미 "얼마 전에는 잠이나 청과 같은 무리의 못된 의견들이……"라고 해석하고, 오잠과 류청신에 대해 상세한 주석까지 달아놓았다. 1986년에 이미 상세한 주해까지 나온 '잠청배'라는 용어를 1992년에 위서의 근거로 몬 것은 위서론자들이 『환단고기』 연구사 자체를 부인하는 현상의 일단을 말해준다. 위서라는 전제를 세워놓았기 때문에 『환단고기』에 대한 연구 성과 자체를 보지 않으려는 현상을 보이고 있는 것이다.

이는『환단고기』위서논쟁이 역사학적 방법론으로 전개되어 오지 않았음을 말해주는 것이다.『환단고기』의 내용보다는 후대에 공개되었다는 공개 시기에 대한 공격에 치중하는 것도 역사학적 방법론과 상치된다. 이런 비본질적인 문제로 전체를 부정한다면 진서(眞書)는 존재할 수 없을 것이다.『사기』·『한서(漢書)』·『후한서』·『삼국지』 등도 모두 첫 작성 당시의 원고는 존재하지 않고, 여러 필사본이 현전하고 있다. 대부분의 필사본은 필사 과정에서 조금씩 달라진다는 것은 일종의 상식이다. 한 사서의 진·위서 여부를 결정하려면 공개 시기나 용어 같은 부분적 문제를 전체적 문제로 확대하는 방식보다는 치밀한 사료검증이란 역사학적 방법론으로 진행되어야 할 것이다.

이 글에서는『환단고기』가 등장하게 되는 역사적 배경과『환단고기』에 담긴 사관의 흐름에 주목하면서, 그 작성 시기 문제도 역사학적 방법론에 따라 언급하게 될 것이다.

2. 『환단고기』가 등장한 역사적 환경

현전하는『환단고기』범례에 따르면, 계연수(桂延壽)가 가지고 있던『삼성기』,『단군세기』,『북부여기』,『태백일사』를 묶어서『환단고기(桓檀古記)』라고 이름을 지었는데, "모두 해학(海鶴) 선생의 감수를 거치고 또 내(계연수)가 정성 근면을 다하여 옮겨 쓴 것이다."라고 설명하고 있다.

범례는 옮겨 쓴 시기를 "광무(光武) 15년의 신해년 5월 광개절(고구려 시조인 동명성왕이 태어난 5월 5일) 태백 유도(遺徒) 선천 계연수 인경(仁卿)이 묘향산 단굴암에서 썼다."라고 말하고 있다. 고종의 연호인 광무(光武)는 11년(1907)으로 끝나고 1908년부터는 순종의 연호인 융희(隆熙)가 이어지는데, 광무 15년(1911)으로 쓴 것은 일제의 대한제국 강점은 물론 일제가 고종을 강제로 양위시킨 것을 인정하지 않겠다는 의지의 표현일 것이다. 이는 『환단고기』 진위 여부는 둘째 치고 『환단고기』의 편찬 자체가 강력한 항일 역사관의 산물임을 말해주는 것이다. 일제에 나라를 빼앗긴 다음해 『환단고기』를 편찬한 것은 빼앗긴 나라를 되찾는 정신적 근거를 역사에서 찾겠다는 의지의 표현이었다.

『환단고기』의 서문 격인 범례에는 인쇄비를 출자한 두 인물이 홍범도, 오동진이라면서 이렇게 말하고 있다.

> 또 홍범도·오동진 두 벗이 자금을 내어 인쇄할 수 있게 되었으니 하나는 우리 인간의 주성(主性)을 발견할 수 있게 되었으니 크게 하례하고, 하나는 민족문화의 이념이 표출되었으니 크게 하례하고, 하나는 세계인류의 공존으로 서로 합하게 되었으니 크게 기뻐한다.

계연수는 『환단고기』의 간행비를 댄 두 인물이 홍범도, 오동진 두 장군이라고 적었다. 홍범도 장군은 봉오동전투와 청산리대첩의 맹장으로 유명하고 오동진 장군은 광복군 총영의 총영장(總營長)이자 정의부 군사위원장을 역임하다가 1927년 체포되어 무기징역을 언도받고 1944년 5월 공주 감옥에서 순국한 순국선열이다. 그런데 운초 계연수의 글에 의하면 원래

오동진 장군과는 깊은 인연이 있는 사이였다. 운초 계연수·단해 이관즙 징실에 실린 「광개토성왕릉비문징실(廣開土聖王陵碑文徵實)」은 이렇게 말하고 있다.

지난 무술(戊戌:1898) 5월에 고구려 고도를 보기 위해서 장차 떠나려 할 때 오군(吳君) 동진(東振)이 듣고 50금을 보내 전별하고 이참봉 홍린(鴻麟)이 또한 포(布)를 내어 보조했다.[1]

이 글은 계연수와 이관집이 쓴 것을 옮긴 것인데, 그 주소를 고구려국 황성부(皇城府) 지금의 만주 봉천성 집안현 비석가 통구성으로부터 동북 15리 떨어져 있다면서, 그 시기를 '광무 16년(융희 6년) 임자 5월 선천(宣川) 계연수, 철성(鐵城) 이관집 공기(共記)'라고 적었다. 이 기사의 시기를 광무 16년(1912)으로 적은 것은 『환단고기』의 간행일자를 광무 15년(1911)로 적은 것과 마찬가지 사상에서 나온 것이다. 일제가 고종을 강제로 퇴위시킨 사실을 인정하지 않겠다는 의사표시인 것이다. 위 글은 계연수와 오동진이 아주 가까운 사이라는 사실을 말해주는 것으로서 『환단고기』 출간에 오동진이 인쇄비를 대었다는 범례의 내용이 사실일 개연성을 크게 높여준다.

한 나라가 흥성할 때도 역사서를 편찬하지만 망국의 위기에 몰렸거나 망했을 때도 편찬하게 된다. 백제 근초고왕 때의 『서기』, 고구려 영양왕 때의 『신집』, 신라 진흥왕 때의 『국사』 등은 모두 나라가 흥성할 때 쓴

---

1 「廣開土聖王陵碑文徵實」, 이유립 저, 『대배달민족사』 2권, 고려가, 1987, 339~340쪽.

역사서들이다. 반면 프랑스의 마르크 블로흐가 독일의 침략에 맞서 『역사를 위한 변명』을 쓰고 박은식이 여러 역사서를 쓴 것은 망국의 위기에 맞서거나 빼앗긴 나라를 되찾기 위한 수단의 하나로 역사서 서술을 선택한 경우이다. 한국의 독립운동가들은 한국고대사 복원에 중점을 두었는데, 문제는 이미 많은 사료가 사라졌다는 점이었다. 초기 독립운동을 이끌었던 예관(睨觀) 신규식(申圭植: 1879~1922)은 「한국혼」에서 한국고대사의 사료 부족에 대해서 이렇게 한탄했다.

아아! 나라의 역사를 잊었다고 함은 무슨 의미인가? 나라의 문헌은 곧 나라의 정신이다. 문헌은 어디에서 찾아야 하는가? 그것은 국사에서 찾아야 한다. 슬프도다! 우리 한국은 이제 다시는 역사가 있을 수 없으며, 지금까지 있었던 것도 없는 것과 다름이 없게 되었다.

우리나라 5천 년 역사에서 경적과 문자는 여러 차례 화를 당하였다. 첫 번째는 당나라 총관 이세적(李世勣)이 사고를 불태워 버린 것이고, 두 번째는 원나라 세조 쿠빌라이가 고려사를 제멋대로 깎아버린 것이다. 세 번째는 견훤(甄萱)의 군대에 의하여 신라의 경적이 모두 불태워진 것이며, 네 번째는 연관(燕綰)의 난으로 기자(箕子)의 역사가 흔적도 없이 사라진 것이다.

아아 슬프도다! 『단군사(檀君史)』, 『단조사(檀朝史)』, 『신지 서운관 비기(神誌書雲觀祕記)』, 『안함로 원동중 삼성기(安含老元董仲三聖記)』, 『표훈천사(表勳天詞)』, 『지공기(志公記)』, 『도증기(道證記)』, 『동천록(動天錄)』, 『통천록(通天錄)』, 『가화록(可華錄)』, 고흥(高興)의 『백제사(百濟史)』, 이문진(李文眞)의 『고구려사(高句麗史)』, 거칠부(居柒夫)의 『신라사(新羅史)』, 『발해

사(渤海史)』 등은 그 이름만 남았을 뿐, 그 책은 얻어 볼 수가 없게 되었다. 조국이 이미 쇠잔해지고 국학이 날로 명맥이 끊기게 되어 후세의 역사가들은 나라의 독특한 정신이 무엇인지 잊어버리고, 조종을 멸시하며 외국에 아첨하였다. 그리하여 정치에 관계된 문자, 전장제도와 법도의 변천과 이해관계를 궁구함에 참고할 만한 것을 없애버린 것이 많고, 심지어 고래의 사책(史冊) 가운데 타국을 지탄하고 배척한 것이 있으면 이를 고치거나 삭제해 버렸다. 또한 옛날 도의를 교화시키던 경적의 내용 가운데 국수적인 요소가 남아 있는 것은 모두 이단이라 하여 빼어 버리고 싣지 않았다.

이 글은 한국독립당에서 대한민국 22년(1940) 8월 25일 발간한『한민(韓民)』제1권 제3·4기에 실린 내용이다. 신규식이 "조국이 이미 쇠잔해지고 국학이 날로 명맥이 끊기게 되어 후세의 역사가들은 나라의 독특한 정신이 무엇인지 잊어버리고, 조종을 멸시하며 외국에 아첨하였다."라고 개탄하고 있는 점이 주목된다. 신규식의『한국혼』은 비슷한 시기 대종교의 무원 김교헌(金敎獻) 등이 사대주의 유학의 이념을 버리는 대신 한국의 국학을 주목한 것과 마찬가지 성격이다. 독립운동가들은 대한제국이 망한 이유의 뿌리로 역사관의 문제에 주목했다. 유학의 사대주의가 단군으로부터 시작하는 한국사의 정신적 근원을 말살했음을 깨닫고 단군에 주목하게 된 것이다. 이런 시대적 환경에서 망국 이듬해『환단고기』가 편찬되었던 것으로 이해할 수 있다.

그런데 이 시기 독립운동가들이 유학의 사대주의를 버리고 단군을 비롯한 국사의 뿌리를 찾게 된 것이 그 시기에 처음 만들어진 것이 아니라는 점이 중요하다. 문헌상 조선 시대에도 이런 흐름이 있었는데, 사대주의적

조류에 의해서 억압되었다가 망국이란 초유의 국난을 맞아 부각되었던 것이다. 즉,『환단고기』가 공개 당시인 1979년경에 창작되었다는 주장은 일고의 가치도 없고, 구한말에 창작되었다는 주장도 이런 사상사적 흐름에 대한 이해의 부족에 기인하는 것이다.『환단고기』감수자인 해학(海鶴) 이기(李沂: 1848~1909)의 행적만 살펴봐도 이런 사상사적 흐름을 읽을 수 있다.

3. 해학 이기와 고성 이씨

먼저 이기의 제자 계연수에 대해서 살펴보자.『환단고기』위서론자들은 그간 계연수도 가공인물이라고 주장해왔다. 그런데 1969년 편찬된『해동 인물지(海東人物志)』'곤(坤)'권에 계연수에 대해서 이런 기록이 있다.

계연수(桂延壽)의 자는 인경(仁卿)이고 호는 운초(雲樵)다. 평안도 선천에 거주했는데 이기(李沂)의 문인으로 백가(百家)의 책을 섭렵했다. 무술(戊戌: 1898)년에『단군세기(檀君世紀)』와『태백유사(太白遺史)』등의 서적을 간 행했다. 기미(己未: 1919)년 이상룡(李相龍) 막하에 들어가 참획군정(參畫 軍政)으로 공을 세우고 경신(庚申: 1920)년에 만주에서 사망했다.

계연수가 가공인물이라는 설이 등장한 것은『환단고기』가 세상에 공개된 1979년 이후인데, 그 10년 전에 편찬된 인물지에 계연수에 대한 사항이 이미 실려있다는 것은 가공인물설이 허구임을 말해준다. 이는『환단고기』위서논쟁의 전개 과정의 한 특징을 말해주는 사례이기도 하다. 위서론자들이 위서의 근거로 본 사례들은 일정 정도 연구를 거치면 대부분 사실로 드러나는 과정의 반복이라는 점이다.『해동인물지』는 계연수가 신해년(1911)에 편찬했다는『환단고기』는 빠져 있는 대신 무술년(1898)에『단군세기』와『태백유사』등을 간행했다고 나온다.『태백유사』는『태백일사』의 오기로 보이는데,『해동인물지』는 계연수가 실존 인물임을 말해주면서, 무술년(1898)에 이미『단군세기』와『태백유(일)사』를 간행했다는 사실을 말해주고 있다. 즉,『환단고기』가 세상에 공개되어 논란이 되기 10년 전에 간행된『해동인물지』는 이미 계연수가『단군세기』·『태백유(일)사』를 간행했음을 말해주는 것이다.『환단고기』가 이유립의 창작이라는 설은 이미 설득력을 잃은 것이다.

계연수의 스승 이기(李沂)는『환단고기』와 깊은 관련이 있는 고성(固城) 이씨라는 점에서도 중요하다.『단군세기』의 편찬자라는 행촌 이암(李嵒: 1297~1364)도,『태백일사』의 편찬자라는 일십당(一十堂) 이맥(李陌: 1455~1528)도 본관이 고성이다. 또한 대한민국 임시정부 초대국무령으로서 신흥무관학교 국사교재를 집필했던 석주(石洲) 이상룡(李相龍: 1858~1932)도 본관이 고성이다.『환단고기』는 고려 말부터 사관(史官) 집안이었던 고성 이씨와 관련이 있는데, 이맥이 편찬했다는『태백일사』의「고구려본기」에는 자신의 선조인 행촌 이암에 대해서 이렇게 서술하고 있다.

행촌 시중이 지은 저서가 3종이 있다. 『단군세기』를 지어서 시원 국가의 체통을 밝혔고, 『태백진훈(太白眞訓)』을 지어 환·단(桓檀)시대부터 전수되어 온 도학과 심법(心法)을 이어받아 밝혔다. 『농상집요(農桑輯要)』는 세상을 다스리는 실무 관련 학문을 담은 것이다.

행촌 이암이 『단군세기』·『태백진훈』·『농상집요』를 지었다는 위 기술은 얼마나 설득력이 있는 이야기일까? 이기는 1909년 객지인 서울에서 사망하는데, 1955년에 위당 정인보 등이 이기의 문집인 『해학유서(海鶴遺書)』를 간행했다. 정인보는 「해학 이공 묘지명(海鶴李公墓誌銘)」 등을 쓰는데 이는 정인보의 문집인 『담원문록(薝園文錄)』에도 실려있다. 양명학자였던 정인보가 이기의 묘지명을 쓴 이유는 이기 역시 양명학자(陽明學者)였을 개연성을 말해준다. 「해학 이공 묘지명」에 따르면 이기는 단군교 및 대종교의 창시자인 나인영(羅寅永: 나철)과 함께 일본에 갔다가 귀국해서 한성사범학교(漢城師範學校)의 교편을 잡았다. 이기 등은 고종이 강제로 양위 당한 후 친일매국노인 정미(丁未) 7적 등을 죽이려고 하다가 이근택에게만 부상을 입히는데 그쳤다. 이기는 이 사건으로 나인영과 함께 체포되어 진도(珍島)에 유배되었다가 석방된 후 기유년(己酉年: 1909) 62세로 순국했다. 「해공 이공 묘지명」은 이기가 나인영뿐만 아니라 나라가 망하자 절명시를 쓰고 자결 순국한 매천(梅泉) 황현(黃玹)과도 친밀했다고 전하는데 황현 역시 양명학자이다. 매천 황현은 「이해학에게 제를 올리는 글(祭李海鶴文)」을 써서 이기를 추도하는데, 그중에, "(이기의) 유고(遺稿)도 오랜 세월이 흘러 모두 산질(散帙)되었지만 누가 그 주옥 같은 글을 수습하겠습니까? 이것이 모두 후사인(後死人)의 사한(私恨)이지만 온 세상 풍조가 적막하니 어쩔 수 있겠습니까?"라는 내용이 있다. 1909년 당시 이기의 유고가 흩어져서 수습할 수 없다고 안타까워하고 있는 것이다. 황현은 『매천야록(梅泉野錄)』에서 이기의 유고가 흩어진 이유를 유추할 수 있는 단서를 전하고 있다. 이기가 이토 히로부미에 대해서 여러 차례 강하게 비판했다는 것이다. 당시 한국의 일부 인사들은 일본 군부에 비해서 온건파였던 이토 히로부미가 한국의 국체를 유지해줄 것으로 믿고 있었다. 그러나 이기는 이토 히로부미에 대해서 "한국에 대해서 밖으로는 유지하게 한다는 명분을 내걸고 안으로는 흡수할 계획을 갖고 있다."라고 그 본질을 꿰뚫어 보면서 "2천만 명을 죽여서 탄환(彈丸)만 한 땅 하나를 얻으려 한다면 그 이해는 자명한 일"이라고 비판했다. 『매천야록』은 또 이기가 이토 히로부미에게 보낸 편지에서 한국 점령 계획을 포기하는 것이 동양 평화를 위하는 길이라면서, "우리들의 말은 우리 한국을 위해서만 말한 것이 아니라 귀국을 위해서도 그렇습니다. 그리고 귀국만 위해서가 아니라 동양전국(東洋全局)을 위해서도 그렇습니다."라고 말했다고 전하고 있다. 안중근의 동양평화론과 동일한 논리 구조를 갖고 있었다. 황현은 "이기(李沂)가 이등박문에게 보낸 서신은 그 내용이 준절(峻切)하여 사람들은 모두 위태롭게 생각하고 있었으나 이기(李沂)는 태연히 불고하고 있었다."라고 말하고 있다. 이처럼 이기가 이토 히로부미를 강하게 비판했기 때문에 그의 유고가 제대로 수습되지 않았을 가능성이 큰 것이다. 그래서 해학 이기의 문집은 간행되기 어려웠다. 위당 정인보는 임오년(壬午年: 1942) 7월에 『해학유서』의 「서(序)」를 작성하는데 이는 1942년에도 이기의 문집을 간행하려는 움직임이 있었음을 유추케 해 준다. 그러나 이때도 역시 문집은 간행되지 못했다.

정인보의 글에 따르면, "공(公)은 서울에서 사망하였고 공이 사망한 그다음 해에 나라가 망하였다. 그리고 20년 후에 그의 아들 낙조(樂祖)가 공(公)의 유문(遺文)을 모았지만 10분에 8~9가 산일(散佚)되었"다고 말하고 있다.

결국 이기의 문집인 『해학유서』는 해방 후인 1955년에야 간행되는데, 이때 강동희(姜東曦)가 쓴 발(跋)에 이기의 유고와 관련해서 주목할 만한 내용이 있다. 강동희는 "선생의 유문(遺文) 중에 「천주육변(天主六辨)」과 「태백진경(太白眞經)」 및 「의책(擬策)」 등이 있었으나 이 글들이 모두 없어져 수습(收拾)하지 못하였으므로 조용히 속간(續刊)되기를 기다린다."라고 썼다. 강동희가 말하는 「태백진경(太白眞經)」은 앞서 이맥이 『태백일사』에서 이암이 썼다고 말한 「태백진훈(太白眞訓)」을 뜻할 것이다. 이기가 『태백일사』에 언급된 『태백진경(훈)』을 갖고 있었다는 사실은 주목할 만하다. 강동희는 이 글에서, "고을 선비들이 그 유문(遺文)을 간행(刊行)하려다가 경인(庚寅)년(1950)의 난리를 만나 그 계획을 철회하므로 사우(士友)들이 한(恨)을 간직한 지 이미 오래되었다."라고 말하고 있다. 이기의 유문은 망국과 6·25전쟁 같은 큰 국난을 거치면서 사라졌지만 이기가 「태백진경(훈)」을 갖고 있었다는 사실은 확인할 수 있다. 이는 덮어놓고 『환단고기』를 후대의 위서로 모는 위서론자들에게 경종이 된다. 고성 이씨인 이기는 자신의 선조들이 저술했다는 『환단고기』의 여러 사료를 갖고 있었을 가능성이 있기 때문이다.

4. 단군의 신하 고시레, 팽오, 신지에 대해서

『환단고기』의 진위에 대해서 연구할 때 이기 이전에 이미 『환단고기』에 담긴 논리 구조가 전해지고 있었다는 사실을 찾아볼 필요가 있다. 이런 점에서 1920년 6월 25일 자 『개벽』 창간호인 제1호에 일태(一態)라는 이가 쓴 「단군신화(檀君神話)」라는 논설이 주목된다. 일태가 누구인지는 분명하지 않지만 본명을 쓰지 않은 이유는 독립운동가였기 때문일 것이다. 『개벽』 제1호는 「사고(謝告)」에서 「단군신화」의 말단(末段) 2행 등 때문에 총독부의 발매금지를 당해서 이를 삭제하고 간행할 수밖에 없었다고 전하고 있다. 일제는 3·1혁명 이후 문화통치를 표방하면서 한국어 신문·잡지 등의 간행을 허용했다. 그러나 「단군신화」 원고의 두 줄을 삭제하라고 한 것에서 '단군'에 대한 민감한 내용은 발간을 허용하지 않았음을 알 수 있다. 그런데 「단군신화」의 소제목과 그 내용에는 『환단고기』와 관련해서 주목할 만한 내용이 많다.

「단군신화」의 소제목은 '1. 단군(檀君)의 제생설(濟生說), 2. 천부삼인(天符三印), 3. 삼신(三神), 4. 고시레 5. 팽오(彭吳), 6. 신지(神誌), 7. 팔리(八理), 8. 단군신가(檀君神歌)'이다. 그런데 단군과 관련해서 『삼국유사』에 나오지 않는 내용들이 다수 있다는 점이 주목된다. 일태는 아마도 일웅(一熊)의 오기일 가능성도 있는데, 그는 '단군의 제생설'에서 "일연이 찬(撰)한 『삼국지(三國誌: 삼국유사)』와 일연이 찬한 경주 불국사 사적(史蹟)으로 단군의 대개를 알게 되었다."면서 『삼국유사』에 나오는 단군의 사적을 옮겨놓았다. 그는 단군이 지녔다는 천부삼인에 대해서 과거, 현재,

미래라고 해석하고, 삼신(三神)을 '환웅, 환인, 왕검'으로 해석하면서 "이 는 마치 기독교의 삼위일체설과 같이 된 것이다."라고 해석했다.

그러나 그 이후의 '고시례, 팽오, 신지, 팔리' 등은 모두『삼국유사』에는 나오지 않는 내용들이다. 먼저 고시례에 대한 내용을 보자.

> 고시례: 단군시대에 시신(侍臣) 고시례(高矢禮)가 잇섯다. 그는 실(實)로 현신(賢臣)이엇섯다. 그는 단군의 명교(命敎)를 승(承)하야 황무(荒蕪)를 개척하고 오곡의 농작을 흥(興)케 하엿슴으로 그 여택(餘澤)이 만세(萬世)에 류(流)하야 지금까지 조선 풍습에 신음식(新飮食)을 대하던지 농민이 전포(田圃)의 간(間)에서 노식(露食)할 시는 「고시례」 하고 주호(呪呼)하는 습속이 잇다.

이 내용은 숙종 2년(1675)에 북애 노인이 편찬했다는『규원사화』「태시기」에, "농사짓고 나무하는 사람들이 밥을 대할 때 고시자(高矢者)에게 비는 것은 고시씨를 칭하는 것이다."라는 내용과도 일치한다. 1972년 11월 3일 국립중앙도서관의 고서(古書)심의위원인 이가원, 손보기, 임창순 3인은『규원사화』의 지질을 비롯한 여러 사항을 심의한 결과 조선 중기에 씌여진 진본으로 확인했다. 그러나 식민사학계 일각에서는『규원사화』역시 위서로 보고 있다. 이 역시 한국사에 유리한 사료만 나오면 덮어놓고 위서로 모는 식민사학계의 고질적 습성에 의한 것이지 학문적 논리를 갖춘 반론이 아님은 물론이다. 그런데『규원사화』는「조판기(肇判記)」에서 환웅을 신시씨(神市氏)라면서 고시를 신시(환웅)의 신하로써 농사의 일을 맡아보았다고 말하고 있다. 그러나 같은『규원사화』「단군기」

에서는 고시씨와 여러 사람들이 천부인 3개를 받들고 환검 신인을 군장으로 삼았는데, 이가 곧 임검(壬儉: 단군)이라면서 고시씨를 단군의 신하라고 달리 설명하고 있다.

『환단고기』에도 고시에 대한 설명이 조금씩 달리 나온다. 신라 진평왕 때 승려 안함로(安含老)가 지었다는 「삼성기 상」에는 "단군은 …… 팽우(彭虞)에게는 토지를 개척하도록 하셨고 …… 고시(高矢)에게는 농사를 주관하게 하셨고, 신지(臣智)에게 서계(書契)를 만들게 하셨다."라고 단군의 신하로 서술했다. 그런데 『태백일사』「신시본기」에서는 『진역유기(震域留記)』의 「신시기(神市紀)」를 인용해서, '환웅천황이 고시례(高矢禮)에게 먹여 살리는 임무를 담당하도록 했다.'고 환웅의 신하로 나온다. 『규원사화』나 『환단고기』에 고시씨에 대한 설명이 조금씩 다른 것은 두 책이 위서라는 증거가 아니라 그 반대로 해석해야 할 개연성을 준다. 만약 『규원사화』나 『환단고기』가 한 사람이 창작한 위서라면 환웅 아니면 단군의 신하로 통일해서 서술했지 앞뒤가 다르게 서술하지는 않았을 것이기 때문이다. 1920년에 발표된 「단군신화」에 나오는 고시, 팽오, 신지 등이 모두 『환단고기』에도 나오는 것은 『환단고기』가 1979년경에 창작되었다는 주장이 근거가 없음을 말해준다. 더구나 단군의 신하 고시(高矢)와 팽오(彭吳)에 관한 내용은 1909년 10월 5일 자 『신한국보(新韓國報)』에 실린 「단군교 포명서(檀君教布明書)」에도 나온다.

지금 길가에나 고개 위에 선령당(속담에 성황당)이라 하는 신령은 대황조의 명을 받아 고산대천을 다스리던 팽오(彭吳)의 사당이요, 들 가운데 농부가 점심을 대하면 먼저 한술 밥을 던지고 비는 것은 대황조의 명을 받아 농사짓는 법을 가르치던 고시(高矢)를 제사함이요, 만주 철령 등지에 왕왕히 수목 중에 고묘 유적이 있는데 그 땅에 사는 사람들이 말하기를 단신을 제사하는 집과 터이라 하니, 단이라 함은 단군이라 하는 단자라.

고시나 팽오 등은 『삼국사기』·『삼국유사』에는 나오지 않는다. 이런 내용들이 1920년에 쓴 「단군신화」뿐만 아니라 1909년의 「단군교 포명서」에도 나오는 것은 계연수가 이기의 감수를 받아 『환단고기』를 편찬했다는 1911년 이전에 이미 독립운동가들 사이에서는 '고시·팽오' 등의 내용이 공유되고 있었음을 뜻한다.

5. 조선 선비 홍만종과 이종휘의 '팽오'

그럼 '고시'나 '팽오' 등의 내용은 1909년 「단군교 포명서」가 처음 창작한 용어일까? 아니면 그 이전에도 조선의 지식인들 사이에서 인지되고 있던 내용일까? 사료적 근거를 찾아보면 '팽오'는 '고시'보다 훨씬 이른 시기의 사료에 나온다. 먼저 일태가 「단군신화」에 '팽오'를 어떻게 설명하고 있는지 살펴보자.

팽오(彭吳): 단군의 고신(高臣)으로 고시래와 가티 동덕(同德)의 대인(大人) 팽오(彭吳)가 잇섯다. 그는 산천을 구별하고 도로를 분(分)하야 인민의 행정을 편리케 하엿슴으로 지금 조선 풍속에 도방(道傍)에 성황당(城隍堂)을 축(築)하며 대로(大路) 영상(嶺上)에 국사당(國祀堂)을 건(建)함은 즉 기(其) 팽오(彭吳)의 신사(神祠)이엇더라.

팽오는 『환단고기』 「삼성기」에는 팽우(彭虞)로 나오면서 단군이 "땅을 개척하게 했다."라고 기록하고 있는 인물이다. 『규원사화』 「단군기」에는 "한음(漢音)에 우(虞)와 오(吳)가 서로 통한다."라고 '팽우'나 '팽오'를 같은 인물로 보고 있다. 그런데 팽오는 『규원사화』와 『환단고기』에 처음 등장하는 인물이 아니다. 장지연은 「대한자강회월보」 제2호(1906년 8월 25일)에 실은 「국조고사(國朝故事)」라는 글에서, "홍만종(洪萬宗: 1643~1725)의 『동국역대총목(東國歷代總目)』에 말하기를 '단군의 이름은 왕검이니 평양에 도읍했다가 후에 백악에 도읍했다.'라고 하고 또 말하기를 '백성을 가르쳐서 머리를 땋아서 생활하였고 모자를 쓰고 다녔다.'라고 했으며, 또 말하기를 팽오(彭吳)에게 명해서 국내 산천을 다스렸다."라고 썼다. 장지연은 1906년에 이미 '팽오'에 대해서 알고 있었던 것이다. 그리고 그 근거를 17세기의 학자인 홍만종의 『동국역대총목』에서 찾고 있는 것이다.

홍만종은 주자학에 대해서 비판적 인식을 갖고 도(道)에 관심을 갖고 있었던 선비로서 『해동이적(海東異蹟)』을 편찬했다. 홍만종의 역사인식에 대해서는 본격적으로 검토할 필요가 있는데, '팽오'와 관련해서는 『동국역대총목』의 「단군조선」조에서 이렇게 서술했다.

원년〔당요(唐堯) 25년〕 백성들을 가르쳐 머리를 땋고 모자를 쓰게 했다(군신과 남녀의 거처의 제도를 정한 것 또한 이것이 시작이다 운운). 팽오에게 명해서 국내 산천을 다스리게 하고 백성들의 거처를 정하게 했다[본기통감 (本記通覽)에는 우수주(牛首州)에 팽오의 비석이 있는데 김시습이 시에서 '수춘(壽春: 춘천)이 곧 맥국인데 팽오 때부터 길이 통했다'고 했는데 우수는 지금의 춘천이고 수춘은 춘천의 별호이다].

갑술[하우(夏禹) 18년] 아들 부루(扶婁)를 하(夏)에 보내 조회하게 했다[이때 우(禹)가 제후들과 도산(塗山)에서 회맹했는데, 단군이 부루를 보내서 조회하게 했다].

조선 중기의 학자 홍만종은 단군이 신하 팽오에게 산천을 다스리게 했다고 서술했다. 또한 단군의 아들을 부루라고 말하고 우임금과 도산에서 회맹하게 했다고 말했다. 홍만종이 무슨 사료를 근거로 이렇게 서술했는지는 알 수 없지만 그가 창작한 내용은 아니다. 그는 자신이 갖고 있던 사료를 근거로 이렇게 서술했을 것인데, 아마도 세조의 수압령 때 관에 바치지 않은 서적을 인용했을 가능성이 크다. 수압령 때문에 이를 적시한 책 제목을 직접 인용하지는 않았을 것이다.

그런데 팽오라는 인물은 『한서(漢書)』에도 나오기 때문에 논란이 되었다. 『한서』 식화지(食貨志)에 "(한 무제 때) 팽오가 예맥(濊貊), 조선(朝鮮)으로 통하는 길을 열고 창해군을 두니 연(燕)과 제(齊) 사이에서 소요가 일어났다."라는 기록이다. 조선 말 이규경(李圭景: 1788~?)은 『오주연문장전산고(五洲衍文長箋散稿)』의 「치도총설(治道總說)」에서 『동사(東史)』에는 단군이 팽오에게 명을 내려서 국내 산천을 다스려서 백성들이 거주하게 했다."라고 기술하면서 이렇게 말했다.

『본기통람(本紀通覽)』에서 말하기를 우수주(牛首州)에 팽오의 비석이 있는데 우수주는 지금의 춘천이다. 김시습이 시에 '수춘이 곧 맥국인데, 팽오 때부터 길이 통했네'라는 구절이 있다.『한서』「식화지」를 고찰하니 무제 때 팽오가 예맥과 조선으로 통하는 길을 열고 창해군을 두었다고 했다. 그렇다면 팽오는 무제의 신하이다. 팽오는 이미 두 명이 있어서 한 명은 단군에게 있고 한 명은 무제에게 있으니 이는 깊게 연구해서 판정할 수밖에 없다.

이규경은 조선 후기의 학자인데 이 기사에서 주목되는 것은 조선 전기의 학자인 김시습(金時習: 1435~1493)의 시에 팽오가 나온다는 점이다. 조선 전기에 이미 팽오에 대한 이야기가 전해지고 있었다는 뜻이다. 이런 내용은『본기통감』이란 책에 이런 이야기가 실려 있었다는 것이다. 조선 후기의 사학자 안정복(安鼎福)은 홍만종의 위 기사에 나오는『본기통감』이 어떤 책인지 의문을 품고 스승인 성호 이익에게 "소위『본기통람(本紀通覽)』이란 또한 무슨 책입니까?"라고 묻기도 했다. 안정복도 보지 못할 정도로 일부 학자들 사이에서만 은밀하게 전수되고 있었다는 뜻이다. 다산 정약용은 「문헌비고간오(文獻備考刊誤)」에서 "『동사(東史)』에는 '단군이 팽오에게 국내 산천을 다스리게 명했다'고 했다."라는 구절을 실으면서 "『동사』및『보감(寶鑑)』·『본기(本紀)』·『통람(通覽)』등의 종류는 모두 정사(正史)가 아니다."라고 말했다. 이 책들이 어떤 책들인지는 정확하지 않은 데 홍만종의『역대동국총목』의 표지가『東史 上』이라고 되어 있어서 정약용이 말한『동사』가 홍만종의 저서를 말하는 것인지도 모른다. 어쨌든 정약용도 이런 여러 제목의 역사서들이 전하고 있었다는 사실은 알고 있었다는 뜻이다.

홍만종의 이런 서술 인식은 이종휘(李鍾徽: 1731~1797)의 『수산집 (修山集)』에 실린 「동사본기(東史本紀)」에도 그대로 연결된다. 「동사본 기」라는 제목에서 알 수 있는 것처럼 이종휘는 조선의 유학자들이 역사서 를 편찬할 때 조선의 역대 국왕을 제후의 사적인 '세가(世家)'로 분류하는 것을 따르지 않고 황제의 사적인 '본기'로 분류했다. 이런 역사인식에서 단군을 나라의 개국자로 보고 팽오를 그 신하로서 산천의 경계를 정한 인물로 받아들인 것이다. 이종휘는 '단군본기'에서 이렇게 설명하고 있 다.

> 단군의 이름은 왕검인데, 혹은 성이 환씨(桓氏)라고 한다 ……. 도당씨(陶唐 氏: 요임금)가 중국에 나라를 세웠을 때 단군이 개국했는데, 대개 무진(戊辰: 서기전 2333)년이라 한다. 9년 동안 홍수를 당해서 팽오에게는 높은 산과 큰 강을 정하게 하고 우수(牛首)에 이르러 백성들이 살 터전을 정했다. 단군은 수천 년을 살다가 마쳤고, 아들 부루(扶婁)가 섰는데, 갑술(甲戌)년에 도산(塗山)에서 하후씨(夏禹氏)와 회맹했다. 부루 이후에는 세계(世系)와 연보를 잃어서 전하지 않는다.

이종휘는 단군의 성씨를 '환씨(桓氏)'라고도 한다고 말했는데, 이 역시 그가 갖고 있던 다른 사료에는 단군의 성씨를 '환(桓)'이라고 쓰고 있었다 는 뜻이다. 이종휘는 단군의 태자 부루 이후의 사적은 사료가 없어져서 알 수 없다고 말했지만 「단군본기」 끝부분에서 "가만히 고기(古記) 중에서 글의 뜻이 자못 단아한 것을 취해서 본기의 첫머리로 삼는다."라고 말했다.

이종휘가 '고기(古記) 중에서 자못 뜻이 단아한 것을 취했다.'고 쓴 것은 그 역시 『삼국사기』·『삼국유사』 이외에 한국고대사에 관한 사료들을 갖고 있었음을 유추케 한다. 『삼국사기』에는 부루가 나오지 않고, 『삼국유사』에는 부루가 나오지만 이종휘의 「단군본기」처럼 단군의 아들이 아니라 북부여 천제(天帝) 해모수의 아들이라고 설명하고 있다. 부루를 단군의 아들이라고 쓴 것은 홍만종의 『동국역대총목』과 이종휘의 『동사본기』인데, 『환단고기』「단군세기」도 "갑술 67년, 단군이 태자 부루를 파견해서 우사공(虞司空)과 회맹했다."라고 이종휘의 「단군고사」와 비슷한 내용을 적고 있다. 이는 『환단고기』가 대종교를 중심으로 한 독립운동가들이 창작한 것이 아니라 그 이전부터 존재했던 내용임을 말해준다. 이는 세조의 수압령 때 관에 바치지 않은 일부 역사서들이 주자학에 비판적인 지식인들에게 전해졌음을 추측하게 해 준다. 이런 서적들을 이종휘는 '고기(古記)'라고 불렀을 것이다.

이종휘는 당파적으로 소론이면서 주자학을 비판한 양명학자다. 조선말의 이기, 이건창, 황현 등이 모두 양명학자라는 점에서 이는 유학의 사대주의, 즉 중화사관을 비판하는 조선 학자들 사이의 학맥적 연관성을 읽을 수 있게 해 준다. 기자를 민족의 시조로 높이는 주자학적 역사관, 즉 사대주의적인 역사관을 비판하면서 단군을 시조로 보는 주체적 역사관의 흐름이 양명학자들 사이에서 전승되고 있었다는 해석이 가능한 것이다. 대한제국이 망하자 조선 후기 내내 이단으로 몰렸던 이들 양명학자가 가장 먼저 만주로 망명해 독립운동을 전개한다는 점도 이들의 이런 사상과 『환단고기』가 갖고 있는 역사관이 서로 일맥상통함을 말해준다.

6. 『환단고기』의 「어아가」와 독립운동가들의 「단군신가(檀君神歌)」

일태는 「단군신화」에서 「단군신가(檀君神歌)」라는 노래를 소개하고 있다. '단군 때의 신가(神歌)로서 인민(人民)이 송축(誦祝: 외워서 부르는 노래)했던 노래'라는 것이다. 일태가 전하는 노랫말은 아래와 같다.

> 어아어아 나리한배금가미고이. 배달나라니리다모. 골잘너나도가오쇼.
> 어아어아 차마무가하라다시 거마무니 설데다라. 나리골잘 다모하라두리 온차마무. 구설하니 마무온다.
> 어아어아 나리골잘다모하라하니. 무리설데마부리아. 다미온다차마무나.
> 어아어아 나리골잘다모하라고비오마무. 배달날아 달이하소. 골잘너나 가 머고이 나리한배금 나리한배금

위 노래가 고제신가(古祭神歌), 또는 단군신가(檀君神歌)라는 것인데 이 신가에 대한 일태의 설명이 주목된다.

> 위 신가(神歌)는 그 시대의 점(點)에서 아직 미상(未詳)하나 고사기(古史記)를 거(據)컨대 고구려 동명왕 때에 가곡(歌曲)으로써 궁중(宮中)에서 여항(閭港)까지 성전(盛傳)하였으며 또 광개토왕은 매양(每樣) 출전(出戰)할 시에 군가(軍歌)로 사용해서 군기(軍氣)를 진흥(振興)하니라. 연(然)한대 동명왕(東明王)은 신가를 해역(解譯)하되 좌(左)와 같이 하니라.

이 노래를 소개한 일태는 '고사기(古史記)'를 근거로 고구려 시조 동명왕이 위 단군신가를 새롭게 해석해서 편작했는데, 광개토대왕이 출전할 때마다 군가로 사용했다고 설명했다. 단군신가를 고구려 시조 동명성왕이 편작했다는 구절은 『삼국유사』「왕력」조에 고구려 시조 추모왕을 단군의 아들로 기록하고 있는 점과 연관해서 주목된다. 동명성왕이 편작했다는 「단군신가」는 아래와 같다.

> 어아어아 우리 대황조(大皇祖) 높흔 은덕(恩德). 배달국의 우리들이. 백천만년(百千萬年) 잇지마세. 어아어아 선심(善心)은 활이 되고 악심(惡心)은 관사(貫射)이라. 우리 백천만인(百千萬人) 활줄가티 바른 선심(善心). 활줄가티 일심(一心)이라. 어아어아 우리 백천만인. 한 활장에 무수관사(無數貫射) 천파(穿破)하니. 열탕(熱湯)가튼 선심중(善心中)에 일점설(一點雪)이 악심(惡心)이리. 어아어아 우리 백천만인. 활가티 굿센 마음. 배달국의 광채(光彩)로다. 백천만년(百千萬年) 높흔 은혜(恩惠). 우리 황조(皇祖) 우리 대황조(大皇祖).

그런데 이 노래는 『환단고기』의 「단군세기」에 '어아어아(於阿於阿)'로 시작하는 노래와 같은 노래이다. 『환단고기』는 이 노래에 대해서 이렇게 설명하고 있다.

> 신시 개천 이래로 매년 하늘에 제사를 지낼 때 나라에 큰 축제를 열어 모두 삼신상세님의 덕을 찬양하는 노래를 부르며 화합하였다. 「어아(於阿)」를 음악으로 삼고 감사함을 근본으로 하여 하늘의 신명과 인간을 조화시키

니 사방에서 모두 이를 본받았다. 이것이 참전계(參佺戒)가 되었다.

이 노래는 『환단고기』 「단군세기」의 2세 단군 부루 재위 58년조에 나오는데 한문으로 이렇게 기록하고 있다.

於阿於阿, 我等大祖神, 大恩德,

倍達國我等, 皆百百千千勿忘

於阿於阿, 善心, 大弓成, 惡心, 矢的成,

我等百百千千人, 皆大弓絃同, 善心 直矢一心同

於阿於阿, 我等百百千千人, 皆大弓一, 衆多矢的貫破,

沸湯同善心中, 一塊雪, 惡心

於阿於阿, 我等百百千千人, 皆大弓堅勁同心, 倍達國光榮,

百百千千年 大恩德, 我等大祖神, 我等大祖神

위 한문 노래는 '어아가(於阿歌)'라고도 불리는데, 앞서 일태가 동명왕이 편작했다는 노래와 같은 것이다. 『환단고기』의 대조신(大祖神)이 일태가 인용한 고사기(古史記)에는 대황조(大皇祖)로 다를 뿐이다.

그런데 이 「단군신가」는 일태뿐만 아니라 이 당시의 독립운동가들 사이에서는 널리 알려진 노래이다. 천도교인 이돈화(李敦化)가 『개벽』 제5호(1920년 11월 1일)에 쓴 「조선인의 민족성을 논하노라」라는 논설에도 "어아어아 우리 한배금 높흔 은덕 배달국에 우리들이 백천만년 잇지마세 ……"라고 실려 있으며, 『동광』 제7호(1926년 11월 1일)에도 「신가(神歌)」라는 제목으로 "어아어아 나리한배금 가미고이 배달나라 나리다도

골잘너나 도가오소 ……"라고 실려 있는 것이 이를 말해준다.

　그뿐만 아니라 「동아일보」 1927년 8월 29일 자에 백양환민(白陽桓民)이란 필자는 「구월산 순례기 4」에서 "조선 국유(國有)의 「고신가(古神歌)」"라면서 "어아어아 나리한비금가마고니 ……"라고 소개한 후 동명왕이 편작했다는 가사까지 싣고 있는데 그 내용이 거의 유사하다.

　　어아어아우리 대황조 높흔 은덕 배달국의 우리들의 백천만인 잊지마세
　　어아어아 선심은 '활'이 되고 악심은 '관혁(貫革)'이라 우리 백천만인 '활줄'
　　가티 바른 선심 고든 '살' 가치 일심이예
　　어아어아 우리 백천만인 '한활장'에 무수관혁천파(無數貫革穿破)하니 열탕
　　(熱湯)갓흔 선심(善心)중에 일점설(一點雪)이 악심(惡心)이라
　　어아어아 우리 백만인 '할' 가티 굳센마음 배달나라광채(倍達那羅光彩)로다
　　백만천인 높흔 은덕 우리 대황조 우리 대황조

　앞서 일태가 관사(貫射)라고 표기한 부분을 백양환민은 관혁(貫革)이라고 표기했을 뿐 두 노래는 같은 가사이다. 「동아일보」의 「구월산 순례기 11(1927년 9월 6일)」에서 백양환민은 자신을 시내 통동(通洞) 48 양세환(梁世煥)이라고 밝히고 있는데, 「동아일보」 1922년 2월 16일 자에 따르면 양세환은 "조선독립을 희망(希望)하여 활동했다는 혐의로 투옥"되었던 독립운동가와 같은 인물로 추정된다. 『환단고기』 「단군세기」에 한문으로 실린 이 노래가 독립운동가들 사이에 널리 알려졌던 「고제신가」 또는 「단군신가」라는 사실이 뜻하는 바는 무엇일까? 『환단고기』가 갖고 있던 사관, 즉 논리구조는 독립운동가들 사이에 널리 받아들여졌던 내용들이

라는 점을 말해준다. 이 당시 독립운동가들이 "조선 국유(國有)의 「고신가(古神歌)」"라면서 이런 노래를 소개했을 때 그 누구도 후대의 창작이라는 식의 폄하는 하지 못했다. 그때만 해도 사회 분위기가 식민사관이 주류가 된 지금과는 달랐기 때문이다.

7. 유학 사대주의 비판한 '주체적 사관'

지금까지 살펴본 것처럼 『환단고기』에 나오는 여러 내용들은 1979년 『환단고기』가 대중에게 공개되면서 처음 나타난 것은 아니다. 또한 계연수가 스승 이기의 감수를 받아 『환단고기』를 편찬했다는 1911년에 처음 나타난 것도 아니다. 『환단고기』에 나오는 일부 내용들은 홍만종과 이종휘의 사례에서 보듯이 조선 중·후기에 이미 사료로 전해지고 있었던 것이다. 세조의 수압령을 피해 일부 선비들이 사장(私藏)하고 있던 이 사료들의 특징은 유학 사대주의 사관과는 판이하게 다르다는 점이다. 한마디로 '주체적 사관'으로 서술되어 있었던 것이다. 세조 이래의 수압령 때문에 지하로 잠적했던 이 사료들은 홍만종이나 이종휘의 경우처럼 '고기'의 형태로 전해지다가 대한제국이 멸망하자 빼앗긴 나라를 되찾을 수 있는 정신적 자산으로 독립운동가들의 주목을 받게 되었다. 그래서 일제강점기 때 여러 내용들이 신문이나 잡지에 실렸던 것이다. 그러나 해방 후 친일청산에 실패하면서 이런 역사관은 다시 지하로 잠적했다가 1979년에 『환단고기』가 공개되는 형태로 다시 등장하게 된 것으로 해석된다. 비록 1979년에 대중 앞에 모습을 드러냈지만 그 내용은 계연수가 편찬했다는 1911년 이전으로 소급해서 해석해야 하는 것은 물론이다. 앞으로 연구가 진척되면 진척될수록 『환단고기』 내용은 최소한 조선 시대에 주자학에 반기를 들었던 선비들 사이에 전승되던 역사관을 담은 사료라는 사실이 밝혀질 개연성이 높다. 그렇다고 해서 이런 역사관이 조선 시대에 만들어진 것이 아니라 그 이전에 형성된 역사관이라고 보아야 할 것은 물론이다. 이는 조선 초기 세조의 수압령 이전에 이런 역사관을 담은 사료들이 존재하고 있었음을 말해주고 있다.

참고문헌

『史記』,『漢書』,『三國遺事』,『海東人物志(坤)』,『海鶴遺書』,『蒼園文錄』,『梅泉野錄』,
　　　『揆園史話』,「동아일보」,『개벽』

洪萬宗,『東國歷代總目』

李圭景,『五洲衍文長箋散稿』

李鍾徽,『修山集』,「東史本紀」

안경전,『환단고기』, 상생출판, 2012.

임승국 번역·주해,『한단고기』, 정신세계사, 1986.

「檀君敎布明書」,「신한국보(新韓國報)」, 1909년 10월 5일.

一態,「檀君神話」,『개벽』 제1호, 1920년 6월 25일.

정약용,『與猶堂全書』,「附 雜纂集 一, 文獻備考刊誤」

조인성,「『규원사화』와『환단고기』」,『한국사시민강좌』 2집, 1988년, 2쪽.

김상호,「고조선 문제를 둘러싼 논쟁과 금후의 과제」,『창작과비평』, 1988년 가을호.

박광용,「대종교 관련 문헌에 위작 많다」,『역사비평』 10호, 1990년.

이도학,「재야사서 해제『환단고기』」,『민족지성』, 1986년 11월호.

이상시,『단군실사에 관한 문헌고증』, 고려원, 1990년.

조인성,「『규원사화』론첨보」,『경대사론』 3, 경남대학교, 1987년.

조인성,「현전『규원사화』의 사료적 성격에 대한 일검토」,『이병도 구순기념 한국사학논
　　　집』, 1987년.

조인성,「『규원사화』와『환단고기』」,『한국사시민강좌』 2집, 1988년.

조인성,「한말단군관계사서의 재검토-신단실기·단기고사·환단고기를 중심으로-」,『국
　　　사관논집』 3, 1989년.

유　철,「『환단고기』위서론 논박」,『세계환단학회회지』, 2015, 12. 124~125쪽.

신규식,「한국혼」,『韓民』 제1권 제3·4기, 大韓民國 二十二年 八月 二十五日

이덕일

1차 사료를 바탕으로 조선 후기 노론사관과 일제 식민사관이 변형시킨 한국사의 원형을 현재에 되살리기 위해서 노력하는 우리 시대의 '문제적' 역사학자. 방대한 문헌 사료를 치밀하게 분석해서 고대사부터 근현대사에 이르기까지 '해방되지 못한' 한국사의 여러 문제를 지적하고 남의 눈이 아니라 나의 눈으로 역사와 사회를 보자는 대안을 제시하고 있다. 『당쟁으로 보는 조선역사』(1997)를 필두로 『송시열과 그들의 나라』, 『이성계와 이방원』, 『정도전과 그의 시대』, 『정약용과 그의 형제들 1, 2』, 『조선 왕 독살 사건 1, 2』, 『이회영과 젊은 그들』, 『정조와 철인 정치의 시대 1, 2』, 『조선 왕을 말하다 1, 2』, 『윤휴와 침묵의 제국』, 『사도세자가 꿈꾼 나라』, 『잊혀진 근대, 다시 읽는 해방 전사』, 『근대를 말하다』, 『한국사, 그들이 숨긴 진실』, 『칼날 위의 역사』, 『우리 안의 식민사관』, 『매국의 역사학, 어디까지 왔나』, 『동아시아 고대사의 쟁점』, 『한국 독립전쟁사의 재조명』, 『조선왕조실록 1~4』, 『이덕일의 한국통사』, 『리지린의 고조선 연구』(해역), 『북한학자 조희승의 임나일본부 해부』(주해) 등 치열한 역사의식으로 무장한 50여 권의 저서를 집필했다. 현재 한가람역사문화연구소 소장으로 21세기 한국을 이끌어갈 새로운 역사관의 정립을 위해 한 손에는 사료를, 다른 손에는 펜을 들고 '총성 없는 역사 독립 전쟁'을 치르고 있다.

왕명(세조)에 담긴 금서 목록 속에서, 고조선 및 신선교와 관련된 『고조선비사』, 『삼성밀기』, 『삼성기』 등이 눈에 띈다. 『고조선비사』는 단군조선의 역사를 담은 서적이고, 『삼성밀기』, 『삼성기』 역시 고조선과 신선교에 관한 책들이다. 이 중에서 『삼성기』는 신라 도승(道僧) 안함로(579~640)가 지은 것이다.

고조선과 신선교에 관한 서적들이 조선시대에 탄압을 받고 자취를 감췄다는 사실은 우리가 갖고 있는 한국 상고사 지식의 정당성에 의문을 제기한다. 이는 지금과는 다른 방식으로 고조선을 연구할 필요성과 더불어, 기존에 공인되는 사료들을 비판적으로 인식해야 할 필요성을 제기한다.

2장

기자조선 정통성 주장한
조선 왕실의 단군 사료 파기

김종성

1. 숭유억불과 숭유억선

　조선 시대는 숭유억불의 시대인 동시에 숭유억선의 시대였다. 억불의 시대였다고 하지만, 신선사상 혹은 신선교(神仙敎)에 대한 억압도 만만치 않았다.

　신선교는 단군조선의 국교였다. 이 점은 『삼국유사』에서도 드러난다. 이 책은 『단군고기(檀君古記)』를 인용해 "단군이 장당경(藏唐京)으로 옮겼다가 나중에 돌아와 아사달(阿斯達)에 숨어서 산신(山神)이 되었다."고 말한다. 『삼국유사』보다 6년 뒤인 1287년 편찬된 이승휴(李承休, 1224~1300)의 『제왕운기(帝王韻紀)』는 "아사달산에 들어가 신이 되었다."라고 한다. 아사달산에 들어가 신이 됐다는 것은 아사달에 들어가 산신이 됐다는 것과 같은 의미다.

　산신 숭배는 신선교 신앙의 일부다. 고조선 건국 시조인 단군이 산신이 됐다는 것은 그가 고조선에서 산신으로 추앙되고 신선으로 받들어졌음을 의미한다. 이 나라의 국교가 신선교였기에 이것이 가능했다.

　조선 시대에 신선교가 받은 탄압에 비하면 불교가 받은 탄압은 생각보다 대단하지 않았다. 국정을 이끄는 중추 세력인 사대부들은 유교를 신봉했지만, 왕실은 내불당을 두고 불교를 신봉했다. 임금을 잃은 후궁들은 이전 시대의 관행에 따라 정업원(淨業院) 같은 비구니 사찰에서 여생을 보냈다. 세종은 석가모니를 찬양하는 『월인천강지곡(月印千江之曲)』을 제작했다. 억불 이미지와 배치되는 이 같은 장면들은 한둘이 아니다.

　조선 시대 불교는 문화뿐 아니라 행정 분야에서도 자리를 잡은 일이 있다. 명종의 어머니이자 대왕대비로서 1545년부터 20년간 실권을 행사한 문정왕후(文定王后, 1501~1565)는 친불교 색채가 농후한 정책들을 시행했다. 불교 교단의 체계화와 조직화를 위해 이를 선종과 교종으로 재정립했다. 3백여 개의 사찰을 국가 공권력의 힘으로 공인해주었다. 일종의 승려 등록제인 도첩제를 통해 승려 4천여 명을 새로 충원했다. 이뿐만 아니라 승과시험까지 실시했다. 이 시험에 급제한 승려 중에 서산대사와 사명대사가 있다. 고려 시대보다 불교가 위축된 것은 사실이지만, 어느 정도는 국가권력과 동행했다고 볼 수밖에 없다.

왕조시대에는 왕실이 사실상 국가였다. 왕조는 국가의 표준을 만들어냈다. 왕실의 선택이 국가 공인이었다. 조선 왕실은 유교뿐 아니라 불교도 수용했다. 조선 후기에는 많이 약해졌지만, 불교는 왕실의 사랑을 받았다. 왕족들이 유교 경전을 공부한 것은 사실이지만, 이는 나라를 운영하는 방편을 습득하기 위한 것에 불과했다. 그들이 종교로서 신봉한 것은 유교가 아니라 불교였다. 왕실이 불교를 신봉했다면, 조선의 국교는 엄밀히 말하면 유교가 아니라 불교였다고 해야 논리적이다. 국가의 중추 세력인 사대부들이 유교를 믿었으므로 유교를 국교로 볼 수도 있지만, 왕실이 표준을 만들어내던 시절에 왕실이 불교를 믿었다는 점을 고려하지 않을 수 없다. 조선의 국교가 유교였다는 인식은 사대부들의 시각을 반영한 것일 뿐이다. 이런 인식은 일반 대중의 시각을 반영한 것도 아니고 왕실의 입장을 반영한 것도 아니었다.

왕실이 사대부들의 반발을 무릅쓰고 불교를 신봉했으므로 불교를 국교로 볼 여지도 없지 않다는 점은 조선 시대의 숭유억불이 생각보다 철저하지 않았음을 의미한다. 어느 정도는 실상을 반영하는 측면도 있지만, 어느 정도는 허상에 불과하다고도 말할 수 있다.

숭유억불이 실상에 비해 훨씬 크게 강조된 것은 승려들의 영향력과 무관치 않다. 이전 시대보다 약해진 불교의 처지를 알리기 위한 승려들의 노력과 활동이 그만큼 치열했음을 의미한다고 볼 수 있다. 그에 비해, 숭유억선은 상대적으로 덜 알려져 있다. 사회 전체적으로 신선교 전통이 만연해 있었던 것에 비해 이 전통을 옹호하고 전파할 지식인들은 많지 않았던 데서 그 원인 중 하나를 찾을 수 있다.

2. 조선 사회의 신선교 문화

선비들이 유교를 신봉했다지만, 엄밀히 말하면 유학을 연구한 것이지 유교를 믿었다고 보기는 힘들다. 윤리학이자 정치학에 가까운 유교가 종교의 역할을 해내는 데는 한계가 따를 수밖에 없었다. 유교의 종교 기능에 한계가 있다는 점은 유교철학인 성리학의 등장 과정에서도 나타난다.

송나라 주자 이전에 유교에서 말하는 경(敬)은 외형적인 공손함을 가리키는 개념이었다. 귀신과 어른 앞에서 단정하고 공손하게 처신하는 것이 고대 유교가 말하는 '경'이었다. 그랬던 이 개념이 주자에 의해 내면적 개념으로 변모했다. 주자는 『중용』 해설서인 『중용집주(中庸集註)』에서 수도의 자세와 관련해 "경계하고 두려워하는 것은 오직 敬(경)을 위주로 하는 것이다.”라며 “이것은 분발시켜 깨닫게 하는 것으로 항상 깨어 있도록 하는 것이다.”라고 설파했다. 그가 말한 ‘경’은 ‘마음이 하나로 집중된 깨어 있는 상태’다. 이런 마음의 상태로 ‘도’를 닦아야 한다고 그는 해설했다.

주자가 말한 ‘경’의 상태는 고대 유교보다는 불교 이론에 더 가까웠다. 불교에서 말하는 선정(禪定)의 상태와 다르지 않았다. 고요한 선정의 상태로 도를 닦아야 한다는 것이 주자의 생각이었다. 주자가 이런 생각을 하게 된 것은 그가 유학뿐 아니라 불교와도 인연이 있었기 때문이다.

주자와 동시대를 산 유학자들은 그 상당수가 불교학자였다. 『주자문집』에 따르면, 주자는 15세부터 24세까지 불교 연구에 전념했다. 그랬다가 나중에 유교로 전향해 불교를 비판했다. 주렴계·장횡거·왕안석·정명도·정이천·육상산 같은 유학자들도 불교학자를 겸했다. 불교에서 철학을 배운 사람들이 성리학을 정립했다는 것은 유교의 철학적 빈곤을 보여준다. 불교 개념을 차용하지 않고는 철학 체계를 수립하기 힘들었던 것이다.

그런데 성리학 역시 종교적·철학적 필요를 온전히 채워주지 못했다. 그래서 한국 선비들은 여전히 갈증을 느꼈다. 이 점은 한국 유학자들에게서 신선사상이 수시로 표출된 사실에서도 느낄 수 있다.

유학자들은 공식적인 데서는 공자나 맹자를 운운했지만, 사석에서는 선녀나 신선을 입에 담는 일이 많았다. 조선 유학의 사표로 칭송되는 정몽주 역시 그랬다. 그는 43세 때인 1380년 어느 날 저녁에 ‘전주 망경대에 오르다(登全州望京臺)’라는 시를 지었다. 이 시에서 그는 방금 전에 사라진 태양 빛을 그리워하며 “하늘가에 지은 해가 뜬구름에 묻혀 버리자, 서글프게도 옥경(玉京)을 바라볼 수 없게 됐다.”라고 읊었다. 신선세계의 도읍인 옥경이란 표현을 사용했다는 것은 신선교나 도교적 분위기가 그의 내면에 스며 있었음을 보여준다.

유교적 가풍에서 성장한 시인 허난설헌(許蘭雪軒, 허초희, 1563~1589)도 그랬다. 그는 귀양에서 풀려난 오빠 허봉(許篈, 1551~1588)에게 보낸 시에서 그런 의식을 표출했다. 창원 부사 시절에 병조판서인 율곡 이이를 탄핵했다가 도리어 함경도 갑산으로 유배를 갔던 둘째 오빠 허봉이 풀려나오게 되자, 그는 '차중씨견성암운(次仲氏見星庵韻)'이라는 시를 써서 오빠에게 보냈다. 우리말로는 '둘째 오빠의 견성암 시의 운에 맞춰'인 이 시에서 "깨끗이 제단 닦아 상선(上仙)님께 예를 올리니", "향기 나는 선녀들 봄놀이 바쁜데" 같은 표현을 사용했다.

중국 도교도 외형상으로는 신선교와 유사하지만, 중국보다는 한국이 원조라고 해야 이치가 맞다. 고조선에서 단군이 신선으로 숭상됐다는 것은 고조선이 신선의 나라였음을 뜻한다. 이 나라의 국교가 신선교였음을 의미한다. 고조선도 신선의 나라이고 중국 한족도 신선의 나라였다면 양대 세력이 치열하게 대립한 이유를 이해할 수 없게 된다. 고대에는 종교가 곧 정치였다. 그래서 정치적으로 충돌한다는 것은 종교적으로도 충돌할 이유가 있었음을 의미했다. 종교적 전통이 취약한 중국 한족이 도교를 창시했고 이것이 한민족에 전파돼 신선교가 됐다면, 고조선과 중국이 오랫동안 상호 충돌한 이유를 이해할 수 없게 된다.

『조선상고사』에서 신채호는 "고대에는 종교와 정치의 구별이 없었다."라고 한 뒤 "종교가 전파되는 곳이 정치적인 속국이 되었다."며 "대단군왕검 이래로 조선의 종교가 중국·흉노에게도 널리 전파되었으니 정치적 영향력도 그와 함께 확대되었다고 볼 수 있다."라고 설명했다. 고대 중국에

도교의 전통이 생긴 것은 고조선의 지배력이 중국에까지 뻗어갔기 때문이며, 고조선 국교의 영향을 받은 지역들이 훗날 한족 왕조에 편입된 뒤에 중국 도교가 성장하게 됐다고 볼 수 있다. 이렇게 이해하지 않으면 고조선 국교와 유사한 신앙이 중국 곳곳에서 발견되는 이유를 해석할 수 없게 된다.

중국 도교가 외형상 신선교와 비슷했다는 점은 한국 선비들에게 일종의 안전장치가 됐다고 볼 수 있다. 유학자의 글에서 나타나는 선녀니 신선이니 옥경이니 하는 표현들은 글쓴이의 사상적 정체성을 의심케 할 만한 것들이었다. 신선교의 신봉자 혹은 무속신앙의 신봉자가 아닌가 하는 의심을 초래할 만한 일이었다. 그런데도 마음 놓고 그런 표현들을 쓸 수 있었던 것은 도교 사상이 중국에서 퍼져 있었기 때문이라고 볼 수 있다. 중국에 대한 조선왕조의 사대주의가 선비들의 신선교 사상 표출을 가능케 하는 측면도 있었다고 볼 수 있다.

신선교 문화는 선비들뿐 아니라 왕실에서도 나타났다. 음력으로 태조 4년 12월 29일 자(양력 1395년 2월 8일 자) 『태조실록』에 따르면, 이성계는 백악(白岳)이라 불리는 지금의 서울 북악산을 진국백(鎭國伯)으로 지정하고 서울 남산을 목멱대왕으로 지정했다. 그런 뒤 이곳 제사를 국가가 독점했다. 신선교 신앙의 일부인 산신 숭배를 국가적으로 재정비했던 것이다.

또 성수청(星宿廳)도 왕실과 밀접한 관계를 맺었다. 성신청으로도 불린 성수청은 국무 혹은 국무당이라는 신녀 혹은 무녀가 이끄는 곳이었다. 이 기관이 하는 일은 주로 굿이었다. 무당들이 도성 밖으로 쫓겨났는데도 성수청만큼은 도읍 내에 있었다. 이 기구는 꽤 오랫동안 유지됐다. 『중종실록』에 따르면, 연산군이 폐위된 지 1개월이 조금 지난 중종 1년 10월 25일(1506년 11월 9일)에 홍문관 부제학 등이 이단 배척을 건의하면서 소격서와 더불어 성수청을 혁파하라고 상소하는 일이 있었다. 1392년 조선 건국으로부터 114년이 된 시점에도 이런 기관이 존재하고 있었던 것이다.

위 날짜 실록에는 성수청을 없애라는 상소가 제기됐다는 언급만 있을 뿐, 수용됐는지 안 됐는지는 기록되지 않았다. 12년 뒤인 중종 18년 8월 1일(1518년 9월 5일)에 유교 원리주의 개혁가인 조광조가 소격서를 혁파하라고 상소할 때에 성수청을 언급하지 않은 점을 감안하면, 1506년 과 1518년 사이에 성수청이 폐지됐으리라는 추론을 해볼 수 있게 된다.

성수청이 사라진 뒤에도 왕실의 신선교 신앙은 계속해서 이어졌다. 구한말에도 왕실은 산에 치성을 올리는 산기도 의식을 거행했다. 1970년 에 『한국민속학』에 게재된 최길성 문화공보부 문화재전문위원의 논문 「한말의 궁중 무속」에 따르면, 별기은(別祈恩) 계통인 산기도(山祈禱)가 구한말까지 궁중 무속으로 전승됐다고 한다. 또 고종과 순종을 위해 명산 대천에 정성을 올리는 의식도 있었다. 이 논문은 고종을 위한 의식은 주로 사찰에서, 순종을 위한 의식은 주로 무속 신당에서 거행됐다고 알려 준다. 고조선 국교의 전통을 잇는 신앙의 흔적이 조선 후반까지도 일반 백성이나 선비들은 물론이고 왕실에서도 이어졌음을 알 수 있다.

그런데도 숭유억불 못지않게 숭유억선 역시 행해졌다. 진시황의 분서 갱유를 연상케 하는 조선시대판 분서갱유가 조정과 왕실에 의해 벌어졌 다. 신선교의 실질적 영향력과 배치되는 공식적인 억선 정책이 있었던 것이다.

3. 진시황의 분서 조치와 고대 중국사

기원전 221년에 제나라를 멸망시키고 중국을 통일한 뒤 중앙집권적 군현제를 시행한 진시황제는 8년 뒤부터 분서갱유를 단행했다. 기원전 213년에 분서를 시행하고 212년에 갱유를 시행했다. 기원전 213년의 역사적인 분서 사건은 군현제에 대한 반발을 제압하는 과정에서 촉발됐다.

『사기』'진시황 본기'에 따르면, 진시황 34년인 기원전 213년 함양궁(咸陽宮)에 열린 연회 때 순우월(淳于越)이 했던 발언이 사건의 도화선이 됐다. 신하의 칭송을 들은 46세의 진시황이 흡족해하고 있을 때 순우월이 분위기를 깨는 발언을 했다. 그는 "일을 하면서 옛사람을 본받지 않고 오랫동안 유지했다는 이야기는 아직 들어본 적이 없습니다."라며 군현제를 폐기하고 은나라·주나라 때의 봉건제로 복귀할 것을 촉구했다.

순우월은 왕권을 강화하는 데는 군현제보다 봉건제가 유리하다는 비상식적인 주장을 내놓았다. "신이 듣건대 은나라와 주나라는 천여 년 동안 지속하면서 자제와 공신을 책봉해 왕실을 보위하게 했습니다."라며 "이제 폐하는 천하를 보유했지만 자제들은 필부로 존재할 뿐입니다."라고 주장했다. 군주의 자제들을 봉건제 하의 제후로 책봉해둬야 군주권을 안정시킬 수 있다는 논리를 폈다.

그러자 군현제의 제안자인 이사(李斯)가 순우월을 공격하고 나섰다. 그는 '시대가 바뀌면 방법도 달라져야 한다.'는 논리를 펴면서 '지금은 천하가 통일됐으니, 혼란의 시대와는 달라야 한다.'라는 취지의 주장을 전개했다. 그런 다음, 정치를 안정시키기 위해서라도 불필요한 학문과 논의를 억제할 필요가 있다면서 문제의 분서 정책을 건의했다.

이사는 "사관에게 명해 진나라의 기록이 아닌 모든 서적을 태워버리도록 청합니다."라고 말했다. 이전 시대의 기록들을 소각하자고 주장했던 것이다. 그는 예외를 둘 필요성을 인정했다. "박사관(博士官)의 직무를 수행하는 자가 아닌데도 감히 시서(詩書) 및 제자백가의 저서를 소장하고 있으면 모두 지방장관에게 보내 불태우도록 하십시오."라고 건의했다. 국가적 필요를 위해 옛 서적을 연구할 필요가 있는 경우에는 예외를 인정하자고 했던 것이다.

이사는 책을 소지하는 것뿐 아니라 공개 토론하는 것도 금하자고 주청했다. "감히 두 명 이상이 모여 시서를 이야기하면 저잣거리에서 처형해 백성에게 본보기를 보이고, 옛것으로 지금을 비난하는 자가 있으면 일족을 모두 주살하고 이런 자들을 보고도 검거하지 않는 관원은 같은 죄로 다스리도록 하십시오."라고 말했다. 그런 다음, "명이 내려진 지 한 달이 지나도록 서적을 태우지 않는 자는 경형(黥刑)을 내린 뒤 성단형(城旦刑)에 처하십시오."라고 제의했다. 책을 소각하지 않으면 먹물로 몸에 글자를 새긴 뒤 성벽 쌓는 노역장에 보내자고 한 것이다. '진시황 본기'는 황제가 "그러라."고 말했다고 서술한다.

진시황의 정치는 법가주의에 입각했다. 분서와 갱유는 유가에 대한 탄압이란 성격을 띠었다. 분서갱유를 통한 유가 탄압은 제국 경영을 방해하는 것에 대한 그의 대응 양식을 반영한다. 그가 이 같은 정치적 목적으로 고대 서적의 상당 부분을 없앴기 때문에, 오늘날 우리가 알고 있는 고대 중국의 이미지가 실제 역사를 그대로 반영한다고는 보기 힘들다. 우리가 알고 있는 고대 중국은 진시황 시대에 살아남은 사료들에 기반을 둘 수밖에 없다. 그래서 그것은 진정한 중국사와 동떨어진 것이다. 그의 시대에 불탄 책들을 복원하게 되면, 중국사를 원점에서부터 다시 써야 할 필요성에 직면할 수도 있을 것이다.

4. 세조와 예종의 사료 파기

진시황의 분서정책이 유가 사상을 배척하는 방향으로 전개됐다면, 조선 전기의 분서정책은 그것을 적극 수용하는 방향으로 전개됐다. 유교 이념 확립에 저해되는 것을 제거하기 위한 목표로 조선 시대에 유사한 일이 벌어졌던 것이다. 이 과정에서 집중적 탄압의 대상이 된 것이 고조선과 그 국교인 신선사상에 관한 서적들이다. 이런 서적들은 진시황 때 못지않은 탄압을 받았다.

훗날 세조로 불리게 될 수양대군이 임금으로 즉위한 지 근 2년이 되고 그의 조카 단종이 사망하기 약 5개월 전이 되는 때였다. 세조 3년 5월 26일(1457년 6월 17일), 세조가 분서갱유를 연상시키는 왕명을 발포한다. 팔도 관찰사들이 수신자인 왕명의 내용은 아래와 같다.

『고조선비사(古朝鮮祕詞)』·『대변설(大辯說)』·『조대기(朝代記)』·『주남일사기(周南逸士記)』·『지공기誌公記』·『표훈(表訓)』·『삼성밀기(三聖密記)』, 안함로(安含老)·원동중(元董仲)의 『삼성기(三聖記)』·『도증기(道證記)』·『지리성

모하사량훈(智異聖母河沙良訓)』, 문태산(文泰山)·왕거인(王居人)·설업(薛業) 3인이 지은 『수찬기소(修撰企所)』 1백여 권, 『동천록(動天錄)』·『마슬록(磨蝨錄)』·『통천록(通天錄)』·『호중록(壺中錄)』·『지화록地華錄)』·『도선한도참기(道詵漢都讖記)』 같은 서적은 개인적으로 소장할 수 없는 것들이니, 만약 갖고 있는 자가 있으면 진상하도록 하라. 대신, 원하는 책을 내려줄 것이다.

왕명에 담긴 금서 목록 속에서, 고조선 및 신선교와 관련된 『고조선비사』, 『삼성밀기』, 『삼성기』 등이 눈에 띈다. 『고조선비사』는 단군조선의 역사를 담은 서적이고, 『삼성밀기』, 『삼성기』 역시 고조선과 신선교에 관한 책들이다. 이 중에서 『삼성기』는 신라 도승(道僧) 안함로(579~640)가 지은 것이다.

1457년의 세조는 고조선 사료를 개인적으로 소장하지 못하도록 했다. 이런 책들을 자진해서 제출하면 다른 책을 내주겠다고 공포했다. 서적이 귀했던 시절의 분위기를 반영하는 한 장면이다.

그런데 세조의 방식이 유학자들을 만족시키지 못했던 모양이다. 12년 뒤에도 금서 수거 작업이 재차 이루어진다. 세조의 아들인 예종이 즉위한 이듬해의 일이었다. 예종 1년 9월 18일 자(1469년 10월 22일 자) 『예종실록』에 따르면, 예종은 예조에 이런 전교를 내렸다.

『주남일사기(周南逸士記)』·『지공기(志公記)』·『표훈천사(表訓天詞)』·『삼성밀기(三聖密記)』·『도증기(道證記)』·『지리성모하사량훈(智異聖母河沙良訓)』, 문태(文泰)·옥거인(玉居仁)·설업(薛業) 세 사람이 쓴 1백여 권, 『호중록(壺中錄)』·『지화록(地華錄)』·『명경수(明鏡數)』 및 천문·지리·음양에 관계되는 제반 서적들을 집에 소장하고 있는 자는, 경사(京師) 내에서는 10월 그믐으로 한정해 승정원에 바치고, 외방(外方)의 경우에는 가까운 도(道)는 11월 그믐까지, 먼 도(道)는 12월 그믐까지 거주하는 고을에 바치라.

1457년 당시의 목록에 있었던 『고조선비사』와 『삼성기』 등은 1469년 목록에는 나오지 않는다. 12년 사이에 만족할 만한 수준으로 수거됐음을 알 수 있다. 한편, 『삼성밀기』 같은 책은 제대로 수거되지 않았다고 판단됐기에 목록에 재차 올랐으리라고 볼 수 있다.

세조 때의 금서 수거는 온건한 편이었다. '자진해서 금서를 바치라.'라고 하면서 '원하는 책으로 보상해주겠다.'라는 식으로 지침을 정했다. 그에 비해 예종 때는 상대적으로 강경해졌다. 수거가 아닌 압수 그 이상의 양상을 띠었다. 이때의 전교에서는 지정 기일까지 금서를 자진해 내도록 명령하면서 아래와 같은 당근과 채찍을 동시에 제시했다.

책을 바친 자는 2품계를 높여주고, 상을 받기를 원하는 자나 공노비·사노비에게는 면포 50필을 주기로 한다. 만약 숨기고 바치지 않는 자는 다른 사람이 고발할 수 있도록 하고, 고발한 자에게는 위와 같이 상을 주고, 숨긴 자는 참형에 처한다.

스스로 금서를 납부하거나 금서 소지자를 신고하면 2품계 이상 승진이나 면포 50필을 약속하는 한편, 책을 끝까지 숨기면 참형을 가하겠다고 경고했다. 오늘날보다 사형 집행이 빈번한 시대였다는 점을 감안한다 해도, 상당히 과격한 형벌이라는 느낌을 감출 수 없다. 고조선과 신선교에 대한 공식 정책이 극도로 엄격했음을 보여준다.

세조 시대에는 국가 주도의 학술 활동이 활발하지 못했다. 이는 이 시대의 출판 성과에서도 나타난다. 2004년에 『서지학 연구』 제29집에 수록된 김윤식 동덕여대 교수의 논문 「조선 세조의 학술 활동과 서적 문화에 대한 고찰」은 이 시대의 도서 편찬이 전반적으로 저조했다고 평가한다. 학자 양성이 미흡하고 학술 활동도 활발하지 못하다 보니 발생한 결과라고 평한다. 그런 중에서도 병법 서적이나 불교 언해서 편찬은 상대적으로 많았다. 이런 속에서 고조선 관계 서적들이 금서로 지정됐던 것이다.

예종은 재위 기간이 윤달을 포함해 15개월에 불과했다. 또 몸이 약해 일찍 세상을 떠났다. 그래서 그 역시 적극적인 학술 활동을 펴기 힘들었다. 위 조치 2개월 뒤인 예종 1년 11월 28일(1469년 12월 31일)에 그는 19세 나이로 눈을 감았다. 그랬기 때문에 세조 때보다 강력한 예종 때의 조치가 예종 자신의 적극적 의지를 담은 것이라고 보기는 어렵다.

금서 조치가 시행된 두 시기의 공통점이 있다. 왕권이 상대적으로 취약했다는 점이 바로 그것이다. 세조는 강력한 군주권을 표방한 군주였지만, 금서 정책을 표방한 시점에는 상대적으로 위축돼 있었다. 여론의 추이를 특히 주시하지 않으면 안 되는 입장에 놓여 있었다. 그래서 금서 조치 당시의 세조는 왕권이 약한 상태에 놓여 있었다.

단종 1년 10월 10일(1453년 11월 10일)에 계유정난을 일으켜 김종서를 죽이고 단종을 무력화시킨 수양대군은 2년 뒤인 세조 1년 윤6월 11일(1455년 7월 25일) 조카의 양위를 받는 형식으로 왕위에 올랐다. 세조가 즉위한 이듬해가 아닌, 세조가 즉위한 당년을 세조 1년으로 표기한 것은 『세조실록』에 그렇게 쓰여 있기 때문이다. 정상적이지 않은 당시의 정권교체를 반영하는 일례라고 할 수 있다. 정당한 명분 없이 조카의 왕위를 빼앗은 수양대군에 대해 당시의 여론이 호의적이지 않았다는 점은 즉위 이듬해에 벌어진 사육신 사건에서도 느낄 수 있다. 세조 2년 6월 2일(1456년 7월 4일) 발생한 이 사건은 왕조의 중추 세력인 사대부들이 세조의 왕권 찬탈을 어떤 시각으로 바라보는지를 잘 드러냈다.

세조의 입지가 그처럼 취약했던 시기에 금서 조치가 발포됐다. 사육신 사건으로부터 1년이 좀 지난 뒤의 일이었다. 세조가 유교 사대부들의 눈치를 특히 살필 수밖에 없던 시점에 그 같은 금서 조치가 단행됐던 것이다. 이 조치로부터 5개월 뒤인 세조 3년 10월 21일(1457년 11월 7일) 단종이 16세 나이로 세상을 떠났다. 세조의 왕권 행사에 대한 걸림돌이 이로써 사라지게 됐다.

1457년에 19세 나이로 사망한 의경 세자를 대신해 세조의 후계자가 된 예종은 건강이나 짧은 재위 기간으로 인해 강력한 왕권을 행사하기 힘들었다. 그로 인해 일시적으로 왕권이 취약했던 시기에 유학자들의 이해관계를 반영하는 금서 조치가 재차 발포됐다. 왕권과 사대부 권력 간의 알력이 고조선 사료의 운명에 영향을 줬다고 볼 수 있다.

5. 기자조선, 이 무슨 엉뚱한 소리인가?

오늘날 한국에는 고조선의 정통성이 단군조선-기자조선-위만조선으로 계승됐다는 인식이 퍼져 있다. 초대 단군왕검이 세운 나라가 중국인 기씨가 세운 기자조선으로 이어지고 이것이 다시 중국인 위씨가 세운 위만조선으로 이어졌다는 사고가 널리 확산돼 있다.

하지만 이런 인식은 역사학의 기본 상식에 심히 어긋난다. 왕조 국가에서는 왕실의 성이 바뀌면 왕조도 바뀌게 된다. 역성혁명이란 말도 그래서 나왔다. 왕조시대에는 왕실의 성이 바뀌는 것이 곧바로 혁명이었다.

이성계는 1392년 8월 3일(음력 7월 17일)에 임금이 됐다. 이날 이성계는 공민왕의 부인인 대비 안정비(정비 안씨)의 승인을 받아 고려 주상에 즉위했다. 이성계가 조선 주상이라는 타이틀을 갖게 된 것은 그다음 해였다. 국호가 고려에서 조선으로 바뀐 1393년 3월 27일(음력 2월 15일)의 일이다. 그래서 형식상의 논리를 따지게 되면, 이성계는 처음에는 고려 주상이었다가 8개월 뒤에 비로소 조선 주상이 됐다고 볼 수 있다. 하지만 우리는 이성계가 1393년에 건국했다고 말하지 않는다. 조선은 1392년에 세워졌다고 말한다. 조선이란 국호가 채택된 것은 1393년인데도 조선이 1392년에 세워졌다고 인정하는 것은, 왕조 국가에서는 왕실의 성이 바뀌면 나라도 바뀐다는 역사학의 기본 상식 때문이라고 할 수 있다.

그런데 이 같은 상식이 고조선 역사교육과 관련해서는 적용되지 않고 있다. 단군이 세운 고조선의 정통성이 중국인 기씨의 나라로 이어지고 이것이 다시 중국인 위씨의 나라로 이어졌다는 상식이 한국 사회를 지배하고 있다. 기씨가 고조선을 차지했다면 그날로 고조선은 사라질 수밖에 없었다. 기씨의 나라가 조선 국호를 그대로 사용했더라도, 앞의 조선과 기씨의 조선은 전혀 다른 나라가 된다. 이성계가 고려 주상 타이틀을 사용한 기간이 조선왕조 존속 기간으로 인정되는 것과 마찬가지다.

『조선상고사』에서 신채호는 기자와 위만의 정권은 고조선 서쪽 일부를 차지했을 뿐이라고 고증했다. 기자 정권과 위만 정권이 고조선 일부를 차지했기에 기자조선이니 위만조선이니 하는 표현이 나올 수 있었던 것이다. 이들이 고조선의 정통성을 계승했기에 이런 표현들이 나온 것은 아니었다.

기자 정권과 위만 정권이 고조선 일부를 차지하는 데 그쳤기 때문에, 이들이 등장한 후에도 기존의 고조선 왕통은 계속해서 계승됐다. 이 점은 『삼국유사』에서도 증명된다. 고대 군주들의 내력을 적은 『삼국유사』 왕력 편은 고구려 시조 주몽을 "단군의 아들"로 표기했다. 주몽이 단군의 아들이라는 말은 그가 고조선 왕실의 후예였다는 이야기다. 이는 주몽이 고조선 왕실의 후예라는 지위를 이용해 고구려를 세웠음을 보여준다.

주몽이 고조선 왕족이라는 말은 그의 성씨가 고조선 왕실의 성씨였음을 뜻한다. 주몽의 아버지는 해(解)씨인 해모수다. 주몽이 아버지의 인정을 받았다면, 고주몽이 아니라 해주몽으로 역사에 기록됐을 것이다. 주몽이 단군의 후예라는 기록과 그가 해모수의 아들이라는 사실을 종합하면, 고조선 왕실의 성씨가 해씨였음을 알 수 있다.

『삼국사기』 고구려 본기는 해모수가 부여 군주였다고 말한다. 신채호는 『조선상고사』에서 부여는 국호가 아니라 수도 명칭이라고 고증했다. 부여는 들판을 의미하는 우리말 '불'을 음역한 한자였다. 이 말이 고조선 수도를 지칭하는 글자로 사용됐다는 게 신채호의 분석이다. 성왕 이후의 백제 도읍이 부여로 불린 것도 이런 고증과 일맥상통한다. 부여가 국호가 아니라 도읍 명칭이었기에, 백제 도읍이 부여로 불릴 수 있었던 것이다. 부여가 국호가 아니라 도읍 명칭인데도 해모수가 부여 군주로 불린 것은, 워싱턴을 미국의 대명사로 받아들이고 베이징을 중국의 대명사로 받아들이는 인류의 언어 습관을 고려하면 쉽게 이해할 수 있다. 해모수가 부여 군주라는 말은, 그가 부여를 도읍으로 둔 고조선의 군주였음을 뜻했다고 볼 수 있다.

유의하지 않을 수 없는 점은 해모수가 부여 군주 즉 고조선 군주였다는 사실이 주몽이 고구려를 세우기 얼마 전까지도 해씨 왕실이 고조선을 지배했음을 알려준다는 것이다. 고구려가 세워지기 얼마 전까지도 해씨 성을 가진 고조선 왕실이 존재했다면, 고조선이 기씨 조선으로 이어지고 이것이 다시 위씨 조선으로 이어졌다는 이야기가 역사적 사실에 위배된다는 점을 알 수 있다. 『조선상고사』에서 신채호는 단군조선이 계속 존재하고 있었는데도 기자조선이 단군조선을 계승했다는 주장이 나온 것을 두고 "이 무슨 엉뚱한 소리인가?"라며 "그렇기 때문에 기자조선을 인정할 수 없는 것이다."라고 단언했다.

기자조선이 단군조선을 계승했다는 역사 왜곡이 집중적으로 유포된 시기는 조선 전기였다. 기자의 형상이 한국에 전래된 것도 그 이후였다. 2015년에 『강좌 미술사』 제44호에 실린 유미나 원광대 교수의 논문 「조선 시대 기자에 대한 인식과 기자 유상(遺像)」은 16세기 후반에 성리학이 심화되는 분위기 속에서 기자가 공자·맹자·정자·주자에 비견되는 위상을 갖게 됐으며, 기자상이 처음 전래된 것도 선조 임금 때인 1600년이라고 설명한다. 임진왜란 종전 2년 뒤에 기자의 형상이 조선에 알려지게 됐던 것이다.

단군조선에 대한 민간의 연구를 배척하는 동시에 기자조선에 대한 인식이 확산된 것은 조선왕조 지배층이 중국적 관점에 입각한 고조선사 인식을 유포하려는 의도가 있었음을 보여준다. 조선 초기부터 사대주의가 심화되는 속에서 중국의 관점과 중국의 사료에 맞춰 고조선을 재해석하는 한편, 유교 확산에 저해되는 고조선 국교를 억압하려는 조선 지배층의 의도가 단군 사료에 대한 탄압을 추동했다고 볼 수 있다.

6. 『삼국유사』식 고조선 교육 방치한 이유

조선 조정과 유교 사대부들은 고조선 서적들을 탄압하면서도 『삼국유사』에 나오는 고조선 역사는 그대로 방치했다. 『삼국유사』는 고려 시대 이전 역대 군주들의 프로필을 정리한 뒤, 단군왕검의 고조선 건국을 본문에서 가장 먼저 소개했다. 환인의 아들인 환웅이 지상에 내려와 곰에서 변신한 여성과 함께한 결과로 단군이 태어났으며 그 단군이 고조선을 세웠다는 이야기가 이 책의 본문 맨 앞에 나온다.

이렇게 고조선 역사를 본문 맨 앞에서 소개한 『삼국유사』는 조선 시대 내내 금서로 지정되지 않고 계속해서 출판됐다. 고조선과 신선교에 대한 책을 소장하기만 해도 참수형에 처하면서 『삼국유사』 속의 고조선 역사는 그대로 방치했던 것이다.

이는 『삼국유사』에 담긴 고조선 역사가 고조선 역사의 진상을 알려주기에 불충분했거나 고조선 역사의 진상과 배치되는 것이었기 때문이라고 볼 수 있다. 이 책만 봐서는 고조선 역사를 이해할 수 없다는 점이 핵심

이유가 됐다고 볼 수 있다. 내용이 신화적으로 구성된 데다가 무엇보다 불교적 색채가 가미됐다. 불교와 무관한 고조선 역사를 불교적 색채로 윤색했다. '제석'이니 '옹'이니 '천부'니 하는 표현들만 봐도 그렇다. 종교를 이해하지 못하면 고대 왕조를 이해할 수 없다는 점을 감안하면, 불교 색깔이 가미된 『삼국유사』를 통해 고조선을 이해하는 것은 불가능하다고 할 수 있다. 신선교가 아닌 불교적 관점으로 고조선 건국을 묘사한 사실이 『삼국유사』가 조선 시대에 살아남은 배경을 이해하는 데에 도움이 된다고 볼 수 있다.

고조선과 신선교에 관한 서적들이 조선시대에 탄압을 받고 자취를 감췄다는 사실은 우리가 갖고 있는 한국 상고사 지식의 정당성에 의문을 제기한다. 이는 지금과는 다른 방식으로 고조선을 연구할 필요성과 더불어, 기존에 공인되는 사료들을 비판적으로 인식해야 할 필요성을 제기한다.

김종성

성균관대학교 한국철학과를 졸업, 사학과 대학원에서 박사과정을 수료. 월간 『말』 동북아 전문기자와 중국사회과학원 근대사연구소 방문학자로 활동. 오마이뉴스에 〈김종성의 히.스토리〉, 〈김종성의 사극으로 역사 읽기〉, 〈역사로 보는 오늘의 이슈〉를 연재. 기독교방송(CBS)의 〈김미화의 여러분〉, 교통방송(TBS)의 〈송정애의 좋은 사람들〉(구 〈오지혜의 좋은 사람들〉), 불교방송(BBS)의 〈아름다운 초대〉에서 역사 코너에 출연했고, 지금은 경남TBN 〈달리는 라디오〉의 역사 코너에 출연 중.

저서로 『대논쟁 한국사』, 『반일종족주의 무엇이 문제인가』, 『역사 추리 조선사』, 『당쟁의 한국사』, 『한국 중국 일본, 그들의 교과서가 가르치지 않는 역사』, 『패권 쟁탈의 한국사』, 『신라 왕실의 비밀』, 『조선 노비들』, 『조선을 바꾼 반전의 역사』, 『왕의 여자』, 『한국사 인물통찰』 등이 있고, 옮긴 책으로 『조선상고사』, 『발해고』 등이 있다.

"나라를 위하는 길에는 선비[士]의 기개보다 앞서는 것이 없고, 사학보다 더 급한 것이 없음은 무엇 때문인가? 사학이 분명하지 않으면 선비의 기개를 떨쳐 일으킬 수 없고, 선비의 기개가 떨쳐 일어나지 못하면 국가의 근본이 흔들리고 나라를 다스리는 법도가 갈라지기 때문이다."(단군세기 서문 중에서)

환국(桓國)에서 삼한(三韓)이 끝나기까지 무릇 3천여 년, 삼국(신라·고구려·백제)에서 신라 말까지 무릇 1천 년, 왕씨 고려로부터 이씨 조선까지 각 5백여 년 지속되어 모두 5천 년이었다.(한국독립당 제26주년 국치일 선언문 중에서)

3장

대일항쟁기 독립운동가,
한국사 국통을 바로 세우다

이완영 이매림

1910년 조선 국토가 강점당한 뒤 1919년 3.1독립만세혁명, 1920년 봉오동 전투와 청산리대첩으로 조선의 광복 열망이 천하에 알려졌다. 그러자 조선총독부는 조선인의 역사 DNA를 완전히 개조하는 교육 시행령을 진행한다. 역사왜곡과 무력으로 조선신민화 작업에 박차를 가한 것이다.

일제의 탄압이 심화되고 국내의 독립투쟁이 어려운 여건을 맞자 대부분의 독립운동가들은 만주와 간도, 해외 등지로 이동하여 계속 항일 투쟁을 전개한다. 1910년 이건영. 이석영. 이철영. 이회영. 이시영. 이호영 등 6형제와 그들의 식솔, 이상룡, 김동삼 등을 비롯한 많은 항일지사도 삼원보에 집결하여 독립운동 단체 경학사와 부설 신흥강습소를 설치했고, 1913년 신흥무관학교로 개칭을 한다. 이곳 신흥무관학교의 교가는 당시 조선인들이 가지고 있던 역사관을 살필 수 있는 중요한 자료이다.

신흥무관학교 교가.

신흥무관학교 교가는 중국인이 자신들의 조상으로 주장하는 황제헌원의 후손을 업어다 기르고 동해의 어린 일본인을 젖 먹여 준 이가 바로 우리 배달나라, 우리 조상이라고 이야기하고 있다. 장백산 아래 비단 같은 만 리 낙원을 반만년 피로 지켜왔는데 남의 자식들 놀이터로 내어주고 종의 서러움 받는 이가 누구냐? 우리 배달나라, 우리 조상이다. 칼춤 추며 몸을 단련하고 새로운 지식 높은 인격으로 썩어가는 우리 민족을 이끌어 새 나라를 만들 이가 바로 우리 배달나라, 우리 청년이라고 노래했다.

배달의 신시와 단군조선을 거치면서 오랜 역사 속에 고대 지나인과 왜 열도에 문명을 전해주었는데, 그 터전 다 내어주고 종 서러움 당하고 있음에 한탄하며 각성을 요구하고 있다. 신흥무관학교 교가는 환웅의 배달 신시와 단군조선의 역사를 잊지 않도록 동북아 문화 역사의 주체를 일깨워주고 있다. 신흥무관학교처럼 독립운동가를 길러내는 여러 학교에서 대일 독립투쟁을 위해 민족의 역사를 가르쳤고, 역사의 주체가 누구인지 알려줬다.

1. 일제의 식민사관에 맞선 독립운동가들

1910년부터 조선총독부는 조선의 시골 곳곳까지 뒤져 문화사서를 압수, 소각하면서 역사왜곡에 혈안이 됐다. 독립운동가들은 이에 맞서 무력투쟁을 진행하면서도 조선의 역사정신을 밝히는 데 심혈을 기울였다.

역사관을 통해 조선인의 정체성이 확립되지 않는다면 조국 광복에 목숨을 바칠 명분이 없기 때문이다.

서구화, 세계화의 여파로 현재 대한민국 국민 상당수는 주체적인 역사관이 부재하다. 국가관과 민족관이 무너져 "국가가 무슨 필요가 있는가? 글로벌한 세상에 왜 국수주의 냄새나는 민족을 강조하느냐? 세계 어디를 가든 돈 많이 벌고 행복하면 되지 않느냐?"라는 이들이 많다. 이런 사고방식을 가진 국민이 대일항쟁기에 살았다면 조국 광복을 위해 대일 투쟁에 나서지 않았을 것이며, 대세에 순응한다며 일본식민지의 신민으로 살아갔을 가능성이 높다.

① 계연수, 홍범도·오동진 장군과 『환단고기』 출간

독립운동가 계연수는 근 1천 년을 내려오면서 전해져 내려오던 조선왕조 『세조실록』에 기록된 압수목록 사서인 안함로, 원동중의 『삼성기』, 고려 말기 행촌 이암의 『단군세기』, 범장의 『북부여기』, 조선 중기 이맥의 『태백일사』 등 네 권을 묶어서 1911년에 『환단고기』란 이름으로 이 세상에 내어놓는다. 단학회에서 함께 활동하던 홍범도, 오동진 장군의 재정적 지원을 받았다. 이 역사서에는 대한민국 임시정부에서 선언한 한국사의 국통맥(국가의 족보)이 그대로 생생하게 살아있고 인류 정신문화사의 고갱이가 담겨 있다. 환국의 통치자 7세 환인, 배달 신시의 18세 환웅, 조선의 47세 단군과 삼한관경 그리고 단군조선을 이어 북부여를 건국하는 해모수와 박혁거세의 출생 비밀을 밝힌 고두막한에 대한 기록, 동부여가 형성되는 과정이 자세히 기록되어 있다. 또한 일반적으로 우리 국민에게 인식된 고주몽이 해모수의 아들이 아닌 해모수의 5세손이며, 북부여를 고구려로 국호를 바꾸는 내용, 광개토태왕비문 17세손의 비밀 등을 밝혀 놓았다.

『환단고기』는 환국-배달-단군조선-북부여-고구려[4국 시대]-남북국 시대[대진(발해), 통일신라]-고려까지의 국통을 명확히 기록하고 있다. 그 내용에 있어 한국과 인류의 원형정신과 문화의 실체를 알 수 있는 만고의 명문장으로 구성된 기록물이다. 9천 년 문화경전인 '천부경'을 비롯하여 전 인류가 자신들의 진아를 깨닫고 광명의 인간이 될 수 있는 방법과 심법을 기록한 '삼일신고', 단군께서 요순의 중원 9년 홍수 시 중원을 구제하기 위해 도산에 부루태자를 보내어 순임금의-사공 우(치수 책임자)에게 치화경으로 전한 '홍범구주', 신채호의 삼한론과 조소앙의 삼균제도의 원출처인 '신지비사', 단군조선 사람들이 애국가로 불렀으며 광개토태왕이 전쟁 나갈 때 항상 군사들과 함께 불렀다는 '어아가' 등 수많은 만고의 문화경전을 기록하고 있다. 특히 인간의 근원적인 실체를 깨닫고 깔끔한 명문장으로 정리한 고려 시대 국무총리 격인 수문하시중(守門下侍中)을 역임한 행촌 이암의 『단군세기』 서문은[2] 읽는 자의 가슴을

---

2 단군세기 서문은 '나라를 다스리는 근본 법도'로 시작한다. "나라를 위하는 길에는 선비[士]의 기개보다 앞서는 것이 없고, 사학보다 더 급한 것이 없음은 무엇 때문인가? 사학이 분명하지 않으면 선비의 기개를 떨쳐 일으킬 수 없고, 선비의 기개가 떨쳐 일어나지 못하면 국가의 근본이 흔들리고 나라를 다스리는 법도가 갈라지기 때문이다." 그리고 이렇게 끝을 맺는다. "그렇다면 나라를 구하는 길은 어디에 있는가. 앞에서 말한 바, '나라에 역사가 있고, 형체에 혼魂이 있어야 한다(국유사이형유혼國有史而形有魂)'는 것이다. 신시에 나라를 연(신시개천神市開天) 이후로 국통國統 이 있어, 나라는 이 국통으로 인하여 세워지고, 백성은 이 국통으로 인해 흥하였나니, 역사를 배움이 어찌 소중하지 않으리오?"라는 말로 끝을 맺는다. 처음부터 끝까지 역사 공부의 소중함을 강조하고 있다. 행촌 이암(1297~1364)은 서문의 마지막에 "공민왕 12년(서기 1363) 계묘 10월 3일에, 홍행촌수가 강화도의 해운당海雲堂에서 쓰노라."고 밝혔다.

단학회장	명예회장	고문	간사	교화사
1대 이기		이시백,장지연	김효운,주윤국	오동진,박응백 양승우,김좌진 왕공탁,여준, 이천민,채찬, 김효운,이정보, 이치성,김석규, 오봉근
2대 계연수		이상룡,홍범도	김효운,허기호	
3대 최시흥	홍범도 이상룡	신채호,김동삼	이양보,김석규	
4대 이덕수	박은식	이탁,여운형	주원건,김서준	
5대 이용담	송기식	이정보,이유필	윤창수,이병걸, 이유항,김찬정, 이석영	

단학회 회장,명예회장,고문,간사,교화사 명단
(커발한 17호 1970년 3월 1일자)

단학회 관련 주요 인명(자료 출처: 한문화타임스 2020. 6).

요동치게 하며 감동을 선사한다. 이 역사서는 호남의 3대 천재이며, 조선이 일본에 국권을 빼앗기자 발분망식(發憤忘食)으로 스스로 목숨을 끊은 해학 이기 선생이 감수했다.

그동안 한국의 주류 강단사학계에서는 『환단고기』를 위서라 단정했다. 심지어 민족사학의 맥을 이으며 『환단고기』를 연구하는 역사학자를 '유사, 사이비'라 비판했다. 주류 강단사학계에서는 편저자 계연수가 가공의 인물이며 단학회도 가공의 단체라고 주장해왔다. 그러나 최근 '단학회'의 실체가 밝혀지고, 계연수는 출중한 독립운동가였음을 증명하는 수많은 자료가 공개되었다.

단학회(檀學會)는 1909년 해학 이기 선생을 중심으로 만든 단체다. 해학 이기 선생은 동지였던 나철 선생과 광범위한 토론을 하였으나 결국 삼신설

(三神説)의 정의와 신시개천과 단군건원 등 핵심문제에 대해 합일점을 찾지 못했다. 이에 선생은 자강회원중 계연수, 이연보, 김효운 등의 간곡한 희망에 의하여 단학회(檀學會)를 만들기로 1909년 3월 16일 합의했다. 이후 5월 5일에는 마리산 참성단에서 고유제(告由祭)를 지내고 단학회가 견고히 결성되어갔다. (『커발한』 잡지 1968년 9월 1일 호 참고)

이시영 부통령의 『감시만어(感時漫語)』(1934)라는 저서에도 계연수를 언급한 기록이 공개되었다.

『환단고기』 위서론의 끝장 주장은 "『환단고기』는 1979년 이유립이 창작한 것으로 그 내용과 상관없이 유사사학"이라는 주장이다. 그런데 2019년 환단학회 추계학술대회에서 1909년으로 추정되는 해학 이기 선생이 감수한 『환단고기』 등사본이 공개되었고, 심당 이고선이 역사 사료를 묶어 한국사를 정리하기 위해 1924년부터 발문을 쓰고 기록하여 1952년 편저한 '심당전서' 참고문헌에는 『환단고기』가 기록되어 있음이 드러났다. 이미 1979년 이전에 『환단고기』가 존재하였음이 증명된 것이다.

강단사학계의 위서론과 관련하여 주목해야 할 사실이 있다. 미국 나사(NASA)의 최고 천문관측 프로그램으로 『환단고기』에 기록된 천문 기록 검증을 해본 결과 '진실'임이 확인됐다.[3]

현재 대한민국 국사 교과서의 '고조선'에 대한 기록은 '단군'도 아니며

---

3 박창범, 나대일, 『단군조선시대 천문현상 기록의 과학적 검증』, 1993.

'준왕'도 아니다. 현 한국사에서 실제 고조선 역사 인물로 인정하며 기술하고 있는 존재는 연나라인이며 망명자인 위만이다. 그는 중국 한고조 시기에 발생한 토사구팽의 공신숙청 피바람 속에 고조선에 망명한 인물로 그런 그에게 벼슬까지 내려 준 준왕(기준)을 공격하여 은혜를 배신으로 갚은 정권 찬탈자이며 도적이다. 백이면 백 위만을 '위만조선'으로 표기하며, 위만조선을 통해 중국의 찬란한 철기 문화가 수입되어 문화가 발전했다고 기술하고 있다. 과연 이 표현이 옳은 것인가를 대한민국 국민들은 알아야 한다. 민족 시원 역사를 가르치면서 도적놈을 건국의 주역으로 만들어 놓았으니, 이를 배운 국민의 의식 속에 어떤 자부심을 심어줄 수 있겠나.

② 도산 안창호가 작사한 '단군 찬가'

도산 안창호 선생 하면 떠올리는 게 흥사단 결성 정도이다. 지금도 그렇게 알려져 있다. 독립운동의 사상가로서 안창호를 조명한 부분은 대단히 미흡하다. 도산의 독립운동 방향성은 『배달공론(倍達公論)』 제4호 [三一紀念號, 대한민국 6(기원 4257)년 4월 10일 발행]에 소개된 도산의 연설을 소개한 글에서 읽을 수 있다. 도산은 독립운동의 성공을 확신하며 실천성을 강조하고 있다.

> '우리는 運動(운동)을 實地(실지)로 實行(실행)하자' 二(이)는 '實行(실행)하되 團合一致的(단합일치적)으로 하자' 三(삼)에는 '團合(단합)하야 實行(실행)하되 階段(계단)을 발바하자' 쏘는 現下(현하)에 우리가 强敵(강적)인

倭國(왜국)을 생각하고 吾運動(오우동)의 不振(부진)을 도라보아 悲觀(비관)하는 者(자) 有(유)하나 조곰도 落心(낙심)할 바 아니라 함은 무엇보다도 只今(지금) 大勢(대세)가 強者(강자)는 漸退(점퇴)하고 弱者(약자)는 漸進(점진)하니 짜라서 우리 運動(운동)도 成功(성공)이 可期(가기)라 함이 (안창호) 氏(씨)의 論旨(일다.(『배달공론』 제4호 내용 중 안창호 연설을 소개한 글)[4]

이제 도산 안창호 하면 반드시 기억해야 할 것이 있다. 『동광(東光)』이란 잡지이다. 도산은 1926년에는 월간지 『동광』을 창간하여 1933년까지 계속해서 한국사가 조선인의 뇌리 속에서 사라지는 것을 막았다. 조선총독부의 강력한 식민사관 조선사 교육령에 대응하며 다각도로 조선 역사가의 글을 게재하여 한국사의 원형을 기억하게 했다.

우선 도산 스스로가 '단군 중심의 사관'이 정립된 독립운동가였다. 그의 혈맥 속에는 '단군'에 대한 경외심과 독립운동의 중심에 단군사관 정립이 늘 용암처럼 끓고 있었다. 도산과 함께 재정적으로 궁핍해진 임시정부를 지

도산 안창호가 조선인들의 역사의식을 일깨우기 위해 창간한 『동광(東光)』지. 제호 동광은 동방민족의 광명사상을 상징.

---

4 1936년 기록물. 한국사 데이터 베이스.

원하기 위해 임시정부 경제후원회를 조직, 의연금 모금에 노력한 대한민국 임시정부 의정원 요인이었던 박찬익 선생은 항상 가슴에 단군대황조의 영정을 모시고 다녔다. 도산도 항상 단군대황조를 모시지 않았을까 싶다. 도산이 작사한 '단군 찬가'[5]는 아래와 같이 전해지고 있다.

대황조의 높은 덕
1. 우리 황조 단군께서 태백산에 강림하사 나라집을 건설하여 자손 우리에게 전하셨네 거룩하다 의의탕탕 대황조의 성덕 거룩하다
2. 모든 곤난 무릅쓰고 황무지를 개척하여 의식 거처 편케하여 자손 우리들을 기르셨네 영원 무궁 잊지마세 대황조의 높은 덕 잊지마세
3. 모든 위험 무릅쓰고 악한 짐승 몰아내사 자손 우리들을 보호했네 공덕무량 기념하세 대황조의 큰 공덕 기념하세
4. 착한 도를 세우시고 어진 정사 베풀으사 윤리 도덕 가르쳐서 자손 우리들을 화하셨네 전지무궁 빛내보세 대황조의 높은 교화 빛내보세
5. 형제들아 자매들아 대황조의 자손된 자 우리형제 자매들아 천번 죽고 만번 죽어도 변치마세 변치마세 대황조께 향한 충성 변치마세

1919년 3·1만세혁명 독립선언서보다 이르게 발표된 최초의 독립선언서는 직접 독립투쟁을 하고 있던 독립운동가 39인이 발표한 무오독립선언서(戊午獨立宣言書)로 알려져 있다. 김교헌, 김규식, 김동삼, 김약연, 김좌진, 김학만, 정재관, 조용은(조소앙), 여준, 류동열, 이광, 이대위, 이동녕,

---

5 도산애국가사집은 월간 『새벽』 1956년 5~9월호에 실려 있다.

최초의 독립선언서라고도 알려진 무오독립선언서(戊午獨立宣言書).

이동휘, 이범윤, 이봉우, 이상룡, 이세영, 이승만, 이시영, 이종탁, 이탁, 문창범, 박성태, 박용만, 박은식, 박찬익, 손일민, 신정, 신규식, 신채호, 안정근, 안창호, 임방, 윤세복, 조욱, 최병학, 한흥, 허혁, 황상규 등이 이 선언서에 서명하였는데 도산도 참여하였다.

아 우리 마음이 같고 도덕이 같은(同心同德) 2천만 형제자매여! 우리 단군대황조께서 상제(上帝)에 좌우하시어 우리의 기운(機運)을 명하시며, 세계와 시대가 우리의 복리를 돕는다.

정의는 무적의 칼이니 이로써 하늘에 거스르는 악마와 나라를 도적질하는 적을 한 손으로 무찌르라. 이로써 5천 년 조정의 광휘(光輝)를 현양(顯揚)할 것이며, 이로써 2천만 백성[赤子]의 운명을 개척할 것이니, 궐기[起]하라

독립군! 제[齊]하라 독립군!

천지로 망(網)한 한번 죽음은 사람의 면할 수 없는 바인즉, 개·돼지와도 같은 일생을 누가 원하는 바이리오. 살신성인하면 2천만 동포와 동체(同體)로 부활할 것이니 일신을 어찌 아낄 것이며, 집안이 기울어도 나라를 회복되면 3천 리 옥토가 자가의 소유이니 일가(一家)를 희생하라!

- 무오독립선언서(戊午獨立宣言書) 내용 중

무오독립선언서에는 조선이 천손의 민족으로서 상제와 단군대황조께서 우리를 도우신다며 강력하고 확신 있는 조선인 정체성을 강조하고 있다.

다음은 도산이 『동광』 지를 운영하면서 조선인들에게 심고자 했던 역사관을 조명해 본다. 도산은 단군대황조를 중심으로 하는 역사관을 중시하며 독립운동을 전개했기에 『동광』에 수록된 당시 여러 학자의 조선사 기사는 도산이 정립하고자 하는 조선사의 방향성을 이야기해 준다.

도산이 운영한 『동광』에는 당시 단군조선을 중심으로 한 역사와 문화에 대한 연구 글이 많이 실렸는데, 최남선과 이능화가 인식한 한국사 기록도 자주 등장한다. 두 사람은 조선총독부 조선사편수회(조선사편찬위원회)에 참가했다는 이유로 친일파라고 알려졌으나 당시 기록을 보면 조선총독부가 만들고자 한 조선사에 대해 강력하게 항의한 인물로 등장하여 새로운 비평적 접근의 필요성을 느끼게 한다. 1923년 1월에 개최된 제1회 조선사편찬위원회에서 위원인 정만조(경학원 부제학)와 이능화(총독부 학무국 편수관)는 단군을 제거하려는 조선사편수회 방침에 강력히 반발한다. 또한 최남선도 조선총독부에서 제거하고자 했던 '단군'에 대해 적극 반론

동경제대본 『삼국유사』(1904), 자료: 상생방송.

을 편 인물이다. 아무리 단군을 전설이나 신화로 조선총독부에서 주장한다고 하더라도 단군은 조선인의 뇌리에 녹아 있기에 단군을 조선사에서 제거하면 안 된다는 논지를 편다.

하지만 조선총독부 자료를 보면 당시 일본인 학자들은 현재의 한국 주류사학자 주장과 같이 단군은 야사인 『삼국유사』에 등장하고 정사인 『삼국사기』에는 기록이 등장하지 않기에 실존이 아니라고 공격하며 결국 조선사에서 단군을 제거한 것으로 드러난다. 당시의 조선사 편찬과정을 살펴보면 단군의 실존성 제거를 위해 우선 논리적으로 제거하고자 한 부분이 『삼국유사』에 나오는 단군조선 이전의 '환국'이란 국가의 실존성 부정이었다. 이러한 논지는 현재 한국 주류사학계의 일부 학자가 지금까지도 주장하고 있는 내용이다.

1904년 동경제대에서는 한국사를 연구한 결과물인 『삼국유사』를 간행한다. 여러 가지 『삼국유사』 판본을 대조하여 조선 역사의 기원을 '환국(桓

國)'으로 기록하였다.

동경제대에서 발간한 『삼국유사』는 『삼국유사』의 고판본 내용을 첫 현대 활자체로 공개했다는 역사적 의미가 있는 자료로 중종임신본 계열인 미주덕천가본(尾州德川家本)과 신전가본(神田家本)을 분석한 판본이다. 이 판본은 동경제대 츠보이 쿠메조(坪井九馬三, 1859~1936)와 구사카 히로시(日下寬, 1852~1926) 교감으로 출간되었다. 이후 『대일본속장경』(大日本續藏經, 支那撰述 史傳, 1912)과 『원문 화역대조 삼국유사(原文 和譯對照 三國遺事)』(1915)에도 '환국'으로 명시되었다. 이는 일본학계뿐만 아니라 조선총독부 조선사 편찬 작업에도 엄청난 후폭풍을 몰고 왔다.

일본은 조선을 침략하기 전 정한론에 의거하여 조선 침략을 명분을 "임나사(任那史) 복원"이란 논리로 조선사의 가야(伽倻)를 『일본서기』 임나로 비정하는 작업을 마무리 지었다. 그리고 천황 중심의 황국사관(皇國史觀)을 뿌리내리기 위해 조선사에서 단군을 제거하였다. 2600년의 천황 역사를 지닌 일제가 볼 때 4000년이 넘는 역사의 기원인 단군은 반드시 제거해야 할 대상이었다.

동경제대본 『삼국유사』의 '환국' 명기는 이미 삭제시킨 '단군'이란 존재가 다시 실제사로 부활하는 신호탄으로 작용한 것이다. 일본은 이미 조선인들에게 가르칠 조선사 틀을 준비하고 있었다. 특히 1920년 본격적인 교육시행령을 통해 일본인의 입맛으로 만든 국정교과서격인 『심상소학국사 보충교재』에 조선의 고대사는 중국인 위만조선과 중국 식민지 한사군으로부터 시작되었다고 명기한 점을 본다면 동경제대본 『삼국유사』는 그러한 메이드 인 저팬 고조선사 틀을 완전히 흔들 수 있는 것이었다.

이때 이 문제를 해결하기 위해 등장한 인물이 이마니시 류(今西龍)이었다. 그는 일본 국내부터 이러한 조선사 연구의 싹을 잘라 버리기 위해 1921년 경도제국대학 중종 임신본의 영인본 『삼국유사』(경도제대본)를 발표하는데 '환국을 환인으로' 변경하여 대중화 작업을 진행한다. 그것도 현재까지 말썽의 소지가 되고 있는 환국의 國(국)을 因(인)으로 조작한 흔적이 100% 남아 있는 안정복(1712~1791) 소장본 순암수택본(順菴手澤本)을 저본(低本)으로 활용했다고 주장하였다. 이에 1922년 이능화는 자신이 환인이라 한 것을 "未審之失(미심지실)은 悔之無及(회지무급)"(제대로 살펴보지 못한 실책은 후회막급이다)이라 고백하면서 환국을 환인이라고 해석할 수 있는 빌미를 제공한 『삼국유사』 저자 일연을 질타했다.(『조선신교원류고(朝鮮神敎源流考)』) 그리고 1926년 최남선은 단군론에서 "『삼국유사』에 분명히 환국으로 판각된 것을 불교에 빠진 사람들이 환인으로 망의(妄意) 개찬(改竄)했다."고 주장하였다. 그는 "조선사 제1편 제1권에 '昔有桓因(석유환인)'으로 된 것에 대해 이것은 천인(淺人)의 망필(妄筆)에서 비롯된 것인 만큼 '昔有桓國(석유환국)'으로 수정"을 요구하였다.[6]

1931년 「조선일보」에 기고한 『조선상고사』에서 신채호는 "원래 환국이었던 것을 신라 말엽에 불교도들이 환인으로 고쳤다."라고 기록하였다. 여기서 중요한 것은 환국이든 환인이든 양쪽은 상호관계로 국가와 통치자를 의미하는 것이기에 어떤 기록이 옳다 그르다가 중요한 게 아니다. 아직도 현존 판본보다 오래된 『삼국유사』가 존재할 가능성이 있기에 판본을 가지고 시비를 논하는 것은 무의미하며, 핵심은 조선총독부와 금서룡이

---

6 朝鮮史編修會事業槪要, 조선총독부 조선사편수회, 1938, 57쪽.

同種族的 東北夷 壇制神事 系統圖, 古朝鮮 壇君(『동광』 12호, 1927년 4월 1일).

'환인'을 주장한 이유를 밝히는 것이다. 그 목적은 당연히 단군조선사를 부정하기 위함이다. 단군조선 이전에 환국-신시(배달) 국가가 존재했다는 사실은 조선총독부 조선사에 있을 수 없는 역사다. 현존 한국 주류사학계에서 지금도 '환인 타령'을 하는 자들의 글을 보면 대부분 단군조선 실존을 부정하는 자들이다. 즉, 자신의 목적을 위해 조선총독부 논리를 고수하는 것이라 말할 수 있다. 그들이 정립하고자 하는 한국사 논리는 '환국-신시-조선'의 고대국가 체제가 아닌 '환인(할아버지)-환웅(첩의 자식, 아버지)-단군(곰의 자식, 아들)'의 가족사로 신화라는 것이다.

조선총독부의 조선상고사 부정이 극심해짐에 따라 도산이 1927년 『동광』지에 한국사의 맥을 한눈에 살필 수 있는 글을 기고케 한다. 놀라운 것이 이 글을 기재한 사람은 조선사편수회에 참여한 이능화(李能和)였다.

논설 형태로 그가 기고한 글은 조선총독부가 이끌고자 한 조선사가 아닌 환국-배달-조선-북부여로 전해지는 조선사맥과 북방민족사까지 조선사와 연결한 원형 조선사였다.

천단문화 연구를 통해 민족 계통도를 정리한 도표인데 여기에 기록된 내용은 조선총독부 조선사와는 완전히 판이한 역사로 『환단고기』에 기록된 역사관을 반영하는 것이다. 최근 직접 역사유적지 답사를 통해 한국인의 DNA를 드러낸 전 금융위원장 김석동의 저서 『한민족의 DNA를 찾아서』(2018)와 흡사한 북방 민족사가 정리되어 있다. 한국사의 국통을 '환국-배달(환웅)-조선(단군)'으로 명시함과 함께 '읍루, 말갈, 발해, 금, 청, 흉노, 선비, 요, 서막' 등을 단군조선의 갈래로 표기하고 있다. 또한 북부여를 거쳐 고구려로 이어지는 단군조선의 맥을 확연히 정리했다. 단군이 마리산에 참성단을 쌓고 제천을 하였으며 구월산 삼성사와 평양에 단군 사당이 있음을 기록하여 놓았다. 이러한 도표 한 장은 현 주류사학계의 한국사 방향과 명확히 비교된다. 그리고 뒤에 확인하겠지만 '환국=환인' 논란은 대한민국 임시정부와 독립운동단체에서 이미 매듭지어 놓았다. 그렇기에 국통인 대한민국 임시정부에서 정립한 한국사를 부정한다는 자체가 매국의 역사관이며 스스로 한국인이 아님을 증명하는 역사관이다.

③ 단재 신채호, 단군조선의 삼한관경 원 틀을 드러내다

단재(丹齋) 신채호(1880~1936)는 1931년 6월 10일부터 6월 25일까지 『조선일보』 학예란에 '조선사(朝鮮史)'라는 제목으로 연재를 시작한다. 사료를 찾기 위해 걸식하며 역사 연구에 매진하였다. 중국에서 망명 생활

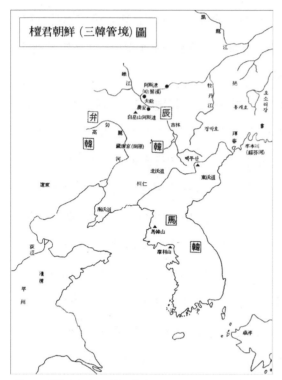

할 때 입을 옷이 없어 여자 치마를 입고 생활한 것도 많이 알려진 사실이다. 신채호는 사료를 바탕으로 역사소설인 『을지문덕』을 1908년 출간했는데 1910년 조선총독부 관보에 압수 목록으로 명시되어 국한문본과 한글본이 모두 압수된다. 조선총독부가 왜 신채호의 을지문덕 서적을 압수했을까? 민족의 영웅담을 기

단군조선 삼한관경 지도. 단재는 『조선상고사』에서 단군조선의 실재를 삼한관경(三韓管境)을 통해 설명했다. 삼한은 '말한·불한·신한'이며 이두자로 마한(馬韓), 변한(卞韓), 진한(辰韓)이라 적었다.

록했다는 이유도 있겠지만 역사 사료를 바탕으로 소설을 구성한 내용 자체가 문제가 되지 않았을까 생각된다. 특히 조선총독부에 의해 조작된 '살수'의 위치(현재 강단사학계는 청천강으로 왜곡)나 고구려군의 수(隋)군에 대한 수공(水攻)의 실재를 강조한 단재이기에 이것이 압수의 원인이 되지 않았을까 생각된다. 단재가 연재한 글은 광복 후 1948년 종로서원에서 『조선상고사』로 출판된다.

단재는 『조선상고사』에서 단군조선의 실재를 삼한관경(三韓管境)을 통

해 접근해 들어갔다. 현재 학계와 국민들이 알고 있는 일국체제의 고조선이 아닌 삼국체제의 삼한관경제를 통해 단군조선의 실재를 주장한 것이다. 신채호는 대대로 전래되어 『고려사』에 기록되었고 『태종실록』에서 태종이 직접 불태웠다는 『신지비사』를 주목하고 연구하였다. 『신지비사』는 6세 단군 달문(達門, BCE 2083~1986) 36년, 신지 발리(神誌 發理)가 쓴 하늘에 올린 축문으로 일명 '서효사(誓效詞)'라고도 한다. 여기에는 단군조선이 2천 년간 유지했던 통치시스템을 기록해 놓았는데 그것이 저울에 비유된 삼한관경의 시스템이었다. 거대한 영토를 3개로 나뉘어 본국은 직접 단군이 다스리고 나머지 2국은 부단군(왕)으로 다스려서 힘을 분배하고 조절하여 운영하는 초대 단군왕검의 삼신(三神) 국가 통치 경영관이었다. 신채호는 이 점을 심도 있게 연구하였다. 단재는 단군조선을 원래의 삼한으로 인식하였다.

'삼일신'을 다시 우리 고어로 바꾸면, 천일(天一)은 '말한'이니 상제(上帝)를 의미한 것이오, 지일(地一)은 '불한'이니 천사(天使)를 의미한 것이다. 태일(太一)은 '신한'이니 '신'은 최고최상(最高最上)이란 말이니 '신한'은 곧 '천상천하 유일함'을 의미한 것이다. '말한·불한·신한'은 이두자로 '馬韓·卞韓·辰韓'이라 적으며, 순서로 말하면 '말한'이 '불한'을 낳고 '불한'이 '신한'을 낳았으니, 권위로 말하면 '신한'이 신계(神界)와 인계(人界)의 대권을 쥐고 '말한'과 '불한'보다 최귀(最貴)한 고로 "삼일중(三一中)에 태일(太一)이 최귀(最貴)"라 함이다. '신가'가 5'가'(五帝 오제)의 수위임은 '신'의 어의로 말미암아 명백하니 삼신·오제는 곧 왕검의 제작한 전설이다.

신한의 뒤는 '신조선', '말한'의 뒤는'말조선', '불한'의 뒤는'불조선'이라

한 것이며, …… 대단군 왕검이 이에 삼신 오제 신설(神設)로 우주조직을
설명하고, 그 신설에 의하여 인간 세상의 일반의 제도를 정하매, 신한,
말한, 불한의 세 한을 세워 대단군이 신한이 되니 신한은 곧 대왕이요,
말한과 불한은 곧 좌우의 주 부왕(副王)으로 신한을 보좌한다. 삼경을 두어
세한이 나뉘어 머무르고7 ……(단재의 『조선상고사』 중 삼한에 대한 인식)

신채호는 단군이 조선을 진한, 번한, 마한으로 나누어 통치하였음을
명확히 하고, 이것이 '삼조선'의 원형임을 강조하였다. 조선의 사대 유가들
이 삼조선을 '단군-기자-위만'으로 왜곡해 놓은 것을 지적한 것이다.
또한 조선통독부에 의해 원래의 단군 삼한이 한반도의 삼한으로 조작되었
음을 명시했다.

단재의 삶은 뜨거웠다. 1905년 을사늑약이 체결되자 「황성신문」에
논설을 쓰기 시작하여 「대한매일신보」 주필로 활약하였고, 1907년 신민
회와 국채보상운동 등의 활동을 했다. 1910년 4월, 중국 칭다오(靑島)로
망명, 안창호 등과 독립운동 방안을 협의하였다. 1919년에는 상하이에서
대한민국임시정부 수립에 참여했고, 비밀결사 대동청년단의 단장으로
활동했으며, 다물단(多勿團)을 조직하였다. 1928년 체포되어 10년형을
선고받고 여순감옥에서 복역 중 1936년 옥사한다. 이러한 와중에 조선
역사의 틀을 잡으려고 연구에 연구를 거듭했던 그의 삶은 독립운동가로서
뿐만 아니라 조선의 참된 역사학자로서 본보기가 된다. 언젠가는 한국학중
앙연구원의 어느 인사가 신채호를 세자로 "또라이", 네 자로 "정신병자"라

---

7 출처 : 『조선상고사』 제2편, 수두시대(신채호, 동서문화사).

신지비사[7]에 기록된 단군조선의 경영체제, 삼한관경제(자료: 상생방송).

고 평했고, 그 이야기가 많이 알려졌다. 참으로 망언이 아닐 수 없다.[8]

④ 위당 정인보, 오천년 조선 얼을 역사로 밝히다

위당(爲堂) 정인보(1893~1950)는 '오천 년간 조선의 얼'이란 제목의 조선사 연구 글을 1935년 1월 1일 시작부터 1년 7개월간 「동아일보」에 연재했다. 위당의 단군조선에 대한 역사관의 특징은 단재가 인식한 삼한론을 더욱 명확하게 기록했다는 데 있다.

고조선의 최고의 韓(한)을 최고 통치자로 삼고 그 아래에 다시 두 韓을 두어 최고 통치자를 보좌하면서 여러 소국을 분할 통치했는데 진한이 최고

---

8 출처 : 신비지사를 통해 재현한 삼한관경체제도. 『환단고기』해제본. 안경전 역주, 상생출판.

통치자로서 '韓'이라면 마한과 변한은 바로 그 아래의 두 韓인 셈이다.[9]

위당은 단군의 삼한관경제에 대해 명확히 인식하고 단군조선을 정의하였다. 그는 단군의 북삼한이 붕괴하고 남하하여 남삼한을 형성한 것 또한 명확히 구분하였다. 한국사의 국통은 '단군-부여-고구려'이고 조선의 유학자들이 인식한 '단군-기자-위만'은 잘못된 사관이라면서 기자의 동래설을 과감히 부정하였다. 그리고 사료에 따라 백제의 중국 요서경략(遼西經略)이 진실임을 밝히고 있다.

⑤ 김교헌, 『신단실기(神檀實記)』로 단군을 드러내다

대종교의 2대 교주 무원(茂園) 김교헌(1867~1923)은 1914년 한국의 역사를 전하기 위하여 '신인(神人) 단군(檀君)의 실기'란 의미로 『신단실기』를 저술하였다. 단국(檀國)의 역사를 비롯하여 부여, 고구려, 백제, 신라, 발해, 예맥, 동옥저, 숙신, 비류, 정안, 요, 금 등 여러 국가를 단군과 관련된 계보 속에서 정리하였다. 현재 강단사학계에서는 북방민족사를 연구한다고 하면서도 단군실존을 부정하기에 고대사와 관련된 북방민족사 연구는 별다른 의미 부여를 하기 어렵다. 북방민족사를 연구한다는 자체가 고대 한민족 역사와 관계성을 규명하기 위한 목적도 있다. 그런데 대일항쟁기까지 북방민족과 단군조선과의 불가분의 관계 속에 연구된 것이 조선총독부사관을 거치면서 완전히 이질적인 문화로 인식하게 만들

---

9 『조선사연구』 상, 정인보 지음, 문성재 역주, 2018, 224쪽.

길림성 화룡시의 대종사 삼종사(우측부터 김교헌, 나철, 서일 대종사) 묘.(출처: 모이자뉴스, 2017. 6.)

었다. 하지만 최근 시민 역사학자들의 주도 아래 조선총독부 사관에서 탈출하려는 움직임이 거세게 일고 있다.

　김교헌 선생은 『신단실기』를 저술하면서 후학들에게 잘못된 역사관을 탈피하여 올바른 민족사관을 가지라고 당부했다. 하지만 단군을 부정하는 조선총독부 사관의 소유자들이 한국 국사학계를 지배하고 있는 실정을 바라볼 때 암담함을 느끼게 된다. 현재 김교헌 선생과 홍암 나철, 백포 서일 등의 삼종사는 중국 길림성 화룡시 용성향 청호촌에 잠들어 있다. 처음 묘소는 잔디도 없는 흙더미였다. 지금은 역사답사를 통해 많은 한국인이 참배하는 곳으로 잔디 펫장이라도 입혀져 있다. 이들의 역사적 업적에 비해 너무도 간소한 묘소 모습에서 광복 후 민족 반역자를 처벌하지 않고, 독립운동사를 제대로 가르치지 않는 한국의 실정이 적나라하게 드러난다.

⑥ 조소앙, 단군의 삼한관경으로 세계 일가를 설파

대한민국 임시정부 탄생의 주축인 독립운동가 조소앙은 삼균주의(三均主義)의 주창자이다. 나라를 빼앗긴 상황에서도 그는 단군의 삼한관경제도, '수미균평위(首尾均平位) 흥방보태평(興邦保太平)'에서 삼균제도를 창안하여 홍익인간의 이념으로 세계를 하나로 묶고자 하는 뜻을 세웠다. 그의 삼균주의는 정치·경제·교육의 평등을 기반으로 개인, 민족, 국가의 평등을 강조하는 사상이다.

조소앙(1887~1958)은 1941년 한국독립당 당강 해석에서 "한국의 기원을 광명의 나라 환국(桓國)에서 발원"한 것임을 발표하였다.[10] 그는 삼균제도를 크게 적용하면 사람과 사람이 균등하고(인여인, 人與人), 민족과 민족이 균등하고 (족여족, 族與族), 국가와 국가가 균등하면 (국여국, 國與國), 세계가 사해일가(四海一家), 세계일원(世界一元)으로 세계일가(世界一家)를 실현할 수 있다고 보았다. 조소앙이 주창한 삼균제도는 임시정부의 건국강령에 구현되었는데, "우리나라의 건국정신은 삼균제도에 역사적 근거를 두었으니, 선민의 명명한 바 수미균평위 하면 흥방보태평이라 하였다."라는 대목이 바로 그것이다.

---

10 黨綱解釋 草案(1941. 11 이후)
　黨綱 第1項에 「國土와 主權을 完全 光復하여 大韓民國을 建立할 것 」이라 하였읍니다. 그러면 韓國云云에 對하여는 무슨 理由로 決定을 받게 되었읍니까. 첫째로 三國遺事 첫 꼭대기에 昔有 桓國이라 하였읍니다. 桓國과 韓國은 譯字의 不同인 것뿐이며 우리 말로 「한 」은 「하아」 「한울」 「크다 」는 3大意味가 있어 民族稱號 및 國家稱號의 原始的 一元化한 偉跡이 있고 환은 光明이니 後世 光明理世의 遺傳이 이에서 發源한 것입니다.
　三均學會, 『素昻先生文集』上, 햇불사, 1979, 222~228쪽(자필원고에서 수록, 중국에서 집필, 정확한 연도 불명).

그는 단군이 다스린 삼한관경에서 유래한 삼균주의 속에 세계가 한 가족이 되는 미래를 설계했다.

2. 재중국 한국독립당, 한국사의 역사국통을 강조

재중국 한국독립당은 나라를 빼앗긴 참담함을 부르짖으며, 1936년 8월 29일 국치일 선언문을 발표하면서 여기에 국치를 당하기 전까지의 한국사를 정리해서 담았다. '환국'에서 비롯한 한국사는 '대한제국'까지 국맥의 단절됨이 없이, 이민족에게 빼앗긴 적 없이 이어져 왔음을 밝혔다. 그들이 정립한 한국사에는 2020년 한국사 교과서에도 버젓이 기록해 놓은 위만조선, 한사군 낙랑이 끼어들 틈이 없다.

– 재중국 한국독립당 제26주년 국치일 선언문

환국(桓國)에서 삼한(三韓)이 끝나기까지 무릇 3천여 년, 삼국(신라·고구려·백제)에서 신라 말까지 무릇 1천 년, 왕씨 고려로부터 이씨 조선까지 각 5백여 년 지속되어 모두 5천 년이었다. 이씨 조선은 임신년(서력 1392년)부터 갑오년(서력 1894년)까지 조선이라 칭하였고, 갑오년부터 정유년까지는 대조선국, 정유년(서력 1897년)부터 경술년(서력 1910년)까지는 대한제국이라 칭하였다. 이처럼 환국에서부터 시작하여 대한제국까지 우리의 국맥은 상하 5천 년을 이어오면서 단 한 차례도 단절됨이 없었다. 또한 우리는 이 기간 단 한 차례도 국가의 생명, 민족의 자유, 국토의 완정, 통치주권의 독립을 이민족에게 빼앗기거나 훼손당하지 않았다.

自昔桓國至三韓之終, 凡3千餘年, 自三國(新羅·高句麗·百濟)·至新羅之末, 凡 1千年, 自王氏高麗, 至李氏朝鮮國, 各有5百餘年, 共1千年, 李氏朝鮮, 自壬申 (公曆1392) 至甲午(公曆1894年) 稱朝鮮國, 自甲午至丁酉稱大朝鮮, 自丁 酉(1897) 至庚戌(1910)年, 稱大韓帝國, 上下5千年, 一貫相續, 未嘗破壞者, 國家生命也, 民族自由也, 國土保障也, 統治主權也.

(출처: 國史編委編 韓國獨立運動史資料 3卷, 400~404面)

3. 대한민국 임시정부, 한국사 국통을 정립

대한민국 임시정부는 1942년 3·1절을 맞아 선언문을 발표하였는데 내용 중에 대한민국의 역사국통을 명시하였다. '환국'의 창립 이래 단군조 선을 거쳐 대한민국까지 전 국가의 인격을 보전하였다고 명시하였다. 즉, 대한민국 임시정부는 조선총독부 추종 사학 의심을 받는 현존 한국사 학계처럼 위만조선, 한사군 낙랑을 포함 가야가 임나라고 임나의 지명을 한반도 남부에 표기하는 역사관과 선을 그었다. 그런 역사는 결단코 없었 다는 것이다. 이런 대한민국 임시정부의 역사관을 부정하거나 시비를 건다면 일단은 그런 자는 현 대한민국 국통을 부정하는 매국의 역사관을 추종하는 자임을 스스로 만천하에 공개한 것으로 봐야 한다. 현재 대한민국 국민은 독립운동가와 대한민국 임시정부에서 정립한 한국사의 실체에 관해서는 보고 배운 적도 없다.

이 사실이 제대로 공표된다면 대한민국 국민 어느 누가 현재 학교에서 가르치는 한국사를 믿고 배우려 하겠는가?

대한민국 임시정부에서 발표한 1942년 3·1절 선언문 중 한국사 관련 부분은 다음과 같다.

> 우리 민족은 처음 환국(桓國)이 창립된 이래 단군, 부여, 삼한, 삼국, 고려, 조선 및 대한민국을 거쳐 5천 년의 국가 주권은 한민족에 의해 계승되었으며, 한국 강토에 근거해 서로 물려주면서 큰 난리를 겪어도 우뚝하게 독립하였고, 민족의 광채를 보전하며 백 번 전쟁에 분발하여 시종일관하였고, 전(全) 국가의 인격을 보전하였다.

4. 대일항쟁기까지 전해진 부루단군의 '어아가'

현재의 대한민국 국민은 단군이 마흔일곱 분(47대)이라면 단군이 곰의 아들이었다는 것보다 충격을 받는다. 단군을 부정하는 자들은 '유사사학'이라고 공격을 한다. 하지만 많은 사서와 개인 문집에 단군 47세에 대한 언급이 많이 있다.

문헌	단군기록	문헌	단군기록
대동사강(1929)	47대	환단고기(1911)	47대
민족정사(1968)	47대	규원사화(1975)	47대
배달조선정사(1923)	47대	국로추사(1928)	47대
조선사략(1923)	47대	김해김씨문헌보(대일항쟁기)	47대
해동춘추(1930)	47대	전고대방(1924)	47대
조선세가호보(1924)	47대	단춘야사(다천 유고 茶泉 遺稿)	47대
조선세가보(1939)	47대	동국역대계통(1960년 후반)	47대

47대 단군을 기록한 여러 문헌.

단군 47대를 기록한 여러 사서 중 특히 조선총독부 조선사편수회에 몸담고 있다가 총독부가 조선사에서 단군을 제거한 것에 분노하여 고향 땅으로 내려온 윤영구(1868~1941)가 제자인 서계수와 함께 1939년에 출간한 『조선세가보(朝鮮世家譜)』에서 단군 47분의 호칭을 명기한 것은 충격적이다. 당시까지 단군 47대에 대한 인식과 기록이 존재하고 있었다는 것을 대변한다.

초대 단군왕검의 태자이며 두 번째 부루단군이 조선의 백성에게 부르게 했다는 '어아가'[11]도 대일항쟁기까지 전해져 신문 기사와 잡지에 등장했는데, 「신한국보(新韓國報)」 1909년 10월 19일 자와 「독립신문」 1921년

---

11 출처: 『환단고기』 해제본, 안경전 역주, 상생출판.

『개벽』 1호에 게재된 어아가.

11월 11일 자에는 '어아가'를 신가(神歌)라고 소개했다. 1920년 6월 25일 『개벽』 1호에는 '단군신가'와 해설이 실렸다. 이 해설에는 고구려 고주몽이 궁중에서 '어아가'를 불렀으며, 광개토태왕이 매양 출전할 때 군가로 불렀다고 소개되어 있다. '어아가'는 『개벽』 5호, 16호에서도 강조됐다.

右 神歌는 그 時代의 點에서 아즉 未詳하나 古史記를 據컨대 高句麗 東明王時에 歌曲으로써 宮中에서 闊港까지 盛傳하엿스며 又 廣開土王은 每樣 出戰할 時에 軍歌로 使用하야써 軍氣를 振興하니라. 然한대 東明王은 神歌를 解譯하되 左와 如히 하니라.

어아어아 우리 大皇祖 놉흔 恩德. 배달國의 우리들이. 百千萬年 잇지마세. 어아어아 善心은 활이 되고 惡心은 貫射이라. 우리 百千萬人 활줄가티 바른 善心. 활줄가티 一心이라. 어아어아 우리 百千萬人. 한 활장에 無數貫射 穿破하니. 熱湯가른 善心中에 一點雪이 惡心이리. 어아어아 우리 百千萬人.

활가티 굿센 마음. 배달國의 光彩로다. 百千萬年 놉흔 恩惠. 우리 大皇祖
우리 大皇祖.12

5. 독립운동가들의 단군에 대한 인식 정리

당대의 독립운동가들은 철저한 역사의식으로 조선인의 정체성을 바탕
으로 독립투쟁에 목숨을 다 바쳤다. 단순한 의기의 발동이 아니다. 성재
이시영(1868~1953) 선생의 『감시만어』에는 "단군은 아들이 넷 있었는
데, 첫째가 태자 부루, 둘째가 부소(扶蘇), 셋째가 부우(扶虞), 넷째가 부여
(扶餘)"라고 기록하고 있다. 단국대 설립에 참여한 산운(汕耘) 장도빈(188
8~1963) 선생은 『동광』지 기고 글에 "개천(開天) 125년 무진 10월
3일에 국인(國人)이 단군을 추대해서 임검(壬儉: 임금)으로 삼았고, 단군은
하백의 딸인 비서갑을 왕후로 취하고, 태자 부루를 낳았다." …… "단군이
다른 아들을 부여에 봉하셨다.(封支子于扶餘)"라고 기록하고 있다.13 백범
김구는 '나의 소원'에서 장차 우리나라가 새로운 근원이 되고 목표가
되는 모범이 되기를 갈망하였다. 그것이 국조 단군의 홍익인간 이상을
실현하는 것이라 했다. 현금 한류의 방향성을 정확히 설정한 것이다.14

---

12 1920년 6월 25일 『개벽』 1호 단군신가 해설.

13 『동광』 제7호(1926년 11월 1일)에 쓴 「단군사료」. '작은발견〔小發見〕과 나의 희열,
조선고대사 연구의 일단'.

14 "우리의 부력(富力)은 우리 생활을 풍족히 할 만하고 우리의 강력(強力)은 남의 침략을

1921년 북로군정서의 백순 선생(1863년, 논산 출생)이 이승만에게
보낸 서신을 보면 고등교과로 '배달사, 배달지지, 단조사고(檀祖事考) 3종
을 인쇄해야 하는데 경비예산 부족을 걱정하고 있다.

　성재(省齋) 이시영 선생은 "우리의 자손은 우리의 역사를 아라사(러시
아)나 일본 문헌에서 찾게 되지 않게 만들어주자."라며 조선인의 주체적
사관으로 기술된 조선사를 자손들이 배우게 되길 열망했다.

　하지만 작금의 한국사는 누구 손에 의해 만들어진 한국사인가? 당대의
독립운동가들의 마음에는 '단군'이라는 불멸의 한국사 심주(心柱)가 세워
져 있었다. 그분들은 빼앗긴 나라를 다시 광복하는 것은 당연한 것이며,
그것을 넘어 다음 후손들의 위해 올바른 한국사 정립을 통해 후손들이
세계에 홍익인간의 모범국가 세우기를 염원하였다.

조선총독부 사관을 독립운동가 사관으로 대체해야

　중국의 동북공정과 일본의 역사 침탈을 방기하는 한국사는 폐기되어야
한다.

　현금의 대한민국의 사관은 주변국 동북공정과 일본의 역사침탈을 막을
수 있거나 대응할 수 있는 역사관이 아니라 그것을 더욱 부추기고 동조하는
조선총독부 사관이다. 조선총독부의 조선사 사관은 동북공정의 국경사(國

막을 만하면 족합니다. 오직 한없이 가지고 싶은 것은 높은 문화의 힘입니다. 문화의
힘은 우리 자신을 행복되게 하고 나아가서 남에게 행복을 주겠기 때문입니다. 나는
우리 나라가 남의 것을 모방하는 나라가 되지 말고 이러한 높고 새로운 문화의 근원이
되고 목표가 되는 새로운 모범이 되기를 원합니다. 그래서 진정한 세계의 평화가
우리나라에서 우리나라로 말미암아 세계에 실현되기를 원합니다. 홍익인간이라는
국조 단군의 이상이 이것이라고 믿습니다."(김구, 나의 소원)

境史) 지도로[15] 그대로 재현되었고 다음에 국내 동북아역사재단에 의해서도 2012 미 의회 CRS 보고서 건과 47억 동북아역사지도로 재현되었다. 미래 한국을 위한 한국사관은 국수주의도 아니고 민족주의도 아니다. 있는 그대로 우리가 직시하여 정립한 역사관이다. 그것은 이 땅 대한민국을 존재케 했던 수많은 독립운동가들의 한국사관이다.

이번 독립운동가들의 단군 역사관 조명을 통해 이 땅 대한민국을 광복시킨 선열들이 정립해 놓은 한국사관을 발견할 수 있었다.

대한민국의 국통을 바로 세우고 세계만국과 함께 세계일가, 사해동포를 구현하는 사관을 독립운동가들은 임시정부 건국강령으로 세웠다. 대한민국은 한류의 세계화를 선도하고 있지만 한편으로는 주변국 중국과 일본의 역사침탈에 대응할 논리 부재로 궁지에 몰렸다. 이런 상황에 맞서 일반 시민이 역사에 관심을 가지고 바로 정립하고자 하는 것을 '유사사학'이라고 비난, 공격하며 망언을 일삼는 무리가 존재하고 있다. 그렇게 혹세무민할 시간과 재정, 정력이 있으면, 중국의 동북공정과 일본의 역사침탈에 대응하는 데 사용해야 한다.

대한민국의 국통은 반드시 현금의 대한민국을 만들기 위해 희생한 독립운동가의 사관, 임시정부의 사관으로 다시 바로 잡혀야 한다. 그 중심에

---

15 담기양(譚其驤) 『중국역사지도집(中國歷史地圖集)』(1982). 중국 역사지리학의 선구자인 담기양(1911~1992)은 56개 소수민족이 중국민족이리며 중국 창건의 공동주역이라는 '통일적 다민족국가론'을 주장했다. 이런 사관에 따라 중국의 변방 민족과 변방 국가는 모두 중국에 포괄되었으며, 이런 사관의 연장선상에서 중국 사학자들은 '고구려는 중국의 지방사'라고 주장한다.
담기양의 지도집에 따르면 '북한 지역은 원래부터 중국 땅'이다. 시진핑이 트럼프 대통령에게 "한국은 사실 중국의 일부였다."라고 한 말은 이런 역사관을 반영한 것이다.(한문화타임스, '북한이 중국 땅이라고 주장하는 담기양의 중국역사지도집', 2020. 8. 25. 참조)

단군이 있다. 앞으로 어느 누가 무슨 이유로 '단군'을 부정하는지 국민은 지켜봐야 한다. 대한민국을 다시 바로 세우는 것은 좌우의 이념이 아니다. 지난 100여 년간 조선인, 한국인의 마음과 생각을 반도로 밀어 넣어 옥죄어 왔던 조선총독부 사관의 올무를 벗어던지는 것이 급선무이다.

그리고 대한의 바른 사관, 독립운동가의 가슴과 피와 정신에 녹아 있었던 '단군'을 다시 한국사에 바로 세워야 한다. 그래야 미래 한국, 세계를 이끄는 한국인의 정체성을 지키며 배달신시와 단군성조의 홍익인간 이념을 세상에 구현하는 한국인으로 자리매김할 것이다.

지금은 국민이 역사를 공부하는 시민역사학 시대이다. 또한 남북통일을 대비한 통일사관을 준비해야 할 시대이다. 역사는 사학자의 전유물이 결코 아니다. 오랜 역사 속에 수많은 학문적 발전이 이뤄졌다. 지금은 각계 최고 전문가들이 함께 모여 역사를 연구하는 융합학문의 시대다. 이것이 국민이 역사 연구의 주체가 되는 시민 역사학 시대인 것이다. 독립운동가들의 한국사 정립을 위한 희생이 이 땅에 반드시 열매 맺을 수 있도록, 조선총독부 식민사관의 쇠사슬을 국민이 완전히 폐기할 수 있도록 모든 국민이 시민 역사학 시대의 주체로 참여하길 바란다.

이완영 이매림(李梅林)

(사)미래로 가는 바른역사협의회 공동대표

(사)대한사랑 사무총장

인하대학교 대학원에서 융합고고학을 공부하며 역사전문유튜브 매림역사문화TV를 운영하고 있다. 2007년부터 시민역사학을 강조하며 전국 중, 고등학교, 대학교, 학군단, 관공서, 시민단체와 미국, 베트남, 홍콩, 일본 등을 순회하며 한국인의 정체성을 찾는 역사문화특강을 900여 회 진행했다.

아직도 많은 역사학자가 앵무새가 전하듯 『신지비사』 원문이 전해 내려오지 않는다는 말을 공개적으로 하고 있다. 이는 제대로 알아보려 하지 않았거나 편견 때문에 있는 자료도 찾아보지 않았기 때문이다. 『신지비사』의 원문은 고려의 문하시중 행촌 이암이 전한 『단군세기』에 온전하게 전하고 있다.

1. 檀君世記(단군세기)에 전하는 신지비사(서효사 원문)

壬子 三十五年 會諸汗 于常春 祭三神 于九月山 使神誌發理 作誓效詞 其詞曰
임자 35년(BCE 2049) 여러 왕(한, 汗)들을 상춘에 모아 구월산에서 삼신께 제사하고 신지 발리를 시켜 서효사(誓效詞)를 짓게 하였는데 그 가사는 이러하다.

朝光先受地 三神赫世臨 (조광선수지 삼신혁세림)
아침 햇빛 먼저 받는 이 땅에 삼신께서 밝게 세상에 임하시도다.

桓因出象先 樹德宏且深 (환인출상선 수덕굉차심)
환인께서 삼신의 도를 먼저 여셔서 덕을 베푸심이 크고도 깊도다.

諸神議遣雄 承詔始開天 (제신의견웅 승조시개천)

모든 신성한 이들이 의논하여 환웅을 보내시니 환웅께서 환인천제의 명을
받들어 처음으로 나라를 여셨도다.

蚩尤起靑丘 萬古振武聲 (치우기청구 만고진무성)
치우천황께서 청구를 일으키시어 만고에 무용을 떨치셨도다.

淮岱皆歸王 天下莫能侵 (회대개기왕 천하막능침)
회수, 태산 모두 천황께 귀순하니 천하에 그 누구도 침범할 수 없었도다.

王儉受大命 歡聲動九桓 (왕검수대명 환성동구환)
단군왕검께서 하늘의 명을 받으시니 기뻐하는 소리가 구환을 움직였도다

魚水民其蘇 草風德化新 (어수민기소 초풍덕화신)
물고기가 물을 만난 듯 백성이 소생하고, 바람이 풀을 스치듯 단군왕검의
덕화가 날로 새로웠도다.

怨者先解怨 病者先去病 (원자선해원 병자 선거병)
원망하는 자는 먼저 원을 풀어주고 병든 자는 먼저 병을 고치셨도다.

一心存仁孝 四海盡光明 (일심존인효 사해진광명)
일심으로 어짊과 효를 지니시니 온 천하가 삼신상제님의 광명으로 충만하도다.

眞韓鎭國中 治道咸維新 (진한진국중 치도함유신)

진한이 삼한의 중심을 굳게 지키니 정치의 도가 다 새로워지도다.

慕韓保其左 番韓控其南 (모한보기좌 번한공기남)

모한(마한)은 왼쪽을 지키고 번한은 남쪽을 제압하도다.

巉岩圍四壁 聖主幸新京 (참암위사벽 성주행신경)

험준한 바위가 사방을 에워쌌는데 거룩하신 임금께서 새 수도에 납시도다.

如秤錘極器 極器白牙罔 (여칭추극기 극기백아강)

삼경이 저울대, 저울추, 저울판 같으니 저울판은 마한 수도 백아강이오

秤榦蘇密浪 錘者安德鄕 (칭간소밀랑 추자안덕향)

저울대는 진한 수도 소밀랑이오, 저울추는 번한 수도 안덕향이로다.

首尾均平位 賴德護神精 (수미균평위 뇌덕호신정)

머리와 꼬리가 함께 균형을 이루어서 임금의 덕에 힘입어 삼신의 정기를 잘 간직하도다.

興邦保太平 朝降七十國 (흥방보태평 조항칠십국)

나라를 흥성시켜 태평성대를 이루니 일흔 나라가 조회하도다.

永保三韓義 王業有興隆 (영보삼한의 왕업유흥륭)

삼한의 근본정신을 영원히 보전해야 왕업이 흥륭하리로다.

興廢莫爲說 誠在事天神 (흥폐막위설 성재사천신)

나라의 흥망을 말하지 말지니 진실로 삼신상제님을 섬기는 데 달려있도다.

2. 어아가 원문과 해석

神市以來 每當祭天 國中大會 齊唱 讚德諧和

신시 이래로 매당제천이면 국중대회하야 제창 찬덕해화하니

於阿爲樂 感謝爲本 神人以和 四方爲式

어아로 위악하고 감사로 위본하야 신인이 이화하고 사방으로 위식이라

是爲參佺戒 其詞曰

시위 참전계니 기사에 왈

신시시대 이후로 하늘에 제사를 지낼 때면 나라에 큰 축제를 열고 삼신상
제의 덕을 찬양하여 노래했으니 '어아'로 음악으로 삼고 감사함을 근본으
로 하여 '신과 인간'을 조화시키니 사방에서 본받았다. 이것을 참전계라고
하였으니, 그 가사는 다음과 같다.

於阿於阿(어아어아)여

我等大祖神(아등대조신)의 大恩德(대은덕)은

倍達國我等(배달국아등)이 皆百百千千年勿忘(개백백천천년물망)이로다.

於阿於阿(어아어아)여

善心(선심)은 大弓成(대궁성)하고 惡心(악심)은 矢的成(시적성)이로다.

我等百百千千人(아등백백천천인)이 皆大弓絃同(개대궁현동)하고
善心(선심)은 直矢一心同(직시일심동)이라.
於阿於阿(어아어아)여
我等百百千千人(아등백백천천인)이 皆大弓一(개대궁일)에 衆多矢的貫破(중다시적관파)하니
沸湯同善心中(비탕동선심중)에 一塊雪(일괴설)이 惡心(악심)이라.
於阿於阿(어아어아)여
我等百百千千人(아등백백천천인)이 皆大弓堅勁同心(개대궁견경동심)하니
倍達國光榮(배달국광영)이로다.
百百千千年(백백천천년)의 大恩德(대은덕)은
我等大祖神(아등대조신)이로다. 我等大祖神(아등대조신)이로다.

어아 어아
우리 대조신의 크나큰 은덕이시여!
배달의 아들딸 모두
백백천천 영세토록 잊지 못하오리다.

어아 어아
착한마음 큰활되고 악한마음 과녁되네
백백천천 우리모두 큰활줄같이 하나되고
착한마음 곧은화살처럼 한마음 되리라

어아 어아

백백천천 우리모두 큰활처럼 하나되어

수많은 과녁을 꿰뚫어 버리리라

끓어오르는 물같은 착한마음 속에서

한덩이 눈같은게 악한마음이라네

어아 어아

백백천천 우리모두 큰활처럼 하나되어

굳세게 한마음 되니 배달나라 영광이로세

백백천천 오랜세월 크나큰 은덕이시여!

우리 대조신이로세.

　*'서효사'와 '어아가' 주석은 『환단고기』 역주본(안경전, 2012)과 상생
방송 연세대 환단고기 북콘서트를 참고하였다.

북한의 '조선민족제일주의'는 5,000여 년을 이어온 땅 위에 "우리 민족의 건국시조는 단군이지만 사회주의 조선의 시조는 김일성 동지(김정일, 1998: 427~428쪽)"라고 해서 단군과 김일성을 나란히 세운다.

이처럼 친일청산을 못한 까닭에 해방 후에도 단군부정론은 변형을 이루며 지금까지 전승되고 있다. 나카 미치요-시라토리 구라키치-오다 쇼고 계의 불교 및 선인전설의 영향설은 서영대, 송호정이 그 계보를 잇고, 이마니시 류-미시나 쇼에이-다카하시 도루 계의 주몽신화 이본설은 이병도, 김철준, 이지영으로 이어지고 있다.

4장

남북한 중·고등 역사 교과서의 단군 및 고조선 서술사 연구

김명옥

I. 정치 체제에 따라 차이 나는 공동의 역사

이 글의 목적은 남과 북의 교과서에서 단군 및 고조선을 어떻게 서술하는 지 그 서술사를 살피는 데에 있다. 이것을 통해 공동의 역사가 체제에 따라 어떤 차이가 나는지 살피려는 것이다. 역사 교과서는 역사에 대한 국가의 공식적인 인식이기 때문에 단군의 실존성에 대한 국가의 견해를 밝혀 놓은 것이다. 따라서 공동의 역사를 지닌 우리 민족이 다른 정치 체제에서 단군을 어떻게 서술했는지는 매우 중요하다. 민족의 화합을 위한 그 첫머리에 단군이 놓여있기 때문이다.

북한의 김정은은 2012년 집권 후 대대적으로 교육개혁을 단행했다. 학제를 개편하고, 교육과정과 교과서 개정을 순차적으로 진행했다.[1] 역사 교과서의 예로 보면 기존의 고급중학교 과정에서 『조선력사』와 『세계력사』로 분리되어 있던 내용을 『력사』 교과서로 통합했다. 그러나 2013년에 개정된 교과서 내용은 1993년 단군릉 이후 발행된 교과서와 비교했을 때 그 변화의 폭이 크지 않다. 오히려 단군릉 발굴 이전의 교과서와 『조선력사』(2005)가 큰 차별점이 있다.[2]

---

[1] 기존의 학제가 취학전교육 1년, 소학교 4년, 중학교 6년 등 11년제였다면, 바뀐 학제는 12년제였다. 취학전교육 1년, 소학교 5년, 초급중학교 3년, 고급중학교 3년제로 개편한 것이다. 학생들의 발육과 심리적 특성, 그리고 품격형성과 정치 조직 생활의 특성에 맞추면서 과학기술의 발전에 따라 학생들이 폭넓은 지식을 충분히 습득하고 사회 진출 시 자립할 능력을 갖출 수 있도록 교육의 내용과 질적 수준을 전환하기 위해서였다. 「로동신문」, 「조선민주주의인민공화국 최고인민회의 법령 전반적 12년제 의무교육을 실시함에 대하여」, 2012년 9월 26일자를 이서영, 「김정은 시대 북한 『조선력사』 교과서 구성 분석」, 『사회과교육연구』 제25권 제2호, 2018년에서 재인용 함.

[2] 그러나 이전의 교과서는 살필 수 없고 단지 『조선단대사』와 같은 북한의 역사서를

남한에서는 미 군정기 이래, 지금까지 7차 교육과정을 거쳤으며 현재는 '2009년 교육과정 2013년 적용' 검정교과서체제이다. 공교롭게도 남과 북이 2013년에 교과서를 동시에 개정했다.

남·북한 교과서에 수록된 단군 또는 고조선 인식에 대한 연구는 남한 교과서만을 대상으로 삼거나 혹은 북한 교과서 중심이거나 또는 남북한 현행교과서의 비교분석 등으로 이루어지고 있다. 남한의 교과서만을 대상으로 삼은 이재원(2008)은 단군사화의 수용 고찰에 대해서 논의하는데, 6차, 7차 교육과정기의 교과서에 주안을 두고 역사 교과서뿐만 아니라 사회, 철학, 국어, 윤리 등의 초, 중, 고등학교 교과서를 대상으로 삼았다. 그는 각각의 교과서에서 내용의 첨삭 여부나 학습지도의 목표나 내용 그리고 구성을 분석하지만, 왜 그러한 서술이 이루어졌는지에 대한 심도 있는 논의는 보이지 않는다. 장지화는 2018년과 2019년에 광복 이후의 초·중등 국사 교과서에서 단군조선 분야를 어떻게 개정했는지 그 과정에 관해서 다루고 있는데, 단군을 신화로 인식했다가 2000년대 이후에는 역사적 사실로 기록하고 있다고 했다. 이러한 배경에는 국조단군상 건립운동, 중국의 동북공정 등으로 단군사에 대한 국민적 관심이 최고로 고조되었기 때문이다. 그러면서 국민적 관심은 높아지고, 역사학계의 연구도 활발해졌지만, 사학계는 입장 정리조차 못 했다. 장지화의 논의는 앞뒤가 모순되어 있는데 2000년 이후 교과서에서 역사적 사실로 기록하고 있다면 그것은 사학계의 견해일 것이다. 그러나 필자가 보기에 교과서는 단군

통해서 교과서의 내용을 짐작해 볼 수 있다. 북한의 역사 교과서는 국정교과서이며, 역사 연구서들도 국가 주도사업이기 때문이다.

을 사실로 기록한 것이 아나라 그렇게 보이도록 서술했을 뿐이다. 역사학계는 단 한번도 단군을 실존인물로 인정한 적이 없다. 고조선 연구자인 송호정은 단군을 '만들어진 신화'라고 했다. 교과서에서 마치 단군을 인정한 듯이 서술했다면, 그것은 국민을 호도한 것이다. 그들의 주장을 뜯어보면 단군을 실존인물로 주장한 것이 아니다.

북한 교과서 『조선력사』의 내용과 구성에 관한 연구는 이찬희(2004)와 이서영(2018) 그리고 김도형(2020)이 했다. 이찬희와 이서영은 『조선력사』 전체 내용을 다루면서 그 일부분으로 단군과 고조선을 다루고 있다. 김도형은 내러티브적 서술에 초점을 맞춰 교과서를 분석한다. 신화 속 인물인 단군을 역사적 사실로 만드는 것이 내러티브적 서술이며, 이러한 서술은 수령의 위대성도 사실로 받아들이게 할 뿐만 아니라 수령의 영원성으로 치환되고 김정일·김정은으로 발전 계승되어 간다고 분석하였다. 이정빈(2015)은 사회주의 체제의 위기 속에 정권을 유지하기 위해서 단군릉이 어떻게 활용되는지를 분석하고, 조원진(2020)은 남북한 교과서의 고조선 인식에 관해서 비교하는데, 그는 현행 교과서에 초점을 맞추고 있다. 남북한 모두 현행 이전의 단군에 대한 인식이 어떻게 변화했는지는 놓치고 있는 셈이다.

남북한 교과서에 대한 지금까지의 논의들은 어느 시기만 특정하거나, 혹은 남과 북의 각각의 교과서만을 한정해서 단군과 고조선 내용을 분석하고 있어서 종합적으로 살피지는 못했다. 교과서는 체제의 방향과 목적을 담고 있기 때문에 시대에 따라 내용 또한 변하기 마련이다. 따라서 남과 북에서 시대마다 지향한 국가적 방향과 관련해서 살피지 않고서는 교과서에 수록된 단군과 고조선에 대해 제대로 해석하기 어려운 점이 있다.

이 글에서는 이러한 점들을 중점에 두고 북한의 『조선력사』 2005년 판과 2013년 판을, 남한의 교과서는 대한제국기부터 현행 고등학교 역사 교과서를 중심으로 남북한의 교과서에 나타난 단군과 고조선 인식의 변화를 살필 것이다.

교과서는 국가의 공식적인 견해이기 때문에 개정과정은 그 당시의 연구가 반영되어 있기 마련이다. 따라서 교과서 속 단군을 살피기 전에 남과 북한에서 진행된 단군의 연구사를 살펴서 그것이 어떻게 교과서에 서술되었나를 살필 예정이다.

II. 북한 교과서 속 단군은 역사

1) 북한의 단군과 고조선 연구사

1948년, 북한은 〈조선력사편찬위원회에 관한 결정서〉(내각결정 제11호)를 채택했다. 이 결정에 따라 조선력사편찬위원회가 설치되었다. 미군정기에 있는 남한에서 보면 이례적인 행보로 보일 수 있는 일이지만, 예고된 것이었다. 해방 이후, 북한은 1946년부터 민족적 과제인 친일파를 청산하고 이듬해인 1947년에는 〈조선역사편찬회에 관한 결정서〉를 공포했다. 일련의 행보들에서 북한의 정책은 역사 정립을 기초로 하고 있음이 짐작된다. 1948년 조선력사편찬위원회에 주어진 과업도 확연하다. "과학적 세계관에 근거(최영묵, 1990)"하고 "일본식 사학 및 그 영향의 잔재를 일소하는 동시에 서구학자들의 동양사에 관한 부르주아적 견해와 편견적인 방법의 영향을 절대로 배제(최영묵, 1990)"가 과업이었다. 과학적 세계관이란 마르크스적 세계관이며, 일제가 식민지 지배이데올로기로 우리 역사를 왜곡한 식민사관과 서양이라는 타자의 시선을 배제하고 우리의 시각으로 우리의 역사를 서술하겠다는 뜻이다.

북한은 한국전쟁 중인 1952년 3월에는 력사편찬위원회를 발전적으로 해체하고 조선과학원을 창설한다. 조선과학원은 력사연구소를 포함해 고고학 및 민속학연구소 등 9개의 산하 연구기관을 두었다(최영묵, 1990). 이러한 행보는 북한이 역사를 사상적 기반으로 삼고 있음을 알게 한다. 일제강점기에 식민지배이데올로기로서 왜곡된 우리 역사를 바로잡고자 했다.

일제가 왜곡한 우리 역사는 크게 세 가지다. 단군부정론과 한사군 한반도설, 그리고 '가야는 임나'라는 설이다. 한사군 한반도설과 '가야 임나설'은 우리 민족이 아주 먼 옛날부터 식민 지배를 받았고, 그래서 조선 민족은 일본의 식민 지배를 받는 것은 당연하다는 논리로 만들어진 설이다. 단군부정론은 단군의 실존성을 부정하는 것으로서 서기전 2333년에 단군이 세운 고조선은 고려 시대 일연이 창작한 작품이라는 것이다. 단군을 부정하면 이로써 2,000여 년의 우리 역사는 사라져 버린다. 따라서 북한이 "일본식 사학 및 그 영향의 잔재를 일소"한다는 것은 일제가 왜곡한 우리 역사를 바로 세우는 일을 국가적 과업으로 삼겠다는 뜻이다.

국가적 과업은 일제 식민사학자들이 만든 한사군 한반도설을 깨는 것으로 시작되었다. 한사군은 조·한 전쟁에서 이긴 한나라가 조선의 수도에 군현을 설치한 것을 말하는데, 군현의 위치는 곧 고조선의 중심지이기

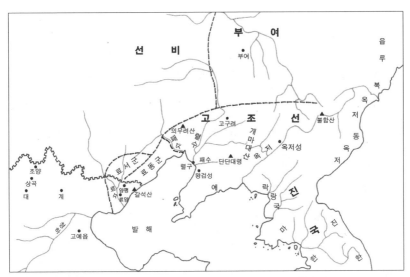

리지린이 『고조선연구』에서 주장한 기원전 3~2세기 조선 고대 국가들의 위치 약도.

때문에 고조선의 강역을 알 수 있는 매우 중요한 지표이다. 1960년대 초, 북경대에서 고조선 연구로 학위를 받은 리지린은 학위논문에서 고조선의 중심지를 개평(요녕)으로 비정했다. 서기전 3세기 연나라 진개가 침략하기 이전 시기에는 지금의 하북성 난하가 고조선의 중심지였지만, 진개의 침략으로 중심지를 대릉하 유역으로 옮겼다는 것이다(리지린, 2018). 이후 북한은 여러 토론을 통해 한사군의 위치를 요동에 비정하는 리지린의 주장이 주류가 되었다.

고조선 중심지에 대한 논의는 단군신화 연구로 확산되었다. 과학원 연구소 주최로 1962년 7월과 8월에 '단군 건국 신화에 대한 과학 토론회'가 모두 4회에 걸쳐 진행되었다(장주협, 1962). 토론회의 주요 쟁점은 신화 발생 시기, 단군의 실존성, 건국시기와 중심지, 단군신화가 고조선의 건국신화인지 여부에 관한 것이다.

주 토론자인 리상호는 호메르스가 전승한 신화로부터 고대 사회 역사를 발굴했듯이 "신화 형성의 물질적 기초는 바로 현실적인 해당 력사(1962: 43)"[3]라면서 단군신화는 "공동체 내부에서 무의식적인 전통에 기초하여 만들어진 '실재'의 반영(1962: 43)"이라고 했다. 신화의 형성조건은 역사가 선행되어야 한다는 것이므로 단군신화는 "단군이 조선을 창건하였다(1962, 44쪽)."는 역사적 사실을 반영했다는 것이다. 그에게 단군신화를 전설 혹은 설화 등 무엇으로 부르든 간에 중요한 것은 기록의 칭호에 있는 것이 아니라 그것을 어떻게 볼 것이냐가 중요했다.

1962년 '단군 건국 신화에 대한 과학 토론회'에서 고조선 강역은 중국 동북지역 일대와 한반도까지, 단군신화는 고조선의 건국신화이며 역사적 사실을 반영한다고 인정했다. 단군은 왕의 칭호라는 견해와 고조선의 중심지가 요동이라는 견해에는 이견이 없었다(리상호, 1962). 다만 고조선의 건국시기에 대해서는 서기전 18세기, 서기전 8~10세기로 나뉘었으며, 단군신화의 형성 시기도 각기 달랐다.

이러한 기조는 1993년 '단군릉'이 발굴되기까지 지속된다. 단군릉은 평양시 강동군 강동읍에서 조금 떨어진 대박산의 동남쪽에 위치해 있다. 남성과 여성의 인골이 발굴되었는데 북한에서는 이 인골의 주인공을 단군과 그의 아내로 추정하였다. 두 인골에 대해서 전자상자성공명법으로 연대를 측정한 결과 측정 시점으로부터 5011년 전의 인골임을 과학적으로 확증했다(사회과학원, 1994).

---

3 『력사과학』, 3호, 1962년, 『력사과학』은 북한의 전문적인 역사학술 잡지다. 주로 역사에 관한 학술 논문, 역사에 관한 토론 논문, 역사 논문 및 역사 서적에 대한 비판과 서적 해제, 중요한 역사적 사건에 대한 고증, 중요 사료의 소개, 역사와 관련되는 과학 수필, 역사 강좌에 필요한 논문들, 국 내외 역사학 동태의 소개 등을 다룬다.

단군릉의 발굴로 북한에서는 고대사를 전면 수정하기에 이른다. 1980년대에서 1990년대 초에 간행한 『조선전사』(34권)와 『조선전사』년표 1, 2권은 원시시대부터 현대사까지 역사를 종합 체계화한 역사서인데, 1993년 단군릉이 발굴됨으로써 고대사에 대한 연구 성과를 반영하여 『조선단대사』라는 책명으로 출간되었다.

『조선단대사』에 따르면 서기전 40세기부터 평양 일대에 계급사회가 발생하고, 단군이 고조선을 서기전 30세기 초에 건국한다(2010). 서기전 30세기 중엽에 국력이 강성해져서 요동지구와 길림-장춘지구 그리고 두만강류역, 연해변강 남부지역까지 고조선의 영역이었다. 고조선의 중심지를 요동에서 평양으로, 단군을 왕칭에서 실존한 역사 인물이자 조선민족의 원시조로 확정하고, 건국 시기를 서기전 3000년경으로 끌어 올린데에는 그만한 이유가 있다.

고조선의 건국자로서 단군의 위치는 매우 중요하지만, 북한에서 더욱 중요한 것은 평양이다. 고조선 건국 이래 5,000여 년 동안 우리 역사의 중심지였다는 자긍심을 고취해주기 때문이다. 이것은 곧 애국심으로 이어지는데, 손영종의 말을 들어보자.

단군이 그 어떤 나라, 다른 지역에서 옮겨온 사람이 아니고 바로 평양지방, 조선반도에서 태어나 고조선국가를 세우고 강대한 나라로 발전시킨 것은 우리 민족의 크나큰 영예이며 커다란 자랑이다. 단군이 5,000여 년 전의 실재한 인물임이 확증됨으로서 우리 민족사의 유구성, 민족의 혈연적 단일성이 증명된 것은 전체 조선인민들의 민족적 긍지와 자부심을 더욱 높여주며 오랜 력사와 문화를 가진 우수한 민족인 조선민족이 조상대대의 애국애족의 전통을 이어나감으로써 민족사를 더욱 빛내어야 한다는 높은 자각을 우리 모두에게 안겨준다(1994, 55쪽).

애국애족의 전통을 이어나감으로써 민족사를 더욱 빛내야 한다는 손영종의 말은 기실 북한 사회 고민의 반영이었다. 북한은 1950년대 권력투쟁을 거쳐 1960년대에는 주체사상을 확립하는 시기였다. 중국과 소련 분쟁 시기에 북한은 대외 전략 정책이 필요했고, 김일성 유일 체제가 강화되는 과정에서 주체사상은 완성되었다.

1980년대 말 이후 1990년대에는 사회주의 몰락에 따른 북한 내부의 동요에 대응하는 전략이 필요했다. 북한 주민의 내부 결속을 위한 그 무엇이 바로 단군과 고조선의 중심지인 '평양'이었다. 단군의 역사는 곧 '조선민족제일주의'의 토대가 되었다. 우리 민족의 우수성과 유구성을 강조한 '조선민족제일주의'는 5,000여 년을 이어온 땅 위에 "우리 민족의 건국시조는 단군이지만 사회주의 조선의 시조는 김일성 동지(김정일, 1998: 427~428쪽)"라고 해서 단군과 김일성을 나란히 세운다. 이것은 우리식 사회주의로 연결되는데, 전통과 우수한 문화를 가진 우리 민족의 원시조가 단군이듯이, 우리 민족 사회주의 원시조는 김일성이라는 것이다. 따라서 북한 주민은 동유럽의 사회주의 붕괴에 동요하지 말고 우리식 사회주의로 이행하여야 한다는 것이다. 기실 북한이 말하는 '단군릉'에서 나온 유골이 '단군'과 '그 아내'인지는 증명할 길이 없다. 그러함에도 북한은 그들의 정치적 목적에 따라 그 유골을 '단군'과 '그 아내'로 명명하고, 고조선의 건국을 서기전 30세기로 끌어 올린 것이다.

한편 고조선의 중심지도 목적에 따라 달라졌다. 중국의 많은 사료가 고조선의 수도인 왕험성은 요동에 있다고 하고, 북한도 1차 사료 연구 결과에 따라 고조선 중심지가 요동이라고 비정했지만, 정치적 목적에 따라 요동에 있었던 왕험성을 부수도로, 평양을 중심지로 만들어 버렸다. 이러한 연구가 어떻게 교과서에 서술되었는지 살펴보자.

2) 교과서 속 단군 및 고조선 서술

김정일 체제에서 2005년에 발행된 『조선력사』(3판, 중학교 제1학년용)와 김정은 체제에서 2013년에 발행된 『조선력사』(초급중학교, 2013)를 단군의 실존성과 고조선 건국 시기, 중심지 및 강역과 한사군에 관련해서 살펴본다. 고조선과 단군에 대한 인식은 과거의 역사만이 아니라 우리 민족의 미래와도 직결되어 있다. 자기 조상의 뿌리와 정체성, 그로 인한 민족적 자긍심은 세계화 시대의 문화를 선도하는 주체성을 가질 수 있기 때문이다.

(1) 단군은 실존하는 역사 인물

주체 94(2005)년에 발행된 『조선력사』(중학교 제1학년용, 3판)의 첫 장은 '제1과 우리 땅에서 산 첫 사람들'이다. 이 장에서는 유물과 유적을 보여주면서 선사시대부터 현재까지 개괄하면서 한반도의 유구한 역사를 드러낸다. 두 번째 장은 '제2과 조선민족의 첫 나라를 세운 단군'이란 제목으로 단군을 소개한다. "단군릉은 바로 단군의 무덤이며 그 안에는 단군과 그 안해의 뼈가 보존되어(2005: 8)" 있고 능 주위의 조각상들은 "단군의 네 아들과 가까운 신하(2005: 8)"라는 것이다. 단군에 관한 서술을 2005년 판과 2013년 판을 함께 보자.

〈표1. 『조선력사』 2005판과 2013판 비교〉

『조선력사』(중학교 1, 2005)	『조선력사』(초급중학교, 2013)
"단군은 지금으로부터 5천여 년 전에 평양부근인 오늘의 강동땅에서 태어났습니다. 어려서부터 남달리 키가 크고 지혜가 뛰어났던 단군은 일찍부터 이 땅에 나라를 세울 마음을 품고 있었습니다. 그때에는 아직 이 땅에 나라(국가)가 없었습니다. 그래서 왕도, 관리도, 법이나 군대도 없었습니다. 이러한 때 청년시절을 보낸 단군은 나라를 세우기 위하여 말타기와 칼쓰기, 활쏘기 등 무술을 련마하고 지혜를 키워나갔습니다(8쪽)."	고조선은 B.C. 30세기 초에 세워진 우리 민족의 첫 국가입니다. 그리고 단군은 고조선을 세운 시조왕입니다. 전설에 의하면 오랜 옛날 평양지방에는 하늘(태양)신을 자기들의 조상신으로 여기는 사람들이 살고 있었습니다. (생략) 환웅은(생략) 자기가 통합한 한 씨족장의 딸과 결혼하여 아들을 낳았는데 그가 바로 단군이었습니다. 어려서부터 남달리 키가 크고 지혜가 뛰어났던 단군은 자라면서 우리 땅에 나라를 세우려는 큰마음을 가지고 있었습니다. 그 실현을 위해 말타기와 활쏘기, 칼쓰기 등 무술을 련마하고 지혜를 키워나갔습니다(17~18쪽).

〈표1〉에서 확인되듯 단군을 역사 인물로 서술하고 있다. 이러한 서술은 1993년 이후 단군신화에 대한 연구 결과의 반영이다. 손영종이 『력사과학』 151호에 쓴 「조선민족은 단군을 원시조로 하는 단일 민족」이란 글을

보자. "단군은 경제 문화가 일찍부터 발전한 평양을 중심으로 한 서북조선 일대의 유리한 자연 지리적 환경에서 원시사회가 계급사회로 넘어가던 시기에 평양에서 태어나서 자랐으며 첫 고대국가를 세움으로써 우리나라의 시원을 열어놓았고 우리 민족의 형성에도 커다란 역할을 한 인물이었다(1994: 52)."라고 실존했던 역사 인물로 확정했다.

2005년(3판)에 비해 2013년 판본이 단군의 실존성을 더 두드러지게 서술하는데, "단군은 고조선을 세운 시조왕(2013: 17)"이라고 명명하면서, 태양신을 모시는 박달족의 추장인 환웅이 범과 곰의 씨족을 통합하고 통합한 씨족장의 딸과 혼인해서 단군을 낳았다는 것이다. 또한 단군의 성장 과정을 서술하면서 나라를 세우려는 큰마음을 가지고 그 실현을 위해서 말타기, 활쏘기, 칼 쓰기 등의 무술을 연마했다고 한다. 2013년에 발행된 『조선력사교수참고서』(초급중학교) '고조선을 세운 단군' 항목의 교수 교양 목적은 "우리 민족의 첫 국가는 고조선이며 단군은 우리 민족의 첫 국가를 세운 시조왕이라는 것을 인식하도록 하며 단군을 실재한 인물로 우리 민족의 원시조(42쪽)"로 학생들에게 가르쳐야 한다는 것이다.

북한의 역사저작물이 최고지도자의 교시에 따라 연구된다는 점을 고려하면 손영종의 연구는 단군에 대한 북한의 공식적 입장이다. 손영종의 글에서도 첫머리에 "조선민족은 한 핏줄을 이어받으면서 하나의 문화와 하나의 언어를 가지고 몇천 년 동안 한 강토우에서 살아온 단일민족입니다(1994: 51)."라는 교시가 적시되어 있다. 그는 단군이 "우리 민족의 첫 건국시조로서 우리 선조들을 국가시대, 문명시대로 이끌어나가고 하나의 단일민족으로 발전하게 하는 시초를 열어놓았(1994: 52)"고 "주변의 종족들과 나라들의 침습을 막고 민족의 단일성을 유지·강화하게 하는

데서 커다란 역할(1994: 52)"을 했으며 부여, 고구려, 백제, 신라, 가야가 그를 조상으로 모시는 것으로 봐서 "5,000여 년 전의 실재한 인물임이 확증(1994: 55)"된다고 했다. 손영종의 연구는 조선민족은 단일 민족이며 그 원시조가 단군이라는 점을 밝히는 데 있다.

북한 역사 교과서는 이러한 연구 결과의 반영으로 단군을 실존의 인물로 묘사하는 것이다. 따라서 단군의 건국과정을 담은 단군신화는 "당시의 력사적 사실을 전하는 우리 인민의 유산(차영남·강국모: 15쪽)"이 된다. 그래서 역사 인물의 일대기를 서술하는 정형적인 양식, 즉 단군이 태어난 곳과 어린 시절의 남다른 점 그리고 그 성장 과정을 구체적으로 서술한 것이다.

(2) 고조선-서기전 30세기 초에 건국한 우리 민족 첫 국가

북한은 고조선의 건국 시기를 서기전 10세기경으로 인정하던 것을 서기전 30세기로 끌어올린다. 강인숙(1995)은 그 이유를 "고조선의 건국 년대(서기전 10세기 이전)를 믿을 수 없게 된 조건에서 건국년대를 새롭게 정하지 않으면 안 되(46쪽)"4고, 그것은 "력사 학계 앞에 나선 절박한 과제의 하나(46쪽)"이기 때문이었다. 서기전 2333년에5 나라를 세웠다는

---

4 강인숙, 「고조선의 건국년대와 단군조선의 존재기간」, 『력사과학』 152호, 평양과학백과사전종합출판사, 1995.

5 서기전 2333년 고조선 건국설의 유래: 일연은 『삼국유사』에서 「위서」를 인용하여 왕검이 요(堯)와 같은 때에 나라를 세웠다고 했고, 「고기」를 인용해서는 요임금이 왕위에 오른 지 50년인 경인년에 평양에 도읍하고 비로소 조선이라고 불렀다고 하면서 경인년에 주석하기를 "요임금의 즉위 원년은 무진이니 50년은 경사이지 경인은 아니다."라고 했다. 「위서」와 「고기」에서 왕검이 요임금과 같은 때에 나라를 세웠다고 했으니, 요임금의 원년은 곧 고조선의 원년이기도 하다. 따라서 요임금의 원년인 무진을 서력으로 계산하면 서기전 2333년이 된다.

기록은 단군릉에서 나온 "단군 유골의 년대 측정보다 근 700년이나 뒤"져서 믿을 수 없다는 것이다. 강인숙이 생각한 건국연대의 기준은 단군의 출생년이다. 단군릉 유골의 과학적 년대 측정에 따라 1993년 현재에서 보면 단군은 5011년 전에 태어났다. 즉, 서기전 3018년생이다. 그래서 일연이 전하는 대로 단군이 무진년에 나라를 세웠다면, 건국시기는 서기전 2993년이 되고, 경인년에 세웠다면 서기전 2971년이 된다. 즉, 22년의 차이가 나는 것이다. 무진년에는 단군의 나이가 25세이고, 경인년에는 단군이 47세가 되므로, 단군이 25세에 건국했다는 것이 합리적이라는 것이다(강인숙, 1995). 이것이 2005년 판 머리말에 "우리 선조들은 아주 먼 옛날에 이 땅에 처음으로 조선(고조선)이라는 나라를 세웠습니다. 고조선은 3,000년 동안이나 있었습니다."와 2013년 판 "고조선은 B.C. 30세기 초에 세워진 우리 민족의 첫 국가입니다(17쪽)."라고 쓴 배경이다.

(3) 고조선 중심지 및 강역-수도 평양과 부수도 왕검성

중심지는 고조선의 수도이기 때문에 매우 중요하다. 특히 멸망 시기의 수도 위치는 고조선의 강역을 알 수 있는 지표이기 때문에 더욱더 그러하다. 해서 고조선의 마지막 수도인 왕험성의 위치에 대한 비정은 첨예한 대립이 되는데, 조·한 전쟁의 결과 한나라 4군이 설치되었기 때문이다. 한사군이 한반도에 설치되었다면 고조선의 강역은 한반도가 되고, 그것이 요동에 설치되었다면 요동까지가 고조선의 강역이 된다. 그래서 고조선의 마지막 수도를 알 수 있는 왕험성의 위치는 더욱 중요할 수밖에 없다. 고조선 중심지인 평양에 대한 서술을 보자.

단군은 지금으로부터 5천여 년 전에 평양부근인 오늘의 강동땅에서 태어났습니다…….

사람이 살기 좋고 외적을 물리치는데도 유리한 평양에 성을 쌓고 궁전과 건물들을 지어 나라의 수도로 꾸리었습니다(2005: 8).

전설에 의하면 오랜 옛날 평양지방에는 하늘(태양)신을 자기들의 조상신으로 여기는 사람들이 살고 있었습니다(2013: 17).

인용문에서 확인되듯이 고조선은 평양을 중심으로 건국했다고 서술한다. 즉, 고조선의 중심지가 평양이라는 것이다. 평양이란 명칭을 놓고 수도를 가리키는 보통명사인지, 북한의 수도인 평양을 지칭하는 고유지명인지에 대한 의견이 있는데, 최근에 북한에서는 고유 지명설을 주장한다. 즉, "평양을 중심으로 한 대동강 류역이 우리 땅에서 사람이 처음으로 발생한 인류의 발상지이고 단군이 조선민족의 발원지인 평양에서 출생하였다는 것을 강조하여야 한다(차영남·강국모: 44)."라고 한다.

김병룡은 "단군조선의 수도 위치를 확정하는 것은 력사일반에 속하는 문제인 동시에 력사지리에도 속하는 문제(1995: 50쪽)"라면서 고조선의 수도가 단군조선대부터 평양이었다는 문헌 기록들과 지리지 등을 근거로 제시했다. 또 단군과 관련된 지명이 아직 남아있는 것도 평양이 수도였음을 방증하는 것이라고 했다. 그래서 "평양은 단군이 도읍한 이래 3,000년 간에 걸쳐 줄곧 고조선의 수도로 번영(1995: 52쪽)"하였다는 것이다. "학생들에게 유구한 력사와 찬란한 문화전통에 대하여 인식시킴으로써(차영남·강국모: 4쪽)" 조선 력사 교육의 목적인 민족적 긍지와 자부심을 간직하게 하자는 데 부합하기 위한 것이었다.

그런데 고조선의 중심지를 평양으로 비정할 때, 조·한 전쟁으로 함락된 왕험성이 곧 평양이라는 모순이 생긴다. 평양은 고조선 이래 수도로 번영했는데 한나라 침략으로 수도가 함락되어 버리면 평양에 대한 자부심에 금이 가게 된다. 이것을 어떻게 해결하는지 보자.

> 옛날 고조선의 서쪽에는 '한'이라는 나라가 있었습니다 …….
> 놈들은 고조선의 부수도인 왕검성으로 쳐들어왔습니다.
> 왕검성은 평양에서 서쪽으로 수천리 떨어진 오늘의 중국 료동지방에 있었습니다(2005: 12쪽).
> 왕검성은 고조선의 마지막 시기 나라의 부수도였습니다(2013: 26쪽).

조·한 전쟁으로 한나라에 함락된 왕검성은 부수도였고, 왕검성의 위치는 요동지방에 있었다는 것이다. "단군조선의 령역에 대해서 직접적인 사료는 없으나 처음에 평양을 중심으로 서북조선일대를 차지하고 나라를 세운 후 주변의 종족들을 통합하면서 북으로 료동지방에 이르기까지 령토를 확장(김병룡, 1995: 52쪽)"했고, "강성기에는 그 령역이 조선반도의 대부분 지역과 료하류역 그리고 송화강의 상류류역 일대를 포괄(김병룡, 1995: 53)"했다는 것이다. 손영종도 "단군의 후손들은 료서 등 넓은 지역으로 령역을 확장(1994: 52)"했다고 했다. 2013년 판에는 "단군조선은 처음에 평양을 중심으로 하는 서북조선일대를 차지하였다가 후에 북쪽과 남쪽, 서쪽으로 령토를 넓혀 강대한 나라로 발전하였습니다.(20쪽)"라고 해서 확실성을 더하는 한편 서쪽 경계를 분명히 언급하지 않았지만, 지도

에는 고조선의 영역이 지금의 요동보다 확장되어 있음을 알 수 있다.[6]
또 교수참고서에서도 왕험성이 두 개 있는데 하나는 단군의 수도라는
의미에서 왕검성은 오늘의 평양이고 다른 하나는 부수도로 중국 요녕성
개주시 일대라고 한다.

한나라는 고조선과의 전쟁에서 승리한 후 왕검성에 4개의 군현을 설치
하는데 4개의 군현을 다스리는 곳이 낙랑군이었다. 낙랑군의 위치는 곧
고조선의 왕검성 위치이기 때문에 낙랑군의 위치를 알 수 있는 중국 사료들
을 살피면 곧, 낙랑군 지역을 알 수 있다. 「태강지리지」에서는 낙랑군이
지금의 하북성 난하 유역에 있다고 말한다.[7] 그러나 북한은 서기전 3세기
연나라 장수 진개의 침략 이후 고조선의 서쪽 경계가 대릉하 유역으로
옮겨졌다고 보기 때문에 교과서에 왕검성을 부수도로 하여 요동에 있었다
고 서술한 것이다.

(4) 한사군-전쟁의 결과보다 성기 장군에 주목

조·한 전쟁을 다룬 항목의 제목은 '제4과. 고조선의 애국명장 성기'이

---

6 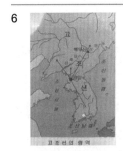 『조선력사』(초급중학교, 2013)에 실린 고조선 지도. "단군조선
은 처음에 평양을 중심으로 하는 서북조선일대를 차지하였다
가 후에 북쪽과 남쪽, 서쪽으로 령토를 넓혀 강대한 나라로
발전하였습니다."라고 설명하고 있다.

7 【索隱】太康地理志云「樂浪遂城縣有 碣石山 , 長城所起」。『태강지리지』에서 말하되 "낙랑
수성현에는 갈석산이 있는데, (이곳이) 장성이 시작되는 곳이다."라고 했다. 갈석산과
장성이 일어난 곳은 지금의 하북성 노령현이다. 갈석산은 9황제가 오른 산으로 매우
유명하다.

다. 2005년 판 머리말에서 "중학교 1,2학년에서는 수많은 력사내용 가운데서 그 일부를 재미나는 옛말이야기처럼 배웁니다."라고 말한 것처럼 역사를 이야기처럼 서술한다. 또 "1학년에서는 우리나라 땅에서 사람이 어떻게 생겨나 살아왔는가, 고조선, 고구려, 백제, 신라, 발해는 누가 언제 세웠고, 큰 전쟁과 유명한 장수들은 어떤 사람들인가, 선조들은 어떠한 유적유물을 남겨 놓았는가" 등 인물 중심으로 역사를 배우게 된다고 했다.

'제4과. 고조선의 애국명장 성기'는 조·한 전쟁에 대한 서술로 2쪽 정도의 분량이다. 조·한 전쟁의 결과 고조선은 멸망하지만, 그들의 역량이 부족해서가 아니다. 고조선은 한나라와 대등한 관계이며 한나라가 수많은 군대를 이끌고 고조선을 침략했으나 고전을 면치 못한다(2005: 12~14). 고조선이 조·한 전쟁에서 패한 원인은 "통치배들의 동요와 투항변절(2005: 14)" 때문이었다. 실제로 『사기』 「조선열전」을 보면 누선장군 양복과 좌장군 순체가 이끈 군사가 5만 명이었는데 조선 군사에게 패한다. 이때 한무제는 다시 위산을 보내 우거왕을 회유하려고 했으나 실패한다. 이에 한무제는 양복과 순체에게 여러 차례 조선을 공격하라고 했으나 치지 못하자 다시 공손수를 보낸다. 이에 순체는 공손수를 만나 양복과의 불화를 이야기한다. 순체 말을 들은 공손수는 양복을 체포하는데, 이 소식을 듣고 천자가 공손수를 죽인다. 고조선의 내부 분열로 한나라가 전쟁에서 승리하자 한무제는 순체를 죽이고 양복도 사형에 처했으나 양복은 돈으로 속량하고 서인이 된다. 전쟁에서 승리한 장수를 죽였다는 것은 전쟁 내용에서 한나라가 고조선에 패했다는 뜻일 것이다. 북한 교과서는 고조선의 멸망은 그들의 역량이 부족해서가 아니라 내부 분열때문이라고 해석한다.

2013년 개정판에는 대화체가 없어진다. 흥미보다는 역사적 사실 전달에 더 비중을 두기 때문이다. 2005년에서는 성기라는 인물이 최선을 다했다는 것을 보여주기 위해서 배반자들과의 싸움을 극적으로 구성했다면 2013년 개정판에서는 극적 장면은 사라진다. 이것은 역사적 사실을 강조하려고 극적인 장면을 없애고 지도를 넣어 한나라의 공격로를 지도로 제시한 점에서도 알 수 있다.8

남한 교과서에서 조·한 전쟁의 결과 한사군이 설치되었다는 서술과 달리 북한 교과서는 전쟁의 결과보다는 전쟁 과정에서 성기 활약에 초점을 맞춘다. "성기 장군은 고조선군대와 인민의 싸움을 마지막까지 지휘한 애국적 인물(차영남·강국모, 2013: 59)"임을 드러내기 위한 것이다. 즉, 단군과 고조선의 서술을 통해 민족적 자긍심과 애국심을 고취하는 데에 있다는 사실을 알 수 있다. 한편 한사군에 관해서는 서술하지 않았는데 이것이 남한의 교과서와 매우 다른 점이다. 후술하겠지만 남한의 교과서는 한사군의 설치로 그 지역이 지대한 발전을 이룩했다고 한다. 한나라의 식민지가 된 후에 발전했다는 것이다.

북한 역사 교과서 『조선력사』(중학교 제1학년용)는 단군을 역사의 실존자로, 건국 시기를 서기전 30세기로, 그 중심지를 평양으로 확정했다. 이러한 이유를 『조선력사 교수참고서』(초급중학교)에 서술된 도달기준에서 확인 할 수 있다. 도달기준에는 세 개의 항목이 있는데 ①국가의 형성과

---

8  고조선과 한나라의 전쟁을 나타낸 지도로, 한나라가 육지와 바다 두 방향에서 왕험성을 침략하고 있다. 고조선과 한나라의 국경인 패수는 지금의 대릉하에 비정되어 있다.

발전에 대한 문제 ②반침략 투쟁과 관련한 문제 ③문화와 관련한 문제이다. ①에 해당하는 항목은 "△ 고조선, 고구려가 언제, 누구에 의하여 어디를 중심으로 수립되었는가를 알아야 한다. △ 고조선, 고구려의 대체적인 위치와 령역을 알아야 한다 ……. △ 평양이 반만년의 유구한 력사를 가진 수도라는 것을 설명할 수 있어야 한다(11쪽)."인 데, 고조선·고구려·발해가 언제, 누구에 의해서 어디를 중심으로 수립되었는가를 알아야 한다는 것이다. 이것은 곧 평양이 반만년 동안 수도였다는 점과 연결되기 때문이다. 단군이 평양을 수도로 삼은 이후 고조선을 계승한 고구려, 고구려를 계승한 발해, 발해 및 이후 국가를 통일한 고려의 수도도 모두 평양이었다는 점을 강조하기 위해서이다. 그래서 조선인민공화국의 수도인 평양은 "단군을 원시조로 하여 세계에 류례가 드문 혈연적 단일성을 가지고 수천 년 동안 한 강토우에서 번영해온(손영종, 1994: 55쪽)" 민족의 유구성을 지켜왔을 뿐만 아니라 단군을 계승한 민족으로서 자긍심을 고취한 장소가 된다. 이것은 앞에서 언급한 조선민족제일주의의 다른 표현이다.

Ⅲ. 남한 교과서 속 단군은 허구

1) 남한의 단군과 고조선 연구사-단군부정론 계승

서구 열강과 중국, 일본이 침략 야욕을 드러내고, 국운이 기울어지는 대한제국기 시대에 비로소 우리 역사에 대한 관심이 높아졌다. 역사의식의 부족이 곧 나라의 존망을 가를 수 있다는 사대부들의 통찰로 "중화 사대주의 사관에 묻혀있던 민족사학이 다시 조명되었다(김병기, 2020: 25쪽)." 이러한 흐름 속에 우리 역사는 체계화되었다.

일제강점기에 단군 연구는 세 갈래로 연구되었다. 유물론적 사관, 민족주의 사관, 식민지 지배를 위한 연구가 그것이다(김명옥, 2018). 유물론의 관점에서 단군신화는 원시시대 사회상을 반영한 이야기로, 민족주의 관점에서는 고조선의 건국신화로 인식했다. 반면 일본 제국주의는 식민지 지배를 위해 단군의 실존을 부정하고, 고조선의 역사를 지워야 했다. 일제강점기는 단군을 부정하고 우리 역사를 왜곡하는 주된 시기다. 단군은 고려 때 만들어진 신화이고, 한사군은 한반도에 있었다는 것이다. '단군은 허구'라고 가장 먼저 주장한 일본인은 나카 미치요다. 그는 "불교가 전파되면서 중들이 날조한 망령된 이야기(나카 미치요, 1894)"라고 주장했다. 그러자 시라토리 구라키치도 불설(佛說)에 근거해서 고구려 때 만들어졌다고 한발 더 나아갔다. 만들어진 시기까지 고구려 소수림왕 때라고 구체적으로 밝혔다. 그러자 1924년 오다 쇼고는 묘향산 산신의 연기설화(緣起說話)와 평양 선인의 전설이 합해져서 만들어진 전설인데, 고려 시대에 만들어졌다고 했다. 외세의 침략으로 내부 이탈을 막고 백성을 하나로 모아주는 구심점이 필요해서 일연이 만들었다는 것이다.

단군을 가짜라고 하는 이론이 또 있다. 이른바 '단군 허구 변종이론'으로 단군신화가 주몽전설의 이본이라는 것이다. 주몽전설의 이본설 주창자는 이마니시 류다. 그는 "단군은 현대 조선민족 선조의 주체인 한민족과는 관계없는 자라고 단정할 수 있다(이마니시 류, 1929)."라고 했다. 주몽신화의 변형이 단군신화이므로 단군은 역사적 실체가 아닌 허구라는 것이다.

그래서 우리 민족의 선조가 아니라는 것이다(김명옥, 2017).

이마니시 류의 설을 정교하게 만든 이가 미시나 쇼에이다. 그는 "단군전설의 근거가 되었던 주몽전설의 이본(一異傳)에는 웅신연의 여신에 해당하는 것이 웅형의 신으로 이야기되고 있었다고 생각할 수밖에 없다(미시나 쇼에이, 1935: 96쪽)."라고 했다. 왜냐면 자기가 "작은 하나의 연상을 생각해" 봤더니 "그런 상정은 상당한 개연성을 지녔"고, 그래서 "약간 관련된 상정을 확실히 하기 위해 주몽전설의 한 변형이라고 여겨지는 단군 전설의 일절을 음미할 수(미시나 쇼에이, 1935: 94쪽)" 있었다는 것이다. 주몽신화의 변형이 단군이라고 상정했더니 그런 상정이 상당히 개연성이 있다는 것이다. 단군신화의 기록은 믿을 수 없다면서 없는 주몽신화의 이본이 어딘가에 분명히 존재하리라는 것이다. 이처럼 단군부정론은 두 가지다. 하나는 나카 미치요로 시작된 불교의 영향 혹은 불교와 산신전설이 결합하여서 만들어졌다는 단군설과 주몽전설의 이본설이다.

그런데 이러한 연구는 조선사편수회에서 만들어졌다. 조선사편수회는 우리 역사를 왜곡해서 식민지 지배이데올로기를 만드는 일제총독부 산하 기관이다. 조선사 편찬 방향은 공간을 한반도에 가둬두고, 시간은 2,000여 년을 삭제하는 것이었다. 이러한 역사편찬 방향에 따라 단군은 부정되었고, 한사군은 한반도에 설치되었다는 대대적인 역사 왜곡이 이루어졌다.

그런데 해방 이후에도 여전히 단군은 부정되고 있다. 남한의 역사학계에서는 해방된 다음날, 1945년 8월 16일에 조선학술원이 창설되고, 진단학회가 재건된다. 조선학술원은 백남운의 주도하에 사회과학과 자연과학을 전공한 학자들이 주축이 되었다. 진단학회는 1934년에 창설되었다가

1942년 조선어학회사건으로 활동이 중단된 후 해방 이튿날에 재건되었다. 주요 활동으로는 "1) 일반인을 위한 국사강습회와 임시중등국사교사의 양성을 위한 강습회, 2) 국사교과서 편찬, 3) 지리교과서 편찬, 4) 학술강연회와 학술조사의 강행(김병기, 2020: 118쪽)"이었다. 진단학회는 이병도를 비롯한 이선근과 신석호 등 친일파가 끼어 있었지만 1942년에 조선어학회 회원인 국문학자들이 구속되면서 마치 이들도 민족주의자인 것처럼 받아들여졌고, 이병도를 비롯한 이들은 이런 분위기에 편승해 민족주의 역사학자인 것처럼 행세할 뿐 아니라 "건국준비위원회와 교섭해 9월 10일부터 19일까지 '국사강습회'를 개최해 마치 자신들이 한국적 관점의 국사학자들인 것처럼 사상 세탁을 하기 시작했다. 진단학회는 또한 미 군정청과도 교섭하여 『국사교과서』를 편찬하였고, 11월과 12월에는 '임시중등교원양성강습소'를 개최했다(김병기, 2020: 119쪽)." 이러한 배경에서 미 군정기에 발행된 교과서는 단군이 역사로 서술되었다. 그러나 한국전쟁이 발발해 민족주의 학자들이 자의 반 타의 반 북으로 올라가자 1차 교육과정부터는 단군을 신화로 만들고, 건국시기도 고조선의 강역도 기술하지 않았다.

일제강점기에 조선총독부 산하 조선사편수회에서 근무한 이병도의 삶만 들여다 봐도 왜 단군을 부정하는지 알게 된다. 이병도는 1925년 5월부터 1938년 6월까지 조선사편수회에서 수사관보와 수사관으로 활동했다. 해방을 맞이하고 미군정이 들어섰다. 하지만 친일청산을 민족과업으로 여긴 북한과 달리 친일을 청산하지 못한 남한에선 친일부역자들에게 또 다른 기회가 제공됐다. 진단학회의 조윤제가 '친일학자 제명문제'를 공개적으로 제기하자 이병도는 신석호와 함께 조선사연구회를 결성했다. 이때가 1945년 12월 12일이다. 1946년 8월에 서울대학교가 창립되자 이병도는 교수로 발령받아 서울대 사학과 창설을 주도했다.

한국역사학의 태두가 된 이병도는 1949년에는 국사편찬위원회에 참여하여 1982년까지 편찬위원으로 재직했다. 이때 『한국사』 발간편찬위원으로 참여하면서 역사학계의 최고 영향력을 행사했다. 국편에서 발행한 『한국사』는 우리 역사에 관한 국가의 공식적 견해이므로 국정교과서에 그대로 반영되었다. 한국전쟁 당시에 이병도는 국방부 정훈국 주관의 전사편찬위원회의 위원장을 맞아 전란사 편찬 책임을 맡았다(김병기, 2020). 4·19혁명 이후 1960년 4월 28일부터 같은 해 8월 22일까지 약 4개월 동안 문교부 장관을 역임했다(김병기, 2020).

이처럼 친일청산을 못한 까닭에 해방 후에도 조선총독부에서 만든 단군 부정론은 변형을 이루며 지금까지 전승되고 있다. 나카 미치요-시라토리 구라키치-오다 쇼고 계의 불교 및 선인전설의 영향설은 서영대, 송호정이 그 계보를 잇고, 이마니시 류-미시나 쇼에이-다카하시 도루 계의 주몽신화 이본설은 이병도, 김철준, 이지영으로 이어지고 있다. 그런데 주몽전설의 이본설은 '웅녀=하백녀'라는 표현으로 그 변형설을 주장한다(김명옥, 2016). 표로 보면 간단하다.

〈표2. 일제 식민사학자들의 단군부정론과 계승〉

고려시대 연기설화 창작설	주몽신화의 이본설
고려 때 평양일대의 연기설화＋선인전설	주몽신화 이본이 단군신화('웅녀=하백녀'로 표현함.)

↓	↓
평양의 개벽 연기전설화 진화	이마니시 류·미시나 쇼에이·다카하시 도루
↓	
단군신화	↓
↓	이병도·김철준·이지영
나카 미치요·시라토리 구라키치·오다 쇼고	
↓	
서영대·송호정 계승	

이러한 식민사학자의 연구 결과는 결국 남한 교과서에 반영되었고, 단군은 신화로 서술되고 있다. 그런데 '단군신화의 역사성(이승호, 2016)' 이란 말은 단군을 역사로 인정하는 듯한 뉘앙스다. 그러나 '단군신화의 역사성'은 단군의 실존성을 인정하는 것이 아니다. 단군은 고려 때 민족의 위기를 극복하기 위해서 만들어졌고, 만들어진 단군이 민족의 위기 때마다 가령 조선과 구한말에 다시 호명되어서 민중을 하나로 묶어주는 역할을 한 것, 이것을 '단군신화의 역사성'이라고 하는 것이다. 그러니까 이들이 말한 역사성이란, 나라의 위기 때마다 사람들이 단군을 중심으로 단결했는 데, 고려시대와 조선시대 그리고 대한제국기 때에 그랬다는 것이다. 만들 어진 이야기가 민족을 단결시키는 정신적 지주가 되었다는 뜻이다. 그래서 교과서에는 '세계관의 구실'이나 '민족 문화 전통의 정신적 지주'라고 표현돼 있다. 교과서 서술을 통해 확인해 보자.

2) 남한 교과서 속 단군과 고조선 서술

우리의 첫 역사 교과서는 대한제국기에 만들어졌다. 그 배경에는 기울어가는 국운이 있었다. 열강의 야욕이 드러나고 풍전등화와 같은 국운의 원인을 지식인들은 역사의식의 부족에 있음을 인지했다. 역사의식의 고취를 위해 만든 중등교과 『동국사략』에 단군에 대한 기사가 수록되었다.

(1) 단군의 실존성 부정하고 신화론 주장

1906년에 발행한 『동국사략』에 신화적 요소는 찾기 힘들다. "단군 이름은 왕검이니 우리 동방에 처음으로 국가를 세운 왕이다. 할아버지는 환인이며 아버지 환웅이 태백산 박달나무 밑에서 왕을 낳았는데 임금으로서의 덕을 지니고 있어 나라 사람이 추대하여 왕으로 삼았(한수현, 1906; 22)"다고 했다. 단군의 조상인 환인과 환웅을 언급하는 등 조상의 계보를 다룬다. 또 "인민으로 하여금 머리카락을 묶어 머리를 덮게 하여 …… 태자 부루를 지나 하우씨의 도산회에(한수현, 1906; 22)" 보냈다고 서술했다. 이것은 고조선의 외교 관계를 보여주는 기사인데, 고조선이 일찍이 이웃 나라들과 최고위급 회담을 했다는 사실을 알 수 있다. 미군정 시기에 『국사교본』 역사 교과서는 "단군께서 다시 평양으로 내려와서 나라를 열어 국호를 조선이라고 하고 선정을 행하셨다(진단학회, 1946; 2)."라고 해서 역사적 사실로 서술하고 있음을 알 수 있다.

한국전쟁 직후 개편한 1차 교육과정(1953~1963)의 고등 역사 교과서에 실린 단군에 관한 서술은 개화기 및 대한제국기와 미 군정기보다 후퇴했다. 1차 교육과정 교과서는 "고려 때 승 일연(一然, 1206~1289)의 삼국유사(三國遺事)에 보면, 우리 민족 신화로 단군(檀君) 얘기를 전하고 있다(홍이섭, 1957: 13)."고 하면서 "이 신화는 앞서 말한 선사 세계를 무대로 하고 살던 우리 조상들이 지니었던 재미있고 아름다운 얘기로, 이와 비슷한 이야기를 지니는 여러 종족이 일찍부터 널리 동북아시아 일대에 살고 있었다(홍이섭, 1957: 13)."라고 했다. 일연이 『삼국유사』에서 전하고는 있지만, 사실이 아니라 민족 신화로 전승되고 있으며, 이러한 신화는 동아시아 일대에 널리 퍼져 있는 종족 간의 공통된 이야기라는 것이다. 고조선의 건국신화라는 특수성은 사라지고 동북아시아 일대의 보편신화로 만들어버렸다.

2차 교육과정(1963~1973)을 보자. "…… 웅녀와 혼인하여 단군왕검을 낳았으며, 단군은 국호를 조선이라 부르는 나라를 세웠다.'는 전설은 동방 사회에서의 새로운 사회 변동을 뜻하는 건국 신화이다.(문교부, 1968: 7)"라고 해서 단군신화를 허구라고 한다. 그러나 신화라는 용어는 서구에서 수입되었지만, 서구에서는 허구의 의미로 사용하지 않는다. 문자로 기록하기 이전의 역사를 신화라고 하므로 신화라는 용어 속에는 역사라는 의미도 포함되어 있다(카렌 암스트롱, 2005).

3차(1973~1981)는 "우리나라에는 청동기 문화가 성립되면서부터 우세한 부족들이 대두하였다. 그들은 스스로를 하늘의 아들이라고 믿었다. 그리하여, 하느님의 아들인 환웅과 곰의 변신인 여인 사이에서 출생한 단군왕검이 고조선을 건국하였다는 단군신화를 가지기에 이르렀다(국사편찬위원회, 1979: 10)."라고 한다. 교과서에서 단군신화는 고조선의 건국신화가 아닌 '단군신화'일 뿐이다.

4차(1981~1987)도 "삼국유사에는 하느님의 아들인 환웅과 곰의 변신인 여인 사이에서 출생한 단군왕검이 서기전 2333년에 고조선을 건국하였다는 내용이 실려 있다(국사편찬위원회, 1982: 10)."라고 했다. 고조선의 건국신화가 아니고, '단군신화를 가지기에 이르렀'고, '조선을 건국하였다는 내용이 실려있다.'라고 전달할 뿐이다. 왜 이렇게 표현을 할까? 간단하다. 이러한 서술은 단군신화를 고조선의 건국신화로 인정하지 않은 것이다. 또 "환웅과 곰의 변신인 여인 사이에서 출생했다(국사편찬위원회, 1982: 10)."라는 지속적인 표현을 통해 단군신화가 허구임을 강조한다.

5차(1992~1997)에는 신화가 전승되면서 후대에 첨가되거나 없어지는데 "시대의 관심에 차이가 나기 때문(국사편찬위원회, 1990: 17)"이라는 것이다. 그것이 신화의 공통된 속성 중 하나로 "그 시대 사람들의 관심을 반영하는 것이기 때문에 역사적 의미가 있다(국사편찬위원회, 1996: 28)."라고 한다. 역사가 아닌 허구이기 때문에 당대 사람들의 관심에 따라서 첨가되고 없어진다는 것이다. 단군신화가 역사라면 시대와 관심에 따라서 변할 리가 없다는 뜻이다. 이것은 앞에서 언급한 '단군의 역사성'을 풀어서 설명한 것이다.

7차(1997~2007)를 보자. 교과서에는 "삼국유사와 동국통감의 기록에 따르면 단군왕검이 고조선을 건국하였다(서기전 2333, 국사편찬위원회, 2002: 32)." 편찬자들은 이 기록을 믿지 않지만, 기록이 그렇다는 것을 전달한 것이다. 『동국통감』은 서거정이 왕명으로 지은 우리나라 역사서이다.

단군실존성에 관해서 대한제국 시기와 미 군정기를 제외한 모든 교육

개정 과정은 단군을 허구로 서술하고 있다. 일제강점기 때와 같은 기조인데, 『심상소학일본역사 보충교재 교수참고서』 비고란에 단군에 대해서 이렇게 말한다. "단군이 개국했다는 전설은 고려 중기까지는 조선인들 사이에서 전혀 알려져 있지 않았음이 분명하고 …… 위의 전설 내용이 불가사의하여, 불교 설화와 겹치는 부분이 많다(1920)." 이 말은 고려시대 때 불교설화의 영향으로 창작되었다는 뜻이다. 따라서 단군신화는 허구라는 것이다. 또 "이 전설은 조선의 북부와 관계가 있고 조선의 남부와 관계가 없다(1920)"고 했다. 즉, 한반도 북쪽은 한산군이 설치된 중국의 식민지였고, 남쪽은 일본이 임나일본부를 설치해 다스렸다는 식민지지배 이론을 우리 민족에게 주입하기 위해서였다. 일본은 가야를 임나라고 하면서, 한반도는 고대로부터 일본의 식민지였기 때문에 일본의 지배를 받은 것은 당연하다는 논리를 세워 주입했다. 그래서 『심상소학일본역사 보충교재 교수참고서』 '교수요지' 란에 "본 과에서 조선반도의 연혁은 북부와 남부가 크게 다르다. 북부는 예로부터 중국에서 온 사람들이 통치했으며, 따라서 중국의 속국 또는 영토였다는 사실을, 남부는 곧 조선인의 조상인 한족의 거주지로서, 이 지방은 일찍부터 일본과 밀접한 관계가 있었다는 사실을 가르쳐야 한다(1920)."고 서술한 것이다. 1차 교육과정 이후 단군실존성은 일제강점기때 만든 단군허구론에서 벗어나지 못하고 있음을 알 수 있다.

(2) 고조선 건국시기-청동기 보급된 BC 10세기경

『동국사략』(1906)에는 "임금으로서의 덕을 지니고 있어 나라 사람이 추대하여 왕으로 삼았으니 그때가 지금으로부터 4,239년 전이다(한수현,

1906: 22).”라고 했다. 서술 시점이 1906년이므로 서기전 2333년에 건국했다고 서술한 것이다.

미 군정기 『국사교본』은 “대동강 유역은 가장 일찍이 목축과 농사가 일어난 곳이니 단군왕검께서 평양(왕검성) 중심으로 맨 처음에 나라의 터를 닦으셨다(국가 원년은 서기전 2333년, 진단학회, 1946: 2).”라고 해서 건국시기를 서기전 2333년으로 명기하고 있다.

1차 교육과정에서는 고조선의 건국시기를 삭제해 버렸다. 단군신화가 동북아시아의 보편신화이기 때문에 고조선의 건국신화일 리가 없다는 뜻일 것이다.

2차 교육과정에서는 미 군정기에 보였던 B.C. 2333년이란 건국시기는 삭제되었다. 대신 청동기 유입이라는 항목이 보이는데, “우리나라에 청동기문화가 도입된 것은 흉노족에 의한 청동기 문명의 전래에 비롯된다. …… 유목민인 흉노족은 서기전 5~4세기경 청동기 문명을 가지고 그 세력을 펴다가, 만주 땅의 우리에게 …… 청동기 문명을 전해주었다(문교부, 1968: 6).”라고 한다. 흉노족이 서기전 5~4세기경 청동기를 우리에게 전해주었다는 말은 고조선 건국시기의 다른 표현이다. 서기전 2333년이라는 기록은 믿을 수 없고, 서기전 5~4세기에나 고조선이 건국되었다는 것이다. 한국의 사학자들은 국가의 성립요건을 청동기 시대로 본다. 즉, 신석기 시대에는 절대로 국가가 탄생 될 수 없고, 청동기 시대가 되어야 국가가 탄생할 수 있다는 것이다. 그러나 세계사에서 청동기 이전에 국가가 탄생한 예는 얼마든지 찾을 수 있다. 그러함에도 유독 우리 역사에만 청동기 시대가 도래해야 국가가 탄생할 수 있다고 보는 이유는 무엇일까? 2차 교육과정의 서술대로라면 고조선의 존속 기간은 200~300년밖에 되지 않는다. 나머지 2,000년은 사라져 버린다.

3차(1973~1981)는 서기전 10세기경부터 청동기 문화가 시작되었다고 한다(국사편찬위원회, 1979). 고조선이 서기전 10세기에 건국했다는 말이다. B.C. 2333년이란 건국시기는 사라지고 없다. 4차도 이와 다르지 않다. 다만 "삼국유사에는 하느님의 아들인 환웅과 곰의 변신인 여인 사이에서 출생한 단군왕검이 서기전 2333년에 고조선을 건국하였다는 내용이 실려 있다(국사편찬위원회, 1982: 10)."라고 해서 전달 형식을 취한다. 일연의 기록은 믿을 수 없는데 그 이유가 한반도는 "대략 서기전 10세기경" 청동기 문화가 시작되기 때문이란다. 나라는 청동기 시대에 이르러야만 세울 수 있다고 믿기 때문이다.

5차(1987~1992)와 6차(1992~1997)에는 "고조선 단군왕검에 의해 건국되었다고 한다(B.C. 2333)."라고 서술한다. 그런데 '단군과 고조선'이라는 항목 앞에 '청동기 보급' 항목에서 "한반도에서는 BC 10세기경에 만주에서는 이보다 앞서서 청동기 시대가 시작되었다(국사편찬위원회, 1990: 10)."라고 했다. '건국되었다고 한다.(B.C. 2333)'는 건국되었다는 것이 아니라 그랬다고 전하는 것이다. B.C. 2333년의 고조선의 건국은 있을 수 없는 일이며 청동기가 보급된 서기전 10세기경에 건국했다는 것이다. 이것은 "청동기 문화를 배경으로 한 고조선의 성립이라는 역사적 사실을 반영하고 있다(국사편찬위원회, 1990: 17)."라는 서술로 나타낸 것이다.

7차(1997~2007)의 연표를 보면 고조선의 건국연대 서기전 2333년을 인정하는 듯하다.

〈표3. 7차년 연표〉

주요 연표	
약 70만 년 전	구석기 시대 시작
B.C. 8000년경	신석기 시대 시작
B.C. 2333	고조선(단군 조선)의 건국
B.C. 2000~B.C. 1500년경	청동기 시대의 전개
	고조선의 발전
B.C. 400년경	철기 문화의 보급
B.C. 194	위만 집권
B.C. 108	고조선 멸망
B.C. 1세기경	부여, 고구려, 옥저, 동예, 삼한의 등장

그런데 'B.C. 2333 고조선(단군 조선)의 건국' 바로 밑에 'B.C. 2000~
B.C. 1500년경 청동기 시대의 전개'라고 쓰여있다. '청동기 보급'이라는
항목에는 다음과 같이 서술하고 있다.

신석기 시대 말인 서기전 2000년경에 중국의 요령(랴오닝), 길림(지린성),
러시아의 아무르강과 연해주 지역에서 들어온 덧띠새김 무늬 토기 문화가
앞선 빗살무늬 토기 문화와 약 500년간 공존하다가 점차 청동기 시대로
넘어간다. 이때가 서기전 2000년경에서 서기전 1500년경으로, 한반도
청동기 시대가 본격화된다(국사편찬위원회, 2002: 27).

서기전 2000년경에는 신석기와 청동기가 공존한 시기이고 서기전 150
0년이 되어야 청동기가 시작된다는 말이다. 마치 고조선의 건국시기를
서기전 2000년으로 올리는 것 같지만 서기전 1500년에야 고조선이 건국
했다는 말이다. 위에서 살폈듯이 고조선 성립 조건이 청동기라고 여기기

때문이다. 2009년 개정교육과정(2013년 적용)도 이와 다르지 않다(미래엔, 2014).

(3) 중심지 및 강역

중등교과 『동국사략』(1906)에 "나라의 경계를 정하니 동쪽으로 큰 바다, 서쪽으로는 중국 성경성과 황해와 연결되어 있고 남쪽은 조령, 북쪽은 지나(支那) 흑룡강성을 접하였다(한수현, 1906: 22)."라고 한다. 성경은 지금의 봉천성이니 대한제국기 때 고조선 강역에 대한 인식은 한반도를 벗어나 있음을 알 수 있다.

미 군정기 『국사교본』에서 고조선의 중심지는 대동강이며 강역은 한반도(대동강 중심)로 비정한다. 2차 교육과정에서 고조선의 중심지는 대동강으로 서술한다. "금속 문명의 전래에 따른 토착 사회의 발전 과정이 만주와 반도의 어느 곳에서나 동일하게 이루어진 것은 아니었다. 대륙 문명을 먼저 섭취한 북방 사회가 먼저 발달하였고, 북방에서도 대동강 유역이 가장 먼저였다. 우리나라 최초의 부족국가인 고조선은 바로 이곳에서 자라났다(문교부, 1968: 6)."라고 한다. 우리 민족은 발전사를 기술하는 데에 있어서 선진 문명적인 것은 외래에서 유입된 것으로 기술한다. 북한에서 민족의 자긍심을 고취하는 자주성을 강조하는 서술을 한다면, 남한에서는 의타적이고 타율적인 민족으로 서술한 것이다.

(4) 한사군-낙랑군 평양설이 주류

미 군정기 교과서 부록에는 한사군 서술 비중이 많은데 "한 무제가 위만조선의 땅을 빼앗아 그곳에 낙랑(평안남도 및 황해도의 북단), 진번(황해도의 대부분), 임둔(강원도 북부와 함경남도의 일부), 현토(처음에는 압록강 유역의 통구가 중심임) 등 4군을 두었으나 …… 이 낙랑(평양 일대)을 중심으로 토착 문화와 한(漢) 문화가 교류하여 이른바 낙랑문화(낙랑 유적)가 발달하였으며 이 문화가 우리 남북 여러 나라에 끼친 영향이 적지 않다(진단학회, 1946: 4)."라고 서술한다. 중국의 식민 지배를 받으면서 그들의 선진문화를 받아들여 한반도가 발전했다는 논리다. 이 글을 일제 식민사학자들이 쓴 글이라고 봐도 무방할 정도다. 해방된 나라에서 친일파 청산을 못 한 결과다.

2차에서는 한발 더 나아간다. "대동강 하류를 중심으로 전개되었던 한의 동방 군현의 중심은 낙랑군이었다. 이곳에는 뱃길을 이용하여 중국과의 연락이 활발하였으며 중국으로부터 군·현 통치를 위한 관리들이 건너오고 상인들의 왕래도 빈번하여 자연적으로 선진적인 한 문명이 이식되었다. 낙랑군을 중심으로 발생한 한 민족이 심어 놓은 문화를 낙랑문화라고 한다. 낙랑문화의 유물로는 평양 부근의 낙랑군(문교부, 1968: 12~13)"이라고 하면서 평양이 낙랑군이었다는 것이다. 몇 줄 안 되는 이 글이 의도하는 바는 '낙랑문화'라고 말할 만큼 문화적으로 꽃을 피웠다는 것이다. 즉, 평양에 설치된 낙랑군에 식민지 지배를 위해서 건너온 중국 관리와 상인들이 식민지 한반도에 중국의 선진적인 한 문화를 이식했고, 그 덕분에 한반도가 발전했다는 논리다. 교과서 편찬자들이 주장하는 논리에는 한나라가 한반도를 지배 했지만 문화적 발전에 긍정적 기여를 했다는 뜻이 담겨 있는 것으로 보인다. 마치 식민지가 되어 지배를 받았던 때가 좋았다고 말하는 것 같다.

3차에서는 "한은 고조선을 넘어뜨린 후 낙랑, 진번, 임둔, 현도의 4군을 두어 식민지로 만들었다."라고 한다. 그동안 우회적으로 4군 또는 낙랑문화로 표현했던 단어들은 사라지고 '식민지'라는 표현을 썼다. 게다가 위의 문장의 주어는 '한(漢)'이다. 조선의 시각에서 4군 설치에 관해서 말해야 할 것을 '한'나라를 주체로 보고 서술한 것이다. 4차에서는 "한은 고조선의 일부 지역에 낙랑, 진번, 임둔, 현도의 4군을 두었다(국사편찬위원회, 1982: 12)."라고 하면서 주석을 달아놓았는데 "한이 고조선 지역에 설치하였다는 4군현의 위치에 대해서는 만주와 한반도 북부설과, 요동·요서 지방설이 있다(국사편찬위원회, 1982: 12)."라고 했다. 이러한 서술 변화의 원인은 여러 경로를 통해 1차 사료의 접근이 더욱더 쉬워진 점도 있지만, 고고학의 발굴 성과를 무시할 수 없었기 때문이다.

일찍이 북한에서는 1960년대 초에 고조선의 중심지를 요동에 비정했었다. 남과 북으로 분단이 되었을지라도 북한의 연구 성과는 미국이나 일본 등을 통해서 접할 수 있었기에 예전처럼 한사군이 한반도에 있었다고만 주장하기 어려웠을 것이다. 그래서 학생과 시민들의 이탈을 막으려고 시민 강좌를 열고 잡지를 만들어서 "그 건국을 신성시한다든지 혹은 그 역사가 오래고 강역이 넓었음을 과시한다든지 하는 데 너무 지나친 관심이 쏠려(이기백, 1988: iv)" 있는데 이러한 관심은 배타적인 고유문화 예찬론에서 비롯되었기 때문에 비판적으로 바라봐야 한다고 주장한다.

5차(1987~1992)에서는 "한은 고조선의 일부 지역에 군현을 설치하여 지배하려 하였으나 지역 토착민의 강력한 반발에 부딪혔다(국사편찬위원회, 1990: 20)."라고 한다. 6차(1992~1997)에서는 "한의 군현이 설치되어 억압과 수탈을 가하게 되자, 토착민들은 이를 피하여 이주하거나 단결하여 한 군현에 대항하였다(국사편찬위원회, 1996: 31)."라고 서술한다.

주어가 '한'이고 우리 민족은 '토착민'이다. 이것은 일제총독부 사관처럼 우리 시각이 아닌 타자의 시각으로 우리 역사를 서술한 것이다.

지금까지 살펴본 일제강점기부터 2009년 개정교육과정(2013년 적용)의 교과서 중 단군 및 고조선에 관한 핵심쟁점에 관한 서술을 표로 작성하면 다음과 같다.

〈표4. 역대 교과서 단군 및 고조선에 관한 핵심쟁점 서술〉

핵심쟁점	단군인식	건국시기	강역	한사군
대한제국기	역사	BC 2333	만주	-
일제강점기	허구	고려 때 창작		한반도 북부
미 군정기 1945~1954	역사	BC 2333	대동강 중심	한반도 북부
1차 1954~1963	허구	×	×	-
2차 1963~1973	허구	청동기 BC5~4세기	대동강 중심	대동강 하류
3차 1973~1981	허구 세계관, 정신적 지주	청동기 BC10세기	한반도	한의 식민지로 표현
4차 1981~1987	허구 3차와 동일	청동기 BC10세기	만주와 한반도	일부지역 설치
5차 1987~1992	허구 3차와 동일	청동기 BC10세기	중국동북지역 포함 한반도	일부지역 설치
6차 1992~1997	허구 3차와 동일	청동기 BC10세기	5차와 동일	군현 설치
7차 1997~2007	허구	청동기 BC 1500	요령과 대동강유역	5차 동일
2009년 교육과정2013 적용	허구	BC 2000~ BC 1500	요동과 한반도	5차 동일

표에서 확인할 수 있는 것처럼 남한의 국사교과서는 대한제국기와 미군정기에만 단군을 역사로 인식했다.

해방 후 미군정에서 다시 단군을 역사로 인식하지만, 강역과 한사군을 한반도로 비정한다. 미군정에서 단군을 역사로 인식하고 단군의 건국시기를 서기전 2333년으로 인정한 이유는 간단하다. 해방 후 친일청산을 못 한 남한에서는 일제 식민사학자들이 다시 미군정에 참여하지만, 남한에 거주한 민족사학자들의 눈치를 보느라 차마 단군을 부정하지 못했다. 그러다 한국전쟁이 발발하자 민족사학자들이 월북 혹은 납북되자 단군을 허구로 만들었다.

IV. 남북 모두에게 단군은 조선이라는 장강의 샘 밑

이 글은 남북한 역사교과서에서 단군과 고조선에 대해서 어떻게 서술했는지 그 서술사를 살폈다. 역사 교과서는 역사를 기억하기 위한 것만이 아니다. 북한의 '교수참고서'에서 역사교과서는 미래의 국가 주인인 어린 학생들에게 "민족의 유구한 역사와 찬란한 문화전통(2013: 4)"을 알리고 그들에게 "민족적 자긍심과 자부심을 간직(2013: 4)"해서 국가의 버팀목이 되라는 이데올로기가 수반된 과목이라고 말한다. 그러하기에 역사교과서는 정치적이라 할 수 있다. 단군과 고조선에 관한 서술이 그 방증이다. 남과 북이 체제를 달리한 시간은 70여 년이지만, 공동의 역사는 5,000

년에 이른다. 70년 세월이 단군에 대한 해석을 하늘과 땅만큼 차이 나게 했다 . 북한에서는 단군을 역사적 인물로, 고조선의 건국시기를 서기전 30세기로, 그 중심지를 북한의 수도 평양으로 비정했다. 단군신화는 당시의 역사적 사실을 전하는 민족의 유산으로 설명한다. 그러나 북한에서 본래부터 그렇게 비정한 것은 아니었다. 단군신화는 원시시대를 반영하고, 건국시기는 서기전 10세기경이며, 어느 시기의 서쪽 경계는 하북성이었지만, 연나라 장수 진개의 침략 이후는 지금의 요동 개평으로 비정했다. 이러한 연구는 해방과 더불어 북한의 민족적 과업으로 삼은 식민사관을 극복하고 우리 시각에서 역사를 보자는 연구의 결과였다. 그러나 1990년대 초에 동유럽에서 사회주의체제가 무너지자 북한 주민들의 동요를 막기 위한 대안으로 우리식 사회주의를 주창하고, 민족의 시조는 단군이지만 사회주의 시조는 김일성이라면서 단군과 김일성을 나란히 세운다. 조선민족제일주의에 의해 서기전 30세기로 측정된 인골은 '단군'이 되었다. 유구한 역사와 찬란한 문화를 꽃피운 북한의 인민이라는 자긍심과 자부심으로 인민들을 통합하고 연대하게 하는 벼리로 삼은 것이다.

반면 남한에서는 친일을 청산하지 못한 결과 오늘날까지 식민사학자들이 왜곡해 놓은 역사를 사실인 양 가르치고 있다. 일제는 우리 민족의 지배를 쉽게 하려고 단군을 가짜로 몰았으며, 그 강역을 한반도로 축소했다. 나아가 고조선의 건국시기를 낮춰서 우리 역사를 2,000여 년이나 축소해 버렸다. 단군은 고려 시대 때 승려가 만든 이야기라는 것이다. 한사군은 한반도에 설치되어서 우리 민족의 문화 발전에 지대한 영향을 미쳤다고 한다. 이것은 우리 민족은 문화를 발전시킬 능력이 없어서 식민지배를 받을 때 비로소 문화를 발전시킬 수 있다는 타율성으로 귀결된다.

그런데 해방 이후에도 대한제국기와 미 군정기를 제외하면 단군의 실존성은 부정되었다. 한사군의 위치는 미 군정기를 포함해 모두 한반도로 비정되어 있으며, 건국시기는 1차 시기에 서기전 4~5세기라는 서술은 현행에서 서기전 1500년으로 끌어올렸다. 그런데 신석기 시대에 국가가 성립한 예들이 수없이 많은데도 고조선만 건국 성립요건을 청동기시대라고 서술한다.

일제강점기 때 독립운동가들은 빼앗긴 나라를 되찾기 위해 총을 들고 적과 싸우는 한편 펜을 들어 왜곡된 역사를 바로잡기 위해서도 싸웠다.[9] 최남선은 단군을 "조선이라는 장강의 샘 밑(최남선, 1972)"이라고 했는데, 단군을 부정하는 일은 장강의 샘 밑을 막아버리는 일과 같기 때문이었다.

장강의 샘이 잘 흐르려면, 단군을 둘러싼 정치적 이데올로기를 걷어내야 한다. 단군과 고조선의 인식에 대한 성찰은 가까운 미래를 위한 것이기도 하다. 남과 북의 체제와 단절된 시간 간극을 우리의 공동 역사가 메울 수 있을 것이다. 그 역사의 첫머리에는 단군과 고조선이 놓여 있다.

---

9 박은식, 신채호, 김승학 등 셀 수 없는 독립운동가들이 그랬다. 그래서 독립운동은 왜곡된 역사를 바르게 정립하려는 전쟁이기도 했다. 단군을 중심으로 대종교를 만들고 독립운동을 펼쳤던 나철과 서일 그리고 우리에게 잘 알려진 김좌진이 그랬다.

김명옥

1969년. 역사와 문학의 통섭에 관심을 갖고 역사를 공부하고 있다. 단군신화
는 왜 난생신화가 아닐까?라는 의문의 답을 찾으려다 동아시아 건국신화
늪에 빠졌다. 「고조선 건국신화와 난생신화의 연관성 연구」, 「동아시아 난생
신화와 중국 한족과의 관계 연구」, 「'가락국기'를 통해본 가야 건국주체세력
출자(出自)에 관한 연구」, 「한국과 일본 천손강신화로 본 니니기노미코토
원적 연구」 등 신화를 통해 역사적 상징성을 추출하고 그 민족적 귀속성을
확인하는 연구를 하고 있다.

참고문헌

『사기』

『심상소학일본역사 보충교재 교수참고서』, 조선총독부, 1920.

국사편찬위원회, 『고등학교 국사』(3차개정), 국정교과서주식회사, 1979.

국사편찬위원회, 『고등학교 국사』(4차개정), 국정교과서주식회사, 1982.

국사편찬위원회, 『고등학교 국사』(5차개정), 대한교과서주식회사, 1990.

국사편찬위원회, 『고등학교 국사』(6차개정), 대한교과서주식회사, 1996.

국사편찬위원회, 『고등학교 국사』(7차개정), 두산동아(주), 2002.

리인형, 『조선력사 중학교 1학년』, (평양 3판)교육도서출판사, 2005.

진단학회, 『국사교본』, 군정기 문교부(개정증보판), 1946.

차영남 외, 『조선력사 초급중학교1』, (평양)교육도서출판사, 2013.

한수현 편역, 『동국사략』, 1906.

한철호 외, 『고등 한국사』, 미래앤, 2014.

홍이섭, 『고등학교 국사』(1차 개정), 정음사, 1957.

강인숙, 「고조선의 건국년대와 단군조선의 존재기간」, 『력사과학』 153호, (평양)과학백과사전종합출판사, 1995, 45~48.

김도형, 「김정은 시대 북한 중등 역사 교과서와 교수참고서 내용 분석-고대사 서술을 중심으로」, 『사회과교육』 제59권 제3호, 한국사회과교육연구학회, 2020, 251~263.

김명옥, 「'하백녀 유화' 연구사에 대한 비판적 고찰」, 『문화와 융합』 Vol.38 No.6, 한국문화융합학회, 2016, 383~410.

김명옥, 「단군신화 인식에 대한 역사적 고찰」, 『역사와 융합』 Vol.3, 바른역사학술원, 2018, 45~86.

김명옥, 「단군이 신화의 세계로 쫓겨난 이유는?」, 『매국의 역사학자 그들만의 세상』, 만권당, 2017.

김병기 『이병도·신석호는 해방 후 어떻게 한국사학계를 장악했는가-조선사편수회 출신들의 해방 후 동향과 영향』, 한가람역사문화연구소, 2020.

김병룡, 「단군조선의 중심지와 령역에 대하여」, 『력사과학』 152호, (평양)과학백과사전 종합출판사), 1995, 49~53.

김정일 『김일성선집』 Vol.13, (평양)조선로동당출판사, 1998.

리상호, 『력사과학』 3호, (평양)과학원출판사, 1962, 42~68.

리상호, 『력사과학』 4호, (평양)과학원출판사, 1962, 52~63.

리지린, 이덕일 해역, 『리지린의 고조선 연구』, 말, 2018.

문교부, 『고등학교 국사』(2차개정), 대한교과서, 1968

미시나 쇼에이, 「구마나리고久麻那利考」, 『청구학총』 20호, 오사카야고서점, 1935.

사회과학원, 『민족의 원시조 단군』, 평양출판사사(평양), 1994.

손영종, 「조선민족은 단군을 원시조로 하는 단일민족」, 『력사과학』 151호, (평양)과학백 과사전종합출판사, 1994, 51~55.

이기백, 『한국사 시민강좌』, 제2집, 일조각, 1988.

이서영, 「김정은 시대 북한 『조선력사』교과서 구성 분석」, 『사회과교육연구』 제25권 제2호, 한국사회교과교육학회, 2018, 103~114.

이승호, 「단군-역사와 신화, 그리고 민족」, 『역사비평』 Vol.117, 역사비평사, 2016, 224~251.

이재원, 「교과서에서의 '단군 사화(史話)' 수용 고찰」, 『단군학연구』 제19권, 단군학회, 2008, 237~276.

이정빈, 「북한의 고조선 교육과 '김일성민족'의 단군-1993년 이후 고등중학교 『조선력 사』를 중심으로」, 『한국사학사학보』 제23권, 한국사학사학보, 2015, 75~97.

이찬희, 「북한 중학교 『조선력사』교과서 내용분석」, 『북한연구학회보』 제8권 제1호, 북한연구학회, 2004, 195~219.

장주협, 『력사과학』 3호, (평양)과학원출판사, 1962, 90~92.

장지화, 「광복 이후 초·중등 국사교과서의 '檀君朝鮮史'분야 개정 과정 연구」, 『선도문 화』 제25권, 국제뇌교육종합대학원대학교 국학연구원, 2018, 357~400.

전대준·최인철, 『조선단대사(고조선사)』, (평양)과학백과사전출판사, 2010.

차영남·강국모, 『조선력사교수참고서(초급중학교 제1학년)』, (평양)교육도서출판사, 2013.

최남선, 「단군론」, 『최남선 전집』 2권, 현암사, 1972.

최영묵, 「북한의 역사연구기관·연구지 및 연구자 양성과정」, 『역사와 현실』 3호, 한국역
　　　사연구회, 1990, 160~285.

카렌 암스트롱, 이다희 옮김, 『신화의 역사』, 문학동네, 2005.

서로 다른 두 곳의 연구기관에 소위 '전자 상자성(SPIN) 공명법(電子常磁性 共鳴法)'
이라는 연대 측정을 다수에 걸쳐 의뢰하여 한 곳에서는 24회, 또 한 곳에서는 30회,
총 54회에 걸쳐 연대 측정을 했다. 그 결과 유골의 연대치 측정은 1993년 10월
당시 기준으로 5011 ± 267년(오차 5.4%)으로 결론이 났으며, 그 후부터 이 유골은
단군 부부의 유골로 공식 인정됐다고 한다.

중국의 한족(漢族)은 주변 민족들의 선조를 한족화(漢族化)하기를 즐겼으며 기자도
그 좋은 예다. 흉노의 시조 순유는 하나라 걸왕의 후손, 선비는 유웅의 후손, 서융은
하나라 말기 이주민, 왜는 오나라 태백의 후손 등이라고 주장했는데, 결국 기자조선설
은 중국인들이 타민족을 동화하는 정책의 산물이었다.

5장

평양 단군릉과 기자릉
파묘 현장 답사기

최재영

제1부

평양 단군릉 참관기-유골에는 사상과 이념이 없다

근대 평양 단군릉의 변천사

우리 민족은 그동안 일제가 민족정기 말살을 목적으로 주입한 "단군은 원래 곰이었고 너희는 그의 자손"이라는 의도적 왜곡을 아무런 검증도 없이 무방비 상태로 받아들였으며 그렇게 살아왔다. 일제는 오히려 자신들은 2천 년이 넘는 유구한 역사를 지닌 민족이라며 근거 없이 주장하는가 하면, 더 나아가 "조선이 주장하는 5천 년 역사는 신화와 전설에 불과하며 조센징(朝鮮人)은 곰의 후손"이라고 강조했다.

물론 일제가 주장한 것은 13세기 후반 고려 충렬왕 때 저술된 일연의 『삼국유사』와 동시대의 이승휴가 저술한 『제왕운기』에 그 근거를 둔 것이다. 그러나 『삼국유사』의 기이편(紀異篇)에 등장하는 단군신화는 중국의 『위서(魏書)』와 『고기(古記)』 등을 인용했는데 실제로 정사(正史)에 속하는 위서에는 단군신화에 대한 기록이 전혀 없으며, '고기'라고 지칭한 것은 정확히 어떤 사서인지 알 수 없는 상태이다.

그럼에도 불구하고 일제는 『삼국유사』뿐만 아니라 그 이후로도 줄곧 일본강점기까지 전해 내려오는 수많은 단군 관련 역사서와 연구서는 모두 배제하고 단군신화가 주는 참된 의미와 교훈을 악용하였다. 의도적으로 조선의 친일사학자와 관제 역사학자를 동원하여 은밀하면서도 줄기차게 우리 민족의 시조(그가 단군이든 아니든 간에)에 대한 정통성을 비하하고 왜곡했다.

그 결과 우리는 어려서부터 단군 역사를 단지 신화로서만 취급하여 아예 무시하거나 소홀히 대해 왔으며 특히 나를 포함하여 현대의 기성 종교를 믿는 신자는 역사 속에 실존하는 단군을 마치 우상을 대하거나 미신을 믿는 대상처럼 여겨 왔다. 그 결과 한국 사회에서는 단군상의 목을 자르거나 훼손하는 사건들이 극우 개신교도들에 의해 자주 발생하고 있

북한에서 사용하는 단군의 공식 영정.(단군릉 기념품점 판매용 화보집: 최재영)

다. 우리의 시조임에도 불구하고 타의에 의해서 오랜 기간 멀리하며 살아왔다는 사실이 나를 서글프게 했다.

우리 몸에는 단군의 피가 흐른다

이런 상황에서 필자는 단군이 우리나라를 건국한 날인 단기 4347년(서기 2014년)이 되는 개천절을 평양에서 맞이하게 됐다. 평양시 강동군에 소재한 단군릉에서 개최된 개천절 행사는 특별히 단군릉 개건 공사 준공 20주년을 맞이하여 민족공동행사로 열리는 날이었다. 2005년까지 남북이 공동으로 행사를 치렀는데 5.24 대북조치 이후 장기간 단절됐다가 9년 만에 남북 대표의 만남이 성사되어 행사를 여는 뜻깊은 날이다. 나는

이른 아침부터 역사적인 현장에 참석할 생각으로 가슴이 설렜다. 그러면서 갑자기 지난 4~5월에 평양을 방문했을 때 어느 행사장에서 마주친 북측의 한 대학교수와 나눈 대화가 주마등처럼 스쳐 지나갔다.

최 선생님. 이번에 미국에 돌아가시면 선생님이 이끄시는 학술원에서도 단군에 대해서 깊이 연구해 보십시오. 우리 민족의 몸속에는 누구나 할 것 없이 단군의 피가 뜨겁게 흐르고 있지 않습니까?!

아, 하하하! 그러게요. 그런데 저는 왜 그런지 평소에도 단군 할아버지가 저의 몇 대 조 할아버지나 이웃 할아버지처럼 친근하게 느껴지더라고요.

아, 참, 다행스러운 일입니다. 우리 공화국에서는 일찍이 단군릉을 조성해서 단군님의 유골을 정중히 모셨는데 그걸 보고 남쪽에서는 정치적 이데올로기 운운하면서 왜곡되게 해석하는 세력들이 간혹 있는데 그것은 참으로 안타까운 일입니다. 유골에 무슨 사상과 리념이 있겠습니까?

그와의 대화는 망각하고 있던 내 몸속에 흐르는 핏줄의 정체를 더욱 진하게 해 주는 것만 같았다. 불현듯 당시의 기억이 다시금 떠오른 것이다. 북측에서는 지금으로부터 20년 전인 1993년 9월에 김일성 주석의 전권적인 특별지시로 단군릉을 재발굴한 뒤 개건 공사를 시작해서 1년만인 1994년 10월에 준공했다. 그 후 대내외적으로 단군이 우리 민족의 원시조이며, 고조선의 건국시조로서 실존 인물임을 만방에 입증하였다.

(좌)1932년의 모습.(사진: 동아일보 1932년 4월 26일 자)
(우)1935년의 모습.(사진: 동아일보 1935년 10월 31일 자)

(좌)1947년의 모습.(사진: 대전 국립문서보관소)
(우)6.25 전쟁 이후 1993년도까지의 모습.(사진: 북 웹사이트 우리민족끼리)

1994년 10월의 개건 공사 준공 이후의 모습.(사진: 북 웹사이트 우리민족끼리)

종교를 떠나서 기독교 목회자인 나의 입장에서 볼 때 오늘날의 개천절은 분단된 우리 민족의 정체성과 동질성을 회복하는 데 필수적 요소이며, 비록 어떤 종교를 믿더라도 한국인은 철저하고 객관적인 역사적 단군사관을 가져야 한다고 생각해왔다.

"우리가 물이라면 새암이 있고, 우리가 나무라면 뿌리가 있다."라는 개천절 노래 첫 가사처럼 지구상 어느 국가, 어느 인간이든 시조와 조상이 없는 사람이 어디 있으랴? 아무튼 이제라도 남북이 어렵사리 다시 만나 우리 조상의 뿌리를 찾고 기념하는 일을 함께한다니, 참으로 민족화합과 통일과업에 있어서 매우 소중한 일이라고 여겨졌다.

가만히 생각해보면 그래도 다행스러운 것은 우리 민족은 파란만장한 역사 속에서도 단군정신을 구심점으로 면면히 이어 왔기에 서기(西紀)를 사용하기 이전까지는 단기(檀紀)를 사용하지 않았는가? 또한 대한민국의 최초 헌법전문 제1장 제1조와 현행 대한민국 교육법 제1장 2조에는 단군의 홍익인간(弘益人間) 정신을 국가와 교육의 기본이념으로 명시하고 결정한 것은 놀라운 일이라고 여겨졌다.

9년 만에 이뤄진 남북합동 개천절 행사

우리 일행은 아침 8시에 호텔을 출발해 평양 시내 개선문 옆에 있는 대형 주차장에 집결했다. 그곳에서 다시 대형버스에 옮겨 타고 평양에서 35km 정도 남짓 떨어진 단군릉으로 향했다. 평양에서 동쪽으로 1시간 정도 마구 달리던 버스는 어느덧 산기슭을 지나 나무들이 울창한 숲속을 통과하여 단군릉의 좌측면으로 통하는 샛길에 조성된 간이 주차장에 도착했다.

나는 남들보다 재빠르게 하차하여 움직였다. 오솔길을 5분 정도 걸으니 드디어 나의 눈앞에 백색 화강암으로 축조된 피라미드 모양의 거대한 단군릉이 나타났다. 간결하면서 단아한 멋을 갖추면서도 위용을 풍기는 모습에 압도당하여 잠시 걸음을 멈추며 감상했다. 순간 "저 어마어마한 돌을 모두 다 어디서 가져왔을까?"라는 생각이 제일 먼저 들었다.

무덤 앞 광장을 바라보니 벌써 남녀 주민들이 형형색색 한복과 양복을 곱게 차려입고 행사장 무덤 구역을 가득 메우고 있었다. 때마침 안면이 있는 북측의 행사 총괄책임자가 이마에 구슬땀을 흘리며 이리저리 바쁘게 움직이며 준비하는 것이 눈에 띄길래 그에게 반갑게 인사를 건네며 말을 붙였다.

웬 주민들이 어디서 벌써 저리 많이 오셨습니까?

아, 최 선생님 오셨습니까? 여기 단군릉이 강동군에 위치해 있기 때문에 오래전부터 단군릉을 관리하고 아끼는 강동군 주민들이 아침 일찍 나와서 해외 동포와 남조선 대표단을 환영하며 기다리고 있는 겁니다.

단군릉 앞 화강암 광장 바닥에는 어른은 물론 청년 학생들이 발 디딜 틈도 없이 줄을 맞춰 서서 행사 시작을 기다리고 있었다. 그뿐만 아니라 광장 아래 가파른 계단 아래까지 주민들이 자리를 가득 메우고 서 있었다.

잠시 시간이 흐르자 곧 행사가 시작된다는 연락이 왔다. 대기하고 있던 36명의 남측 방문단과 나를 포함한 우리 해외동포단이 입장하기 위해

줄을 섰다. 그러나 단상에 직접 늘어서거나 연설을 맡은 남북의 대표들은 우리보다 나중에 입장하려고 대기하고 있었다. 우리는 그들을 뒤로하고 서서히 줄을 지어 입장했다. 순간, 행사장에 입장하는 우리를 향해 강동군 주민들이 일제히 우레와 같은 박수갈채를 뜨겁게 보내주는 것이 아닌가? 그것도 열광적으로 오랫동안 우레와 같은 박수를 쳐 주니 민망하여 몸 둘 바를 모를 지경이었다. 이윽고 오전 10시 정각이 되자 최종적으로 남아 있던 18명의 남북 대표들이 나란히 입장하면서 개천절 공식 행사가 시작됐다.

북측은 전반적으로 오늘의 행사를 국가적 행사와 종교적 행사로 간주하여 적절히 조화를 이뤄 준비한 듯했다. 북측대표 중에는 평소에 잘 아는 강명철 조선그리스도교연맹 위원장을 비롯해 한눈에 봐도 알아볼 수 있는 종교계 인물들이 눈에 띄었다. 조선적십자사 위원장을 겸하고 있는 강수린 조선불교도연맹 위원장, 조선가톨릭 중앙위원장을 겸하고 있는 장재언 조선종교인협회장을 비롯한 유력한 인사들이 제일 선두에 섰다. 그 뒤를 이어 김영대 민화협 북측 회장, 김완수 6·15실천 북측 위원장, 최진수 범민련 북측본부 의장, 윤정호 단군민족통일협의회 부회장 등이 입장했다.

연이어 남측대표로는 신사적인 용모를 풍기는 김삼열 상임준비위원장, 김인환 천도교 중앙종무원장, 스님 한 분, 그리고 남측 대표단으로서 이미 다섯 번째 남북공동 개천절 행사에 참석하는 백범 김구의 비서 출신인 김우전 광복회 고문이 노구를 이끌며 지팡이를 짚고 등단했다. 그 옆에는 수염과 흰 두루마기가 멋스러운 장두석 선생이 긴장한 표정으로 늘어서 있었다.

(좌)개천절 단군릉 제단 앞에 선 필자. (우)행사장을 가득 메운 평양시 강동군 주민들.(사진: 최재영)

단상에 선 개천절 행사 남북 대표들.(사진: 최재영)

(좌)행사를 진행하는 남북의 사회자들. (우)고구려 병사 복장을 한 제례 위원들이 뿔 나팔을 불며 제사의 시작을 알리는 모습.(사진: 최재영)

① 북측의 축하 연설. ② 남측의 축하 연설. ③ 남측대표의 연설. ④ 남북 공동호소문을 발표하는 남측 인사.(사진: 최재영)

① 남측 대표단이 제사 드리는 모습. ② 북측 대표단이 제사 드리는 모습. ③ 해외 동포단이 제사 드리는 모습. (사진: 최재영) ④ 돌문으로 된 지하 묘실 출입구. (사진: 통일뉴스) ⑤ 어두운 조명 아래의 지하 통로.(사진: 최재영)

행사 사회는 북측의 김철훈 평양시 인민위원회 부위원장과 남측의 윤승길 행사준비위 사무총장이 맡았고, 사이좋게 말을 주거니 받거니 하면서 공동으로 진행하기 시작했다. 첫 번째 순서로 북의 김영대 위원장과 남의 김인환 종무원장이 축하 연설을 했고, 두 번째는 북의 윤정호 단군민족통일협의회 부회장과 남의 김삼열 상임준비위원장이 각각 대표 연설을 했다. 이어서 남측의 여성과 북측의 남성이 대표로 등장하여 마치 커플처럼 다정히 서서 까랑까랑한 목소리로 '해내외 동포들에게 보내는 호소문'을 발표했다. 그때였다. 호소문을 읽어 내려가는 남측 여성의 목소리가 힘차게 장내에 울려 퍼지자 약간 지루해 보이던 북측의 기자들이 벌떼처럼 몰려들어 선언문을 읽는 남측 여성대표를 향해 카메라 세례를 퍼부었다.

끝으로 이 행사의 클라이맥스인 천제의식이 거행됐다. 올해는 남과 북, 해외 대표 3자로 구성된 '천제(天祭) 봉행단'이 각각 5명씩 동수로 의식을 집전하기 시작했다. 특히 제례의식이 시작되기 전에는 고구려 갑옷을 입은 8명의 병사가 제단 우측에서 특이한 모양의 거대한 금속성 뿔 나팔을 불며 제례가 시작됨을 알렸다. 나팔 소리가 끝나자 부드러운 아리랑 선율에 맞춰 제일 먼저 흰옷을 차려입은 남측 대표단의 제례가 시작됐다. 제례 위원 중에는 시국 무용가이자 인간문화재로 유명한 서울대 무용과 교수 출신인 이애주 선생도 참석하여 머리에 흰 족두리와 제례복을 갖춰 입고 참여했다.

이애주 교수는 이날 3부 순서로 마련된 축하 공연 도중에 즉흥적으로 무대에 나와 여러 번에 걸쳐 흥겨운 춤을 춘 것 때문에 북측 주민들에게 큰 인기를 끌었다. 이어서 양복을 입은 채로 북측 대표단이 제례를 올렸고, 마지막으로 그 뒤를 이어서 재일교포 위주로 구성된 해외동포 대표단이

정성스레 제례를 드림으로 개천절 본 행사를 모두 마쳤다. 본 행사를 마치고 우리는 영내에서 각각 자유롭게 기념촬영을 하며 단군릉 본체 주변을 돌며 관람을 하였으며, 곧이어 2부 순서로 단군 부부의 유골이 안치된 석조 묘실 관람을 위해 입장하였다.

입장료 100유로의 단군 부부 유골을 무료로 친견

단군릉 본체 둘레를 관람하는 시간이 되자 헤드셋을 머리에 착용한 여성 해설사가 개나리보다 샛노란 한복(조선옷)을 곱게 차려입고 손에는 휴대용 메가폰을 든 채로 차분하면서도 힘차게 설명하기 시작했다.

지금 여러분들이 보고 계신 이 무덤은 높이가 22미터인데 한 변의 길이가 50미터입니다. 특히 우리 위대하신 수령님께서는 무덤이 준공되는 해를 1994년으로 잡아 주셨기 때문에 상징적으로 화강석을 무려 1,994개를 다듬어 아홉 단으로 쌓아 올려졌습니다. 또한 입구에 위치한 기념비는 높이가 8미터, 무게가 25.5톤에 달하며 양쪽에 서 있는 돌기둥은 가장 낮은 것이 1.5미터이며 가장 높은 것이 10미터입니다. 네 모서리를 차지하고 있는 호랑이 조각상은 높이가 3.5미터, 길이가 5.7미터이며 무게가 무려 80톤에 달합니다. 또한 단군을 보좌하는 여덟 개의 석인상도 각각 높이가 5미터에 무게는 25톤에 이르고 있습니다…….

해설사의 입에서는 지칠 줄 모르고 거미에서 실 나오듯 연신 수치와 통계를 외워대고 있었다. 해설사의 설명을 들으며 천천히 걷다 보니 어느

덧 묘실로 들어가는 입구에 도착했다.

원래 이곳 단군릉을 방문하면 관광객들에게는 입장료를 받습니다. 입장료 외에도 관속에 모셔진 단군님 내외분의 모습을 직접 보시려면 추가적으로 100유로(미화 140달러)를 지불해야 이곳 묘실에 입장하실 수 있습니다. 그러나 오늘은 개천절이기 때문에 해외동포 대표단과 남조선 대표단들은 모두 무료로 보실 수 있습니다. 이 단군릉의 총 부지면적이 45정보(13만 5천 평)에 달하며 경내에 사용된 돌판들은 모두 7만 2천 장이 사용됐는데 이 면적을 합하면 2만 5천 4백 평방미터에 달합니다. 이런 큰 면적과 시설들을 유지하고 보수하기 위해서는 비용도 많이 들기 때문에 입장료는 결코 비싼 것이 아니라고 생각합니다.

아무튼 오늘은 공짜라니 기분이 좋아진다. 묘실에 입장하여 단군의 유골이나마 직접 볼 수 있다는 생각을 하니 마치 태고의 신비경으로 진입하는 듯했다. 해설사의 표정이 진지해지면서 갑자기 약간 울먹이는 표정으로 해설이 이어졌다.

우리 위대하신 김일성 수령님께서는 생애 마지막까지 단군릉 개건 대역사를 친히 현지 지도하시며 일일이 설계도면과 기술적인 문제들을 보살펴 주시면서……

실제로 김일성 주석은 단군릉 개건 사업의 완성을 3개월 남겨두고 운명했으며, 그 뒤를 이은 김정일 위원장에 의해서 1994년 10월 29일에 준공을 보게 된 것이다. 1994년 7월 8일 새벽 2시경에 유명을 달리한 김 주석은 김영삼 대통령과의 임박한 정상회담 준비를 하는 바쁜 와중에도 7월 6일에 '단군릉 설계를 일부 고치기 위한 안'이라는 제목의 정무원(단군릉복구위원회) 보고서 문건에 친필로 서명할 정도로 운명 직전까지 단군릉 공사에 대해 큰 애착을 가지며 적극적으로 진두지휘하였다.

1990년대 초반까지 북측 학자들 사이에 단군릉과 관련된 여러 학설과 논쟁이 가열되자 김 주석은 "학자들은 논쟁만 하지 말고 직접 발굴해서 사실 여부를 과학적으로 규명하라."는 교시를 내렸다.

그 결과 단군릉에서 발굴된 두 사람의 뼈가 모두 86개 나왔다. 이에 고무된 사회과학원 학자들은 미국과 유럽에서 직접 측정 기계를 구입하여 연구하기도 했다. 서로 다른 두 곳의 연구기관에 소위 '전자 상자성(SPIN) 공명법(電子常磁性 共鳴法)'이라는 연대 측정을 다수에 걸쳐 의뢰하여 한 곳에서는 24회, 또 한 곳에서는 30회, 총 54회에 걸쳐 연대 측정을 했다. 그 결과 유골의 연대치 측정은 1993년 10월 당시 기준으로 5011 ± 267년(오차 5.4%)으로 결론이 났으며, 그 후부터 이 유골은 단군 부부의 유골로 공식 인정됐다고 한다.

묘실 입구로 들어가서 계단 아래로 내려가니 침침한 조명 아래 마치 피라미드 미로같이 좌우측으로 돌면서 꺾어지는 구조로 통로가 설계되어 있었다. 방문객들에게 등을 떠밀리듯 걷다 보니 어느덧 묘실에 쉽게 당도 했다. 묘실 정면에는 남측에서 자주 접하지 않았던 근엄한 표정의 단군 영정이 걸려있었고, 붉은색에 가까운 옻칠을 한 커다란 목관이 좌우로 각각 모셔져 있었다.

일단 묘실에 당도하는 입장객들은 자신들의 눈앞에 영정이 정면으로

지하 묘실 내부 전경. (사진: 북 웹사이트 우리민족끼리)

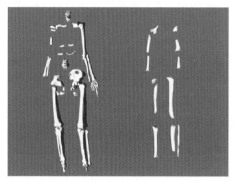

단군 부부의 유골. (사진: 북 웹사이트 우리민족끼리)

보이면 표지판 앞 홀더 앞에 차례대로 멈춰야 한다. 그리고 서너 사람과 더불어 영정을 향해 잠시 묵례를 올리며 참배를 해야 하고 참배를 마치면 왼쪽으로 꺾어지는 통로를 따라 목관 앞을 통과해야 하는 것이 참관 규정이다.

묘실 왼쪽 통로에 먼저 나타나는 관이 바로 단군의 유골이다. 그리고 우측으로 돌면 바로 나오는 관이 단군 아내의 유골이다. 유골이 모셔진 관들은 두꺼운 특수 유리로 제작됐으며 나무로 된 목관 안에 유리관을 넣은 방식이었다. 아마도 빛을 차단하기 위해 유리관 위에 목관을 덧씌운 것으로 보인다. 밀폐된 유리관 속에는 유골의 부식과 변화를 막기 위해 아르곤 가스(Argon Gas)를 채웠다고 한다. 묘실 내부의 공기나 온도는 매우 신선했으며 아마도 통풍과 습도 온도 등을 조절하는 특수한 자동화 시스템이 작동되는 듯했다.

민족통합, 남북통일의 당위성을 일깨워준 단군의 뼈

50세가량의 나이로 추정되는 단군의 유골을 직접 보니 감회가 새로웠다. 해골이나 몸통 뼈대는 전혀 없고 거의 팔다리뼈 위주로 배치되어 누워 있었다. 없는 것은 없는 대로, 있는 것은 있는 대로 조각을 맞추듯이 제 위치로 잘 복원해 놓았다. 이미 알려진 대로 단군은 170cm의 건장한 체격이었다.

지금 내 눈앞에 보이는 저 단군의 유골을 마디마디 바라보니 만감이 교차했다. 단군은 지하에서도 후손들의 파란만장한 수천 년 역사의 고단한 삶의 무게를 지탱하느라 무릎이 아팠는지 유리관 속의 마흔 두 개의 뼈에서 통증이 느껴졌다. 동시에 비오는 날 겪게 되는 관절의 통증처럼 단군의 모습은 나에게 마디마디 욱신거리는 아픔으로 다가왔다.

다행히도 발굴 당시 단군 부부의 유골은 뼈를 삭히지 않는다는 석회암 지대에 매장되었기에 이 정도라도 보존 상태가 양호했던 것 같다. 발굴 당시에는 모두 86개의 뼈들이 출토되었는데, 머리뼈는 온데간데없이 사라지고 주로 팔다리와 골반 뼈들만 남아 있었다. 그 뼈들조차도 각각 있어야 할 위치에 놓여져 있지 않고 한쪽으로 서로 뒤죽박죽 엉켜져 있었다고 한다. 죽어서도 부부의 도리와 인연을 놓지 않으려 했을까? 특히 86개의 뼈들 가운데는 남자의 뼈가 42개이고, 여자의 뼈가 12개이며, 전혀 성별 구분이 안 된 것이 32개였다고 한다. 또한 무덤에는 사람 뼈 외에도 금동왕관 앞면의 세움 장식과 돌림띠 조각이 각각 하나씩 나왔고, 여러 개의 도자기 조각과 관에 박았던 여섯 개 정도의 못 등이 출토되었다고 한다.

묘실에 들어온 지 10여 분이 지나자 입장한 관람객들이 너무 많아서 서로 밀리고 밟히는 상황이지만 나는 정신을 가다듬고 두 분의 유골을 차분히 살폈다. 관속의 부부 유골들은 후손들이 남과 북으로 분단되어 서로가 원수로 70년을 지내는 것을 못내 못마땅하게 생각했는지 화가 난 듯한 메시지로 받아들여졌다. 나는 급기야 뒷사람들에게 등이 떠밀려 어쩔 수 없이 묘실 출구로 밀려 나가게 되자 마음속으로 두 분에게 성급히 작별 인사를 드리며 재회를 기약했다.

개천절에 만나 뵌 단군 부부는 나에게 거시적으로는 민족통합, 미시적으로는 남북통일이라는 민족 최대의 숙원을 해결해야 할 역사적 당위성을 온전히 깨우쳐 주었다. 통일은 우리의 뿌리 역사를 진실 그대로 통찰하는 것에서부터 출발해야 하는 것이 아닌지 생각해 본다.

나의 목에 걸려있는 카메라로 묘실 내부와 유리관의 모습을 마음껏 찍고 싶었지만 서슬 퍼런 여성 관리 요원들의 눈초리가 매서워 아예 포기하고 아쉬운 발걸음으로 묘실을 총총히 빠져 나왔다. 밖으로 빠져나온 우리 일행은 개천절 행사 마지막 3부 순서로서 마련된 축하공연을 관람하기 위해 버스에 탑승했다. 야외 특설 공연장은 능역 최하단 차도에서 릉으로 올라가도록 축조된 250개 계단 중하단부 위치에 광장처럼 조성된 곳에 있었다.

2부
모란봉 기자릉 파묘 현장을 찾다

모란봉 을밀대 부근 송가정을 찾은 이유

우리나라의 역사를 다루는 영역에서 '단군'과 '기자'는 항상 복잡하게 얽혀 있는 것을 그동안 쉽게 볼 수 있었다. 잘 알다시피 13세기 무렵에 급부상한 단군 이야기는 그 후 빠르게 쇠퇴하고 그 자리를 '기자(箕子)'와 '기자조선(箕子朝鮮)'이 들어갔다. 유학으로 무장된 조선의 위정자들에게 기자는 그야말로 정신적 절대자로 군림하며 단군과 그 역사를 따르는 이들에게 수백 년간 설움과 소외감을 안겨주었다. 필자는 이처럼 우리 민족의 시조이자 국조인 단군이라는 존재에 천년 가까이 제동을 걸어왔던 기자의 실체가 과연 무엇인가에 대해 늘 의문점을 품어왔다. 특히 평양시에 조성된 기자릉(箕子陵), 기자정(箕子井)을 비롯해 평양시 기림리(箕林里)에 소재하고 있는 정자각(丁字閣)과 중수기적비(重修記蹟碑) 등 기자와 관련된 평양지역의 여러 유적지는 오늘날 무엇을 의미하는지 알고 싶었다. 필자가 2015년 방북 시 직접 참관하고 들은 이야기들을 이 글에서 함께 나누며 그 궁금증을 푸는데, 다소나마 도움이 됐으면 한다.

기자의 실제 무덤이 어디에 있는가 하는 문제는 매우 중요하다. '기자=평양설'이 근래 중국 동북공정의 주요한 논리가 되는 상황에서 이를 통해 중국은 기자조선의 도읍지가 평양이라며 북한 강역을 자국의 역사강역

① 1920년대에 촬영한 평양 기자릉(箕子陵). 정면에서 볼 때 우측을 찍은 장면이다. 제대 앞에 석조로 된 장명등이 보이고 우측에 무덤을 지키는 석물이 보인다. ② 1920년대에 촬영한 평양 기자릉. 정면에서 볼 때 좌측을 찍은 장면. ③ 1920년대에 촬영한 평양 기자릉. 정면에서 볼 때 좌측을 찍은 장면. 각종 석물이 자리 잡고 있다. ④해방 전 촬영한 폭설이 내린 평양 기자릉 정문과 담장. ⑤ 평양직할시 사동구역 금탄리에 소재한 기자정(箕子井). ⑥ 전후 복구 과정에서 조성되는 모란봉청년공원 공사 장면. ⑦ 기자릉을 파묘하는 날 모여든 평양의 노인들이 파묘 행사 후 즐겁게 담소를 나누는 장면.(사진: 북한 화보)

이라고 우기고 있기 때문이다. 최근 중국 하남성 상구시의 실제 기자 무덤을 답사한 이들의 증언에 따르면, 묘비가 새로 설립되어 있는데 비문에는 『고려사』 등 한국 측 사료만 잔뜩 쓰여 있다고 한다. 아울러 중국의 각종 인터넷 사이트에는 기자의 무덤을 평양이라고 적시하고 있는데 이런 추세라면 중국 관료들과 역사학자들은 자국의 이익을 위해 하남성 기자묘를 조용히 없애버릴 가능성도 있다고 여겨졌다. 이처럼 기자묘에 대한 객관적 사실은 치열한 진실 공방 현장의 한복판에 서 있다.

필자가 2015년도 방북 시 참관한 평양 모란봉의 송가정에는 명절날과 휴식일은 물론 평일에도 많은 노인이 모여 춤판을 벌이거나 바둑판, 장기판을 두는 광경을 목격할 수 있었다. 그곳에 모인 이들은 모두 노인들만 모인 것은 아니었으며, 내가 역사학자들과 참관한 날에는 남녀노소 할 것 없이 모여서 등산 겸 휴식을 즐기고 있었다. 한쪽에서는 주로 노인들 위주로 '세월이야 가보라지'의 노래 선율에 맞춰 우아하고 흥취 나는 민족춤 동작을 펼치고 있었다. 흥에 겨운 노랫가락에 맞춰 어깨춤을 덩실덩실 추는 모습이 나에게는 매우 인상적이었고 구경하던 나도 어깨가 저절로 들썩거릴 정도였다.

당시 평양시 모란봉구역의 모란봉에는 공원관리소의 일꾼들이 1단계 공사를 시작하기 위해 측량을 하거나 여러 가지 준비를 하는 모습이 여기저기 보였다. 몇 년 후 확인해보니 1단계를 마치고 2단계 공사를 통해 그곳의 역사유적과 산책로를 알려주는 표지판이 입구에 설치되었고 온달루 주변과 이곳 송가정으로 올라가는 오솔길이 자연 판석으로 바뀌어 새롭게 단장이 되어있었다. 현재 모란대의 해설비와 고구려 때 온달장군이 살았다는 전설을 전하는 해설비 등도 새로 세워졌고, 현무문으로 올라가는 산책로에도 등산객을 위한 보호난간과 석축, 갓돌 등이 새로 설치 및 교체되어서 과거의 모습은 찾아보기 힘들 정도가 되었다. 명실공히 모란봉 일대는 평양시민의 문화 휴식처로 각광을 받는 중이었다.

잘 알다시피 모란봉 일대는 을밀대, 부벽루, 칠성문, 현무문 등의 고구려 유적과 기슭에는 개선문, 김일성 경기장, 김일성 종합대학, 개선청년공원, 모란봉극장, 모란봉청년공원 등이 있다. 당시 김일성 수상이 평양 모란봉 일대 전후 복구 과정에서 기자 묘를 파묘했고 그 후 김정일 위원장에 의해 그 터에 정자가 세워졌는데 그 이름이 바로 송가정이다. 행정적인 측면에서 본다면 평양을 수도로 삼은 북측 당국은 50년대 시작한 도시 계획 단계서부터 평양의 녹지를 확보하는 데 주력했고, 6.25 전쟁으로 파괴된 평양을 재건하면서 1953년부터 약 4년간 469만 그루에 달하는 나무를 평양에 심기도 했다. 아울러 1950년대부터 평양의 공원 개발에 북측 당국은 의욕적인 모습을 보여 왔다. 그런 차원에서 모란봉 청년공원이 조성되는 과정에서 그토록 오랜 기간 우리나라 역사에서 신성시되어 온 평양 기자묘를 역사바로잡기 차원에서 파묘해 버리고 그것을 기념하기 위해 그 위에 훗날 누각을 세운 것이다.

북측 역사학자 일행과의 대화

내가 평양 모란봉 기자묘지 위에 세운 송가정을 참관할 때 동행한 관계자 중에는 안내원 외에도 북측 민족유산보호지도국의 룡주 국장과 사회과학원 민족학연구소 소장 공명성 박사 등이 동행하였다. 먼저 룡 국장이 말문을 열었다.

룡 국장 제가 이곳에 있었던 기자묘의 허위성을 설명하겠습니다. 주체 48년(1959) 4월 어느 날 긴급한 전후 복구를 마치신 후 수령님은 평양 모란봉의 청년공원 건설장을 현지 지도하시다가 관계 부분 일군들에게 기자묘를 어떻게 하겠는가고 물으셨습니다. 그러나 그들은 모두 력사와 문화에 대해 능통한 사람들이었으나 그에 대해 선뜻 대답을 하지 못하였던 것입니다.

최 목사 그렇다면 최초에 기자묘를 파묘 하자고 발의한 분이 김일성 주석님이란 뜻입니까?

룡 국장 네. 그렇습니다. 솔직히 말해서 그때까지 력사가들과 관계 부분 일군들은 기자묘가 봉건 통치배들의 사대주의 사상의 소산이라는 데 대하여 정확한 인식을 하고 있지 못하였던 시기였습니다. 그런 상황에서 선뜻 대답을 올리지 못하는 일군들을 바라보신 수령님은 기자묘가 생겨난 유래를 알기 쉽게 해설해주시며 일군들을 깨우쳐 주셨습니다. 은나라 사람인 기자가 조선에 와서 나라를 세웠다고 전해지는 이야기는 전혀 터무니없는 것이며, 그 허무맹랑한 이야기는 외래 침략자들이 조선에 대한 침략을 합리화하기 위하여 꾸며낸 것이라는 것을 자세히 알려주신 것입니다.

최 목사 그렇군요, 50년대니까 아마 관료들이나 역사가들은 기자묘의 허구에 대해 잘 몰랐을 것입니다. 제가 백범 김구를 연구하면서 『노정약기』라는 책을 읽어보니 백범조차 중국 2차 원정을 떠날 때 이곳 평양 모란봉의 기자릉 앞에서 「왜적전망공신지비」(倭賊戰亡功臣之碑)를 발견하면서 통곡한 내용이 나왔습니다. 고려 시대-조선시대-일제강점기 등을 거치면서 우리 민족 모든 각계각층 사람에게 이곳이 얼마나 신성시되었는지 저는 잘 알고 있습니다.

공 박사 그런데도 봉건 사대부들은 마치 조선은 기자에 의해서 생겨나고 발전하여온 듯 력사를 외곡(왜곡)하면서 이곳 모란봉에 기자묘라는 것까지 만들어 놓고 숭배하였던 것입니다. 결국 수령님께서는 이러한 력사적 사실을 일군들에게 일깨워주시고 나서 조선민족을 기자의 후손으로 보면서 전혀 근거 없는 기자묘까지 만들어 놓은 것은 반만년의 유구한 력사를 가진 슬기로운 조선민족에 대한 모독이라고 교시하셨던 것입니다.

최 목사 그렇다면 김 주석님은 학자도 아니신데 어떻게 그런 역사적 안목을 지니셨는지 참으로 궁금합니다. 구체적으로 어떤 방식으로 파묘를 진행했습니까?

공 박사 수령님은 일군들에게 기자는 조선 사람과 아무런 인연도 없고 기자묘는 기자의 실지(실제) 무덤이 아니므로 파보면 아무것도 없을 것이다 하시고 이번 기회에 파헤쳐 보는 것이 좋겠다고 말씀하시면서 기자묘를 력사주의적 원칙에서 과학적으로 해명하도록 유능한 고고학자들을 현장에 보내주셨습니다.

최 목사 관련 자료를 살펴보니 그 당시 파묘 현장에는 많은 평양시민과 노인들이 모여 있었다고 기록되어 있던데요?

공 박사 그렇습니다. 긴장한 분위기 속에서 기자묘를 파헤치는 작업이 벌어졌는데 모인 사람들은 무덤을 깊이 파헤쳐질수록 더욱더 숨을 죽이고 묘지 안을 살펴보았는데 거의 밑창이 드러나도록 파헤쳤지만 무덤이라고 인정할 수 있는 것이 아무것도 나오지 않았습니다. 이렇게 되어 마침내 기나긴 세월을 두고 허울 속에 존재하던 기자묘가 가짜라는 것이

① 송가정 누각의 모습. 기자릉을 파헤친 후 훗날 그 자리에 지은 정자이다. ② 필자와 동행한 북측 학자들 일행. 좌측은 민족유산보호지도국의 룡주 국장, 우측은 사회과학원 민족학연구소 소장 공명성 박사. ③ 필자와 동행한 북측 학자들이 들고 온 송가정의 유래와 관련된 자료 바인더 모습.(사진: 최재영)

확증되였던 것입니다. 기자묘를 진짜로 믿고 있던 로인들은 얼굴을 붉히며 돌아앉았고 실망에 가득 찬 표정들이었습니다. 결국 그들은 남을 맹목적으로 숭배하면 가짜도 진짜로 보는 머저리가 된다는 것을 새삼스럽게 느끼는 계기가 된 것입니다.

최 목사 90년대 초반에 평양 강동군에서 단군릉을 발견하고 그 자리에 엄청난 규모의 단군릉 개건 공사를 추진하게 된 것도 그런 맥락에서 이해하면 되겠습니까?

룡 국장 그렇습니다. 수령님께서는 구월산을 비롯하여 단군유적이나 전설이 깃들어있는 지방을 현지 지도하실 때면 그 전설과 유적들의 유래에 대하여 구체적으로 알아보시기도 하고 력사문헌들과 지어(심지어) 70여 년 전 색이 바랜 잡지까지 읽으시며 하나하나 찾아내신 자료들을 학자들에게 보내주기도 하셨습니다. 그 결과 주체 81(1992)년 9월 관계부분 일군들에게 "단군에 대한 자료가 비록 신화적인 전설에 지나지 않지만 우리는 그것을 무시할 수 없다. 일제에 의하여 여지없이 무시당하고 미제에 의하여 다 마사진(무너져 내린) 단군유적들과 전설들을 되살려 놓아야 한다."라고 하시면서 학자들이 단군과 관련한 유적을 다 찾아내고 똑똑히 고증하여 단군전설을 과학적으로 해명하도록 이끌어 주신 것입니다.

공 박사 그 후 주체 82(1993)년 1월 비로소 강동군 강동읍에 위치하고 있는 단군릉에 대한 전면적인 조사발굴사업이 진행되게 된 것입니다. 오래전에 일제 놈들이 야만적으로 도굴해버린 무덤이여서 이곳에 무엇이 있으랴 하는 생각으로 발굴사업을 시작하였는데 뜻밖에도 고분에서는 사람의 뼈와 금도금한 왕관 조각 등 유물들이 발굴되는 쾌거를 이룩한

것입니다

룡 국장 오랜 세월 건국신화의 주인공으로 전해오던 단군이 드디어 실재한 인물로, 민족의 원시조로 확인된 것이며 온 민족을 격동시킨 력사적 사변이였으며 학자들에게는 놀라움과 자책감을 금할 수 없었던 사건이었습니다.

최 목사 단군릉이 발굴된 계기도 최고지도자의 식견과 안목으로 시작된 것이군요. 기자묘는 파묘하고 단군릉은 복원하는 대규모 사업이 우연한 것이 아니라 그런 사연들이 있었군요.

룡 국장 그렇습니다. 『삼국유사』, 『제왕운기』 같은 고려 시기의 력사책이나 리조시기에 편찬된 『고려사』를 비롯한 숱한 력사문헌들에 단군이 고조선을 세운 사실과 『신증동국여지승람』에는 단군묘에 대한 자료까지 구체적으로 기록되어 있지 않습니까? 이런 사실을 념불처럼 외우고 민간에서까지 단군묘로 전해져오는 무덤을 조사해 보려는 시도조차 하지 않았으니 어찌 민족사를 연구하는 학자라고 할 수 있겠는가"하는 수령님의 질책과 가르침이 없었더라면 여전히 기존 리론에만 매달려 단군릉 발굴조사사업을 하지도 않았을 것입니다.

필자가 북측 학자들과의 대화를 나눈 후에 생각해 보니 반만년 역사의 시조인 단군을 찾아내는 사업은 민족사 정립 문제 이전에 민족의 존재와 존엄에 관한 문제였다는 것을 알 수 있었다. 아울러 오랜 세월 우리 민족에게 잘못된 기자 숭배사상을 고착화한 원흉인 기자묘에 대한 파묘 행사를 통해 올바른 역사의식을 고취한 일도 대단히 잘했다는 생각이 들었다.

①, ②, ③ 송가정 아래에서 노래에 맞춰 춤을 추는 평양시민들.(사진: 최재영)
④ 송가정 정자 앞에서 기념촬영을 한 필자.

기자묘는 모란봉이 아닌 하남성 상구시 옥수수밭 한가운데

소위 기자 정통설에 대한 비판이 조선 시대에 없었던 것은 아니다. 왜냐하면, 기자 관련 기록 가운데 한반도와 무관한 기록들이 많기 때문이다. 당나라 때 사마정의 『사기색은(史記索隱)』은 "기자의 묘가 하남성 몽현(蒙縣)에 있다."라고 기록하고 있었다. 서기 3세기경 서진(西晋)의 정치가이자 학자였던 두예(杜預)가 "기자의 무덤은 양국(梁國) 몽현(蒙縣)에 있다."라는 몽현은 지금의 하남(河南)성 상구(商丘)시 북쪽을 말한다. 아울러 이규경은 『오주연문장전산고(五洲衍文長箋散稿)』에서 "중국에만 기자묘가 세 군데 있는데 어떻게 평양에 기자묘가 있겠는가"라고 따지기도 했다. 조선을 건국한 사람의 묘가 어떻게 중국 하남성에 있느냐는 원초적 질문이었으나 고려와 조선에 불어 닥친 소위 '기자 열풍'은 이런 의문들을 초토화하고 잠재우기에 충분했다. 극심한 '중화사대주의'에 대해 만주족 국가인 청의 태조 누루하치는 "중국과 조선, 이 두 나라는 말이나 글은 다르지만, 그 옷이나 생활방식은 완전히 똑같다."(『滿文老』, 太祖, 卷13, 14)라고 개탄할 정도로 조선은 사대주의로 물들었다.

역사적으로 볼 때 '평양'이라는 지명은 특정 지역을 뜻하는 고유명사가 아니라 고구려 수도를 뜻하는 보통명사였다. 장수왕 15년(427)에 천도한 평양 외에도 평양은 아주 많았다. 고구려는 동천왕 20년(246) 조조가 세운 위(魏)나라 유주자사(幽州刺史) 관구검의 침략으로 수도 환도성이 일시 함락되었는데 이때 동천왕은 이듬해(247) 천도를 단행했다. 『삼국사기』는 "평양성을 쌓고 백성과 종묘사직을 옮겼다. 평양은 본래 선인 왕검(仙人王儉)의 옛 터전이다."라고 말하고 있다. 이때의 평양은 물론 지금의 북한 평양이 아니라 만주 서쪽에 있던 평양을 지칭한다.

또한 『고려사』의 '정문열전'에는 예부상서(禮部尙書)를 지낸 정문이 "임금의 서경(西京) 행차를 호종하면서 기자 사당을 건립할 것을 청했다."는 기록이 나온다. 기자의 무덤을 직접 찾아서 국가에서 제사를 지내야 한다는 주청을 올린 것이다. 한편 고려 숙종의 허락을 받은 예부에서 평양 일대를 뒤지며 기자의 무덤을 찾았지만 결국 찾지 못했는데 그 이유는 기자의 무덤은 평양이 아닌 중국에 있었기 때문이다. 양국 몽현은 지금의 하남성 상구시 북쪽을 지칭한다. 은(殷)나라는 상(商)나라로도 불렸는데 구(丘) 자에는 '옛터'라는 뜻이 있으니 상구(商丘)는 '은나라 옛터'라는 뜻이다.

하남성 상구시 북부와 산동(山東)성 조현(曹縣)이 교차하는 곳에 위치한 기자묘는 실제로 한여름과 가을철에는 사방천지가 옥수수밭이어서 일반인들은 도저히 찾을 수가 없을 정도로 복잡하다. 옥수수밭을 헤치고 들어가야 간신히 찾아볼 수 있을 정도이다. 상황이 그러하다 보니 하남성 상구시에 있는 기자의 무덤을 수천 리 떨어진 반도의 평양에서 찾았으니 있을 리가 없다. 그러나 고려 유학자들은 기자 무덤 찾는 일을 포기하지 않았다. 220여 년 후인 고려 충숙왕 12년(1325) 10월 자 『고려사』의 '예지'는 "평양부에 명을 내려 기자의 사당을 세워서 제사하게 했다."라고 전하고 있다. 결국 평양에 기자의 가짜 무덤을 만들고 사당을 세웠다는 것이다. 서기전 12세기 때 인물인 기자는 사후 2600여 년이 지난 14세기경에 한반도 평양에 또 하나의 가짜 무덤(허묘, 가묘)이 생긴 것이다. 그렇게 평양은 '기성(箕城)'이 된 것이다.

그 후 조선의 사대부들은 평양을 기자의 도읍지란 의미에서 기성(箕城)이라고 불렀는데 이는 기자가 평양으로 와서 기자조선의 임금이 되었다는 이른바 '기자동래설'(箕子東來說)에서 유래 찾을 수 있다. 기자가 조선에 봉해졌다는 기록 중 가장 오래된 기록물인 한나라 초기의 『상서대전(尙書大傳)』의 내용에는 다음과 같은 기록이 등장한다.

주나라 무왕은 은(殷)을 정벌한 후에 기자를 풀어주었다. 기자는 주나라에 의해 풀려난 치욕을 참을 수 없어 조선으로 도망했다. 무왕이 이를 듣고 그를 조선후에 봉하였다. 기자는 이미 주나라의 봉함을 받았기 때문에 신하의 예가 없을 수 없어 (무왕) 13년에 내조하였는데 무왕은 그에게 홍범에 대해서 물어보았다. (武王勝殷, 繼公子祿父, 釋箕子之囚, 箕子不忍爲 周之釋, 走之朝鮮. 武王聞之, 因以朝鮮封之. 箕子旣受周之封, 不得無臣禮, 故 於十三祀來朝, 武王因其朝而問鴻範). (尙書大傳 卷2 殷傳)

아울러 『삼국지』에는 "옛날에 기자가 조선으로 가서 8조의 법을 만들어 가르치니 문을 닫고 사는 집이나 도둑질하는 사람이 없었다. 그 40여 세 후손인 (고)조선후(朝鮮侯) 준(准)이 왕을 칭하였다."("昔 箕子旣適朝鮮 作八條之敎以敎之 無門戶之閉而民不爲盜 其後四十餘世 朝鮮侯准 僭號稱 王" 三國志 魏書 東夷傳 濊)라고 기록되어 있다.

결국 위에 언급된 두 개의 기록물인 『상서대전』과 『삼국지』를 바탕으로 이후의 사서들은 하나같이 주 무왕이 기자를 조선후로 봉했다고 주장하게 된 것이다. 『삼국사기』에도 "해동에 국가가 있은 지 오래되었는데 기자가 주나라 왕실로부터 봉작을 받으면서 시작되었다."(『三國史記』 年表)라고 기록했다. 이것이 이른바 '기자동래설'이다.

이런 연유들로 인해 결국 고려, 조선의 유학자들에게 기자는 국조 단군 (檀君)에 버금가는 숭배의 대상이 되었다. 세상을 중화족과 이족(夷族)으로 나누는 화이관(華夷觀)으로 바라보던 고려와 조선의 유학자들은 중국에서 온 기자를 우리 선조로 삼으면 우리 민족이 이(夷)가 아니라 화(華)가 된다고 생각했기 때문에 벌어진 촌극이었다.

기자라는 인물에 대한 역사적 근거와 교차검증에 대한 자료는 그 분량 이 차고 넘친다. 그러나 짧게 요약해보면 12세기경의 인물인 기자는 원래 은(殷)나라 왕족이었고 그의 부친은 은나라 28대 임금 문정(文丁)이 었다. 은나라의 제후국이었던 주(周)나라 서백(西伯·문왕)은 여러 제후를

① 하남성 상구시 북부와 산동(山東)성 조현(曹縣)이 교차하는 곳에 위치한 기자묘. 묘비 정면에는 은나라 태사 기자의 묘라고 적혀있다. ② 기자묘 정면 모습. 이 묘가 '현급중점문물보호단위'로 조현인민정부에서 1963년에 지정했다고 표기돼 있다. ③ 기자묘 비석 뒷면에는 기자의 일생을 적어 놓았다. 한치윤의 『해동역사』를 인용해 기자가 일족 5천 명을 거느리고 조선으로 갔고, 홍범구주와 8개 법 조항으로 조선을 다스리다가 다시 중국으로 돌아왔다고 써놓았다. (사진: 허성관)

끌어모아 세력을 길렀는데 서백의 아들 무왕(武王)은 부친 사후에 제후들을 연합해 주왕을 죽이고 은나라를 멸망시키고 말았다. 주나라 천하를 세운 무왕은 자신의 동생 소공(召公) 석(奭)을 시켜서 감옥에 갇힌 기자를 석방했다.

이때 『상서대전』의 '은전' 홍범 조는 "기자는 주나라에 의해 석방된 것을 참을 수가 없어서 조선으로 도주했다."라고 설명하고 있다. 이것이 기자가 동쪽 (고)조선으로 왔다는 '기자동래설'의 뿌리인데, 기자가 도주했다는 고조선은 단군조선을 뜻한다. 고려의 유학자들은 '조선으로 도주했다'라는 구절 앞에 '동쪽'이란 방위 개념을 자의적으로 넣어서 기자가 평양으로 왔다고 둔갑시킨 것이다. 결국 위에서 언급한 대로 기자가 세상을 떠난 지 2400여 년 후인 12세기경인 고려 숙종 7년(1102) 10월, 예부(禮部)에서 정문이 숙종에게 위와 같이 주청했던 것이다.

기자조선설은 '중국인이 이민족을 동화하는 정책의 산물'

기자동래설이나 기자조선이 역사적 사실로서는 부정되더라도 우리 조상들이 오랫동안 그것을 사실로 믿어왔다는 부분은 쉽게 볼 일은 아니다. 고구려에서는 영성신(靈星神), 일신(日神), 가한신(可汗神)과 더불어 기자신(箕子神)을 섬겼는데 낙랑지역 출신으로 중국으로 건너간 낙랑 왕씨 가문이 스스로 기자의 후예임을 자랑스럽게 내세우는 다수의 묘지도 발견되었다. 여기서 유추하자면 고구려의 기자신은 본래 고구려의 신앙이라기보다는 오랫동안 평양 일대에서 내려오던 신앙의 대상으로서의 기자신으로 추정된다.

아무튼 기자가 평양지역에 뿌리를 내렸다는 전승은 이미 고구려 시대에 확정되었다고 볼 수 있다. 그 후 평양 지역이 역사 속에서 소외되었던 통일신라 시대에는 기자란 존재가 거의 무시되었지만, 다시 고려 시대에 들어와서 점차 기자에 대한 인식이 퍼져나가게 되었던 것이다. 그리고 1102년 고려 중기 15대 숙종 7년 평양에 기자의 사당을 설립하면서 본격적으로 기자조선을 역사로서 편입한 것이다. 특히 고려말 『제왕운기』에서는 전 조선(前朝鮮)의 시조로 단군을, 후 조선(後朝鮮)의 시조로 기자를 나란히 노래하였을 정도였다.

고려 말기 『삼국유사』와 더불어 단군이 잠시 부각되더니 조선에 이르러선 기자 숭배의 열풍이 불었다. 조선의 위정자들은 500여 년 동안 조선을 기자를 계승한 나라로, 중화의 충실한 대변자를 자처했다. 조선의 건국 이념을 정리한 『조선경국전(朝鮮經國典)』에는 다음과 같은 기막힌 내용이 적혀있다.

> 우리나라는 국호가 일정하지 않았다. …… (고구려·백제·신라·고려 등은) 모두 한 지방을 몰래 차지하여 중국의 명령도 없이 스스로 국호를 세우고 서로 침탈만 일삼았으니, 비록 그 국호가 있다 해도 쓸 것이 못 된다. 오직 기자만은 주나라 무왕의 명령을 받아 조선후에 봉해졌다. …… (명나라 천자 가 '조선'이라는 국호를 권고하시니) …… 이는 아마도 주나라 무왕이 기자에게 명했던 것을 전하여 권한 것이니, 그 이름이 이미 정당하고 말은 순하다.(『삼봉집(三峯集)』 券7, 『조선경국전(朝鮮經國典)』 上, 國號)

조선은 한민족의 역사를 대변하는 국호가 아니라, 중화(中華)의 신하인 기자를 기리기 위한 국호임을 보여주는 것이고, 이른바 친명적(親明的)·친한족적(親漢族的)·모화적(慕華的) 의미였다. 이처럼 역사적 고비마다 단군이 몰락하고 기자가 등극한 이유는 중화민족주의 유학인 성리학의 발전에 직접 영향을 받았기 때문이다. '조선경국전'을 필두로 15세기의 『동국통감』, 『삼국사절요』, 『응제시주』, 『동국세년가』 등을 거쳐, 16세기 후반 『기자지(箕子志)』(윤두수)가 편찬됐다. 조선 중기 대표적인 석학 율곡 이이는 『기자실기(箕子實紀)』를 편찬하기도 했다. 또한 송시열은 "오로지 우리 동방은 기자 이후로 이미 예의의 나라가 되었으나 지난 왕조인 고려 시대에 이르러서도 오랑캐의 풍속이 다 변화되지는 않았고 …… 기자께서 동쪽으로 오셔서 가르침을 베풀었으니 오랑캐가 바뀌어 중국인(夏)이 되었고 드디어 동쪽의 주(周)나라가 되었습니다.(『숙종실록(肅宗實錄)』 7, 9)"라고 하였다. 이런 송시열의 주장은 '중국의 속국인 기자조선이 한반도 역사의 출발'이라는 현대 중국 정부의 동북공정 주장과 일치한다.

고려 중기에는 북방민족적 건강성이 사라지고 문신 위주의 중화주의적 풍조가 널리 퍼지면서 기자 숭배는 더욱 날개를 달았다. 기자동래설은 부동의 사실로 고착화되어 고려 숙종 7년 기자사당을 세우고 국가적으로 제사를 지내기 시작했던 것이다. 김부식의 『삼국사기』는 "기자로 인하여 우리 역사가 시작됐다."라고 선언했는데 이는 김부식의 생각만이 아닌 그 시대 지배층들의 보편적 인식을 반영한 것으로 보아야 한다.

더구나 1756년(영조 32년)엔 기자묘가 있다는 평양과 한양, 전국 각 도에 기자묘를 세워 기자를 영원히 숭배하자는 상소가 등장하기도 했다. 행주 기씨, 청주 한씨, 태원 선우씨 같은 일부 가문은 기자의 후손으로 인정되기까지 했다. 조선 태종 때 단군은 국가 제사의 반열에 잠시 올랐지만(1412) 기자보다는 서열이 낮았다. 『삼국사절요』(1476)에서는 "단군이 조선을 개국했지만 기자가 오기 전 아사달로 들어가 산신이 됐다."라고 했으니 아예 단군은 기자에게 자리를 비켜준 것이다. 『동국통감』(1484)은 기자조선과 그 후계자인 마한·신라 등을 높이고 단군조선, 고구려, 백제, 발해, 고려의 위치를 낮췄다.

'기후=기자'이며 기자는 곧 (고)조선 왕이라면 이는 오히려 고조선의 일부 영역(기자조선)이 현재의 산동반도나 베이징 인근임을 간접적으로 증명해주는 것이다. 이를 뒷받침하는 사료가 『한서』다. "현도군과 낙랑군은 한 무제 때 설치하였다. 대개 조선·예맥·구려 등의 야만적인 오랑캐들이었다."라는 기록이 있는데 그 주석에 "여기서 조선은 주나라 기자를 왕에 봉한 곳과는 다르다."라고 했다.("玄菟·樂浪, 武帝時置, 皆朝鮮、濊貉、句驪蠻夷 …… 師古曰史記云武王伐紂, 封箕子於朝鮮, 與此不同." 『漢書』卷 28下) 이는 기자가 왕을 한 곳과 현재의 한반도는 무관함을 시사한다.

중국의 한족(漢族)은 주변 민족들의 선조를 한족화(漢族化)하기를 즐겼으며 기자도 그 좋은 예다. 흉노의 시조 순유는 하나라 걸왕의 후손, 선비는 유웅의 후손, 서융은 하나라 말기 이주민, 왜는 오나라 태백의 후손 등이라고 주장했는데, 결국 기자조선설은 중국인들이 타민족을 동화하는 정책의 산물이었다. 최남선도 "평양의 기자묘는 고려 중기 이후 견강부회하여 만들어진 것이고 한족은 항상 주변 종족의 선조와 한족 조보(祖譜)를 연계시켜 종조화(宗祖化)한다."라고 했고, 기자조선설은 "중국인이 이민족을 동화하는 정책의 산물"이라고 지적했다. 기자가 한반도로 와서 왕을 지냈다는 그 어떤 역사적 증거도 없다. 작은 먼지 같은 소문에 정치적 뼈와 살이 붙어서 점점 자라나더니 사람의 형상으로 나타나 천 년 이상 유학자들의 머리에 뿌리 박히고 그들의 지배와 억압을 받는 민중의 생각을 지배해왔다.

게다가 일제강점기 조선총독부가 제작한 『조선반도사』의 1-3편을 일본의 이마니시 류 교수가 집필했는데 "이른바 기씨(箕氏)조선은 본래 한강 이북 대동강 방면에 있어 중국과 접경을 이루고 있었다."라는 내용이 있다. 그러나 기자를 인정하면 조선의 종주국이 일본이 아니라 중국이 되기 때문에 이마니시 류는 『기자조선 전설고(考)』(1922)를 다시 써서 기자를 부인했고, 시라토리 구라기치, 나카 미치요 같은 식민사학자들이 뒤를 이어 기자를 역사적으로 부정했다. 한국사를 중국사에서 떼어 일본사에 붙이기 위한 전략이었다. '조선반도사'는 조선인의 기원을 삼한으로 포커스를 잡고, 백제와 신라를 조선의 역사로 간주하되 단군과 기자를 조선의 역사에서 배제시켰으며 조선과 일본이 하나가 되는 것을 "행복과 영예"로 표현하기까지 했다. 이런 내용들은 그 당시까지 체계화된 조선인들의 역사의식을 부정하는 것이었다.

필자가 이번 단군릉과 기자릉 옛터를 이태에 걸쳐 참관한 이유는 우리 민족의 역사가 북측 사회에는 어떤 방식으로 적용되고 인식되고 있는가에 대한 궁금증의 발로였다. 답사를 통해 예로부터 내려온 평양 기자릉은 기자사당(箕子祠堂) 자리를 근거로 후대에 우리 조상들이 허위 축조한 것으로 판단한 북의 견해에 느낀 바가 많았다. 남이든 북이든 잘못된 역사는 반드시 바로잡아야 한다. 올바른 역사 인식의 토대에서만 민족사의 정통성이 확립되고 민족정기를 드높일 수 있고 민족정체성도 회복되기 때문이다. 단군과 고조선은 남과 북이 서로서로 공유할 수 있는 역사바로 세우기 가치의 영역이다. 이런 분야에서의 공동연구와 협력이 늘어날수록 통일의 그 날은 더욱 앞당겨질 것으로 확신한다.

최재영

남과 북을 셔틀 왕래하며 집필과 강연 활동을 통해 동포들에게 민족화합과 자주통일을 위한 새로운 이슈와 비전을 제시하는 통일운동가이자 대북사역자. Social Movement Group NK VISION2020 설립자이며 산하에 손정도목사기념학술원(역사), 동북아종교위원회(종교), 남북동반성장위원회(경제), 오작교포럼(언론), 문화예술위원회(예술) 등 다섯 개 기관을 두고 활발히 사회운동을 펼치고 있다. 저서로는 『전태일 실록 1, 2권』을 비롯해 『최재영 목사의 북녘 국립묘지 참관기』 『북녘의 교회를 가다』, 『북녘의 종교를 찾아가다』, 『평양에서 서울로 카톡을 띄우다』, 『평양에선 누구나 미식가가 된다』 외 여러 권이 있으며, 공저로 『평양냉면』, 『북 바로알기 100문 100답』, 『자주시대를 부탁해』, 『북한, 다름을 만나다』 등이 있다.

지난날에는 사문난적이라는 사대주의의 부월(斧鉞, 작은 도끼와 큰 도끼)로써 민족의 주체사관을 억누르더니 오늘은 또 침략사관이라는 혼합사대주의의 죽침으로 신사대 노예의 사관을 재건하려는 움직임도 그저 팔장만 끼고 방관할 수는 없다.”(한암당 이유립)

다물은 고조선 땅을 되찾으려는 고구려의 국시였다. 단군조선은 말기에 대부여로 국호를 바꾸었다가, 이윽고 고구려로 이어진다. 고구려는 배달과 (단군)조선의 옛 영토와 찬란한 문화를 되찾겠다는 ‘다물(땅을 되무르자! 따무르자)’을 국시로 내걸게 된다.

6장

환단고기 전수자 이유립과
민족의 주체사관

최진섭

1. 한암당 이유립의 마지막 강의

『환단고기』를 운초 계연수에게 받아서 현대에 전수한 한암당 이유립 선생은 1986년 4월 18일 오전 1시 18분, 80세의 나이로 파란만장한 생애를 마쳤다. 한국일보, 중앙일보, 조선일보 등의 일간지는 "독립운동가, 한학자 이유립옹"이 별세했다는 기사를 실었다. 경향신문(4월 18일자)은 '부음(訃音)'을 전하며 "한중일 삼국의 고대 문헌 연구를 통해 일제식민사관의 불식을 주장해 온 이유립 씨는 특히 고구려 역사의 올바른 기술을 역설했다."라고 썼다.

눈을 감기 이틀 전인 4월 16일, 이유립은 서울 종로구 경운동의 ㈜고려가 사무실에서 한암당 후원회와 역사학을 공부하는 학인 30여 명 앞에서 2시간 정도 강연을 했다. 이게 고인의 마지막 공개 활동이었다. 이유립 선생은 강연 직후 건강 이상 증세를 보여 급히 병원에 입원했는데, 뇌출혈로 생을 마치게 됐다. 그는 마지막 강연의 말미에 "마지막으로 국사찾기운동에 적극 참여하고자 하는 저희들에게 주실 말씀을 부탁드립니다."라는 질문을 받고 "시시비비를 가리는 엄정한 중립자이면서 양식 있는 판단자가 필요하다. 여러분들이 그러한 일을 담당할 수 있으리라 생각한다."라고 답하면서 어릴 적 일화를 덧붙였다.(『백년의 여정』, 554)

> 나는 어린 나이에 『동몽선습』을 읽다가 '무제벌지하시니(무제께옵서 조선을 정벌하시니)라는 대목을 읽고, 우리나라인 조선을 정벌한 적국의 임금에게 존칭을 붙인다는 것은 아무래도 납득이 가지 않아 이후 『동몽선습』을

읽지 않았는데 ……

이런 일화를 통해 어릴 적부터 그의 민족적 자존감이 높았음을 느낄수 있었다. 이와 함께 한암당은 마지막 강연에서 김부식이 『삼국사기』에서 고구려를 언급한 부분이 극도의 자기비하임을 지적했다.

과거 사대주의자들의 행동에 의하여 우리나라에 오랫동안 해독을 끼친 것을 보면 부끄럽기 짝이 없다. 이를테면 본래 『수서』에 '高句麗 驕傲不恭 帝將討之 고구려 교오불공 제장토지'(고구려가 교만하고 오만하여 공손하지 아니하므로 황제께서 장차 이를 토벌하시다)를 김부식이 『삼국사기』에 '我 驕傲不恭 帝將討之'(우리가 교만하고 오만하여 공손하지 아니하므로 황제께서 장차 이를 토벌하시다)로 옮겨 놓았다. 이게 말이 되는가?

이유립 선생은 위의 두 사례를 소개하고, 마지막으로 위만조선, 한사군에 관한 거짓된 주장을 지적하면서 "모든 문제에는 힘이 있어야 하며, 이 국사찾기라는 문제도 곧 힘을 기르는 문제인 것"이니 국사찾기 관심 있는 이들이 힘을 합쳐 꿈을 달성하라는 당부의 말로 강의를 마무리했다.

죽는 날까지 국학찾기운동에 헌신한 이유립 선생의 글을 모아놓은 책으로 『한암당 이유립 사학총서』(이하 총서)가 있다.[1]

이 책은 1983년 단단학회가 엮었는데, 이를 살펴보면 한암당 선생이 '민족적 주체사관'을 반복해서 강조하고 있음을 알 수 있다. 한암당의

---

[1] 『한암당 이유립 사학총서』는 1983년에 1(천), 2(인)권으로 나왔는데, 이는 1987년 ㈜고려가에서 5권으로 발행한 이유립 저서 『대배달민족사』 4~5권에 포함됐다.

생애를 정리한 책으로는 2009년 양종현이 쓴 『이유립 평전-백년의 여정』 (이하 백년)이 있다. 필자는 『한암당 이유립 사학총서』(천, 1권), 『이유립 평전-백년의 여정』과 『환단고기』(안경전 역주)의 해제를 참조하여 이유립의 삶과 역사관을 간략히 정리하고자 한다.

2. 이유립 스승은 독립운동가이자 역사가 계연수

이유립이 환단고기를 접한 것은 운초 계연수(1864~1920)를 통해서다. 만주지역에서 독립운동가들과 교류하며 지내던 계연수는 1911년(48세) 묘향산 단굴암에서 수집한 자료를 취합, 편집하여 만주 관전현에서 『환단고기』 30부를 발행했다.

1864년 평안도 선천에서 태어난 계연수는 한민족의 역사에 관심이 많았고, 틈틈이 양반가와 사찰에서 비장하던 서책과 금석문 등 각종 사료를 수집했다. 1897년 해학 이기(1848~1909) 문하에 들어가면서 역사 공부에서 성과를 내게 되는 결정적 계기를 맞는다. 이기는 석정 이정직, 매천 황현과 함께 당시 호남의 3대 수재로 불렸다. 구한말 명문가로 이름난 이건창(1852~1898)은 "백증(이기의 자)의 문장은 수를 놓은 비단이다." 라고 평했고, 매천 황현은 "씩씩하고 뛰어나며, 뛰고 달리는 기운이요, 특출하게 아름답고 박학한 문장이다."라고 칭찬하였다. 계연수는 이기의 가르침 아래 1899년까지 2년 동안 『태백진훈』과 『단군세기』, 『참전계경』, 『태백유사』, 『천부경요해』 등을 간행했다.

해학 이기(1848~1909)와 홍암 나철(1863~1916)은 나이를 뛰어넘는 굳건한 동지 사이였다. 이기와 나철은 기울어가는 조선의 운명을 바로잡아 보고자 함께 일본으로 건너가 일본 정계 거물들과의 담판을 시도했다. 그러나 러일전쟁 후 을사늑약으로 이어지며, 조선은 마침내 매국노들이 준동하는 멸망기에 들어서고 말았다. 그러자 이기와 나철 등은 을사오적 살해단을 꾸려 매국노 처단을 도모하지만 끝내 실패하고, 1907년 나란히 유배를 가게 된다. 유배에서 돌아온 뒤 1909년에 두 사람은 각각 후대에 큰 영향을 끼칠 두 단체를 만들게 된다.

1909년 1월 나철은 단군교(후일 대종교로 개칭)를 창시하는데, 이기 또한 이 과정에 적극적으로 참여한 것으로 알려져 있다. 그러나 이기는 얼마 뒤인 3월에 운초 계연수 등과 단학회를 창립한다. 두 사람 사이에는 독립을 추구하는 방안에서 차이가 있었다. 이에 관해서는 『민족문화대백과사전』의 단단학회 항목에 이렇게 적어 놓았다.

단학회 창립 무렵에는 이미 민족 고유 종교를 표방한 단군교(뒤의 대종교)가 창립되어 있었는데, 이기 등은 나철과 민족상고사 인식 및 단군관, 고유 종교 이해 등에서 의견을 달리하였다. 국권을 회복하기 위해서는 민족주체 의식이 필요하고 민족정신을 귀일시킬 구심체적 종교가 필요하다는 점에 대해서는 생각을 같이했지만, 이기 등은 재야에 전해지던 「태백일사」나 「단군세기」 등의 문헌에 기록된 역사인식-고유종교관에 토대하여 민족종교를 세워야 한다고 보았다. 단학회는 특히 단군신앙의 삼신설(三神說)에 대한 정의와 신시·개천·단군기원 등 핵심 문제에서 나철의 단군교와 다른 인식을 가지고 있었다. 그래서 그들은 단군교와 별도로 단학회라는 이름하에 단체를 창립하였다.

해학 이기는 단학회 창립(신시개천[2] 5806년) 얼마 후인 "음력 5월 25일 서울의 객사에서 10여 일간의 폐문절식 끝에 62세의 일기로 자진"(『해학 이기의 사상과 문학』, 박종혁 지음, 1995, 아세아문화사, 13~14쪽 참조) 했다. 홍암 나철 또한 그 7년 후인 1916년 8월 15일(음력) 조선총독부의 대종교 탄압에 항의하는 뜻으로 황해도 구월산의 삼성사에서 제천의식을 거행하고 역시 자진하였다. 대종교는 이후 청산리전투와 조선어학회 사건(1942년 10월, 대종교에서는 임오교변이라 함) 등으로 우리 독립운동 역사상 결코 지우지 못할 큰 업적을 남겼다. 단학회 또한 독립운동에 앞장섰고, 특히 『환단고기』를 현대에 전수함으로써 우리 민족사의 진실에 다가설 수 있는 기회를 제공했다.

해학 이기 사후 계연수는 2대 단학회 회장을 맡았고, 독립운동가들이 모여 훈련을 하던 만주 관전현으로 건너가서 활동했다. 1911년 계연수는 스승 이기가 생전에 감수해준 원고에 범례를 붙여서 『환단고기』를 펴냈다. 만주에서 함께 활동하던 독립운동가 홍범도와 오동진의 자금 지원을 받았다고 한다. 계연수가 편집한 『환단고기』는 일반적으로 알고 있듯이 한 권의 책이 아니며, 『삼성기』 상·하권, 『단군세기』, 『북부여기』, 『태백일

---

2 단학회에서는 우리 민족의 기원을 환웅의 배달국 건국=신시개천으로 본다. 『환단고기』에 따르면 신시개천 원년은 BC 3897년이다. 그러므로 서력 2022년은 곧 신시개천 5919년이다. 참고로, 단기 원년은 신시개천 1565년이다. 신시개천의 과정은 『삼국유사』 「고조선조」에 잘 기록되어 있다는 것이 이유립의 주장으로서, 그는 이 기록을 대단히 중히 여겨 그 부분만을 떼어내 『신시개천경』이라 이름 붙이고 상세히 주석을 달았다.

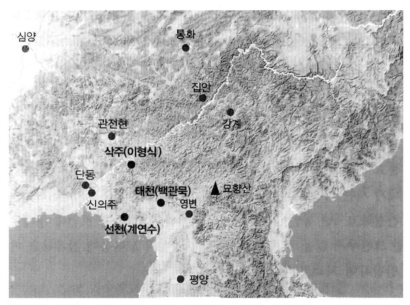

환단고기를 구성하는 사서가 발견된 지역은 선천(계연수, 삼성기), 태천(백관묵, 삼성기와 단군세기), 삭주(이형식, 북부여기)처럼 주로 평양 이북, 압록강 주변 지역이다. 태백일지를 대대로 전승한 이기 집안만 남쪽 전주이다.

사』 등의 다섯 권으로 구성되어 있다. 『환단고기』(상생출판) 해제에 따르면 "안함로의 『삼성기』는 운초의 집안에 전해오던 것이었고, 원동중의 『삼성기』는 태천에 살던 백관묵에게서 구하였다. 『단군세기』 또한 백관묵의 소장본이고, 『북부여기』는 삭주 뱃골 사람 이형식의 소장본이었다. 『태백일사』는 운초의 스승인 해학 이기의 집안에 전해오던 것"이라고 한다.

　『환단고기』를 펴낸 뒤 운초는 1915년에는 단학회 근거지를 만주로 옮기고 관전현에 배달의숙이라는 교육기관을 세웠다. 단학회는 만주에서 활동하던 독립운동단체인 천마대, 서로군정서, 의민사, 벽파대, 기원독립단 등에 속한 청년들을 상대로 사상적 계몽을 하는 역할을 했다. 홍범도, 이상룡 등의 독립운동가와 함께 활동했던 계연수는 1898년 5월과 1912년 5월 두 차례에 걸쳐3 이유립의 부친 단해 이관집과 함께 광개토비를 답사하고 광개토성릉비문징실(廣開土聖陵碑文徵實)이라는 글을 남겨놓았다.

운초 선생은 일본 군벌들이 정책적으로 마멸하였던 광개토경성능비문 138자를 직접 사출하여 후세에 남겨 놓았기 때문에 우리가 오늘날 광개토경평안호태제의 위대한 업적을 소상히 알 수 있으며 또 그리고 난하(란하)를 건너서 오늘의 하북성 개평시 동북 70리에 소재한 안시성까지 답사하고 이곳이 옛날 양만춘 장군이 당세민의 좌목(왼눈)을 화살로 쏴 맞혔다는 역사를 밝힌 것이다.(백년, 103)

활발하게 '역사 회복운동을 통한 구국운동'을 벌이던 계연수는 일제의 요시찰 대상이었다. "조선 역사를 고취하는 놈은 일본제국 대동방 평화 정책에 방해하는 것이니 모두 빨리 잡아 없애야 한다."(백년, 106)라는 방침을 지닌 일제는 1920년 조선독립군으로 위장한 밀정 감연극(감영극)을 보내 운초 선생을 암살하고 말았다. 이때가 단기 4253년 8월 15일이었다. 일제는 계연수의 사지를 잘라 압록강에 버리고 배달의숙을

---

3 5월에 광개토비를 방문한 까닭은 광개절(廣開節, 5월 5일)을 염두에 둔 것으로 추정된다. 단학회는 해모수의 현손 중 불리지의 아들로 태어난 고추모(주몽)의 탄생일인 5월 5일을 고추모가 내세운 '다물'을 완성하여 영락대통일을 이룩한 고구려멸일 기념일로 정했다. 참고로 계연수가 묘향산 단굴암에서 범례를 쓰며 『환단고기』 편집을 마쳤음을 기록한 날도 광개절이었다.

불태웠다. 이때 계연수가 보관하던 3천여 권의 서적과 원고가 모두 불타버렸다.

이유립은 계연수가 살해당하기 전인 1919년, 13세 되던 해에 배달의숙에 들어가 계연수와 최시흥, 오동진 등 독립운동가에게 역사 강의를 듣고 『환단고기』도 배웠다.

1921년에는 이유립의 부친 이관집과 숙부 이태집, 사촌형 이유항의 통균사가 왜경에 발각되어 단해 형제는 체포되고 사촌형은 남만주 독립운동단체로 피신하는 일이 발생한다. 이때 이유립도 외진 곳으로 잠시 도피하여 고서를 탐독하는 한편 야학을 열어 아동을 지도했다.

스승 계연수가 죽은 뒤에도 이유립은 독립군 사이의 통신 연락을 돕는 소년통신원으로 활동하는 등 해방될 때까지 다양한 방법으로 독립운동에 참여했다. 해방 직전에는 건국동맹 삭주책을 맡아서 독립 후를 대비했으나, 위경(僞倭警)4에 체포되어 구룡포 헌병대에 구금되었고, 혹독한 고문을 당하기도 했다.

3. 해방 후 국사 찾기 운동

1945년 8월 15일 광복을 맞아 석방된 이유립은 건국준비위원회의

---

4 이유립은 조선을 집어 삼킨 일본을 날강도 집단이라 여겼고, 일경을 위왜경(가짜 정부의 왜놈경찰)이라 불렀다.

삭주 지부에서 활동했고, 단학회 기관지 『태극』의 주간이 되었다. 그런데 이 잡지 1946년 1월호에 '신탁통치 반대론'을 실은 게 문제가 됐다. 소련군 양곡 반출 저지, 자작농 인정 등의 발언이 빌미가 되어 당국에 고발을 당했고, 『태극』은 폐간됐다. 그 뒤 북에서의 활동이 여의치 않게 되자 1948년 음력 8월 16일 월남을 감행한다.

남쪽으로 내려와 공주, 대전 등에서 지내던 이유립은 특이한 사건으로 언론에 이름이 올랐다. 1952년 일명 왕정복고단 사건, 중립화 통일론 필화사건으로 검찰에 송치되고, 5년간의 법정 다툼 끝에 무혐의 처분을 받았다. 단기 4285(1952)년 「경향신문」과 「평화신문」에 실린 보도 내용을 간추려 보면 아래와 같다. (백년, 130~132쪽)

정치혁명민족협의회라는 지하조직을 만들고 재일본 영친왕 리은 씨를 국가 수령으로 받들겠다는 혐의로 이유립(한독당원) 등 7명이 국가보안법 위반으로 서울지검의 조사를 받고 있다.

이들이 내세운 행동강령은 외세배격, 남북민족사상통일, 국토통일 등이 며 국호를 대달(大達), 국가를 신가(神歌), 연호는 개벽으로 하겠다면서 왕정복고를 도모했다.

이들이 영친왕 리은을 영도자로 추대하려는 근본 이유는 현 이승만 정권이 민중의 신뢰를 받지 못하고 있을 뿐만 아니라 국제적 위신도 없기 때문이라 했다.

사건의 전모를 더듬어 보면 조직체 정치혁명민족협의회의 상부 기관으로 재일본조선인연맹의 지령을 받았고, 국내세력 확장을 위해 불구레문화 사라는 출판 간판을 가장하고 실제 이념에 있어서는 공산 노선을 지향하는 조직체였다.

체포된 일당 중에는 사주쟁이를 비롯하여 한독당원, 남로당원, 양복점 주인, 학생 등 각양각색의 사람이 섞여 있었다.

이유립이 입헌군주제 왕정복고 운동을 벌인 이유에 대해 제자 양종현씨는 『백년의 여정』에 '해방된 조국이 적의 볼모가 된 영친왕을 구하지 않는 것은 국가의 체통을 감안할 때 수치스럽고 용납할 수 없는 일이라고 보았다.'라고 적었다. 정치혁명민족협의회 사건 이후 이유립은 더는 명분만으로는 정치 행위가 어렵다는 인식 아래 여생을 국사 찾기에만 진력하리라 마음먹었다.

이유립은 1963년(57세) 이후 대전 은행동에 정착했다. 그해 11월 마리산 참성단에서 선열에게 제천서고하고 단학회를 단단학회(단군교와 단학회가 합심하여 운동한다는 의미)로 개칭한 뒤에는 젊은 학생을 가르치며 역사연구와 강의에 전념했다. 1966년 대전고등학교 1학년 학생이던 양종현도 당시 강연을 들었던 제자 중 한 사람이다.

1969년(63세)에는 강화도 마리산 단학동에 단촌 이석영 선생의 희사로 커발한 개천각을 세워 환웅천왕, 치우천왕, 단군왕검을 봉안하고 매년 대영절(음력 3월 16일)[5], 개천절(음력 10월 3일)에 제천의식을 올렸다.

---

5 3월 15일은 단군왕검께서 돌아가신 날로서, 흔히 그날은 '어천절'이라 불린다. 한편 3월 16일은 '대영절'로서, 삼한관경의 조선 시절 하느님을 맞이하는 큰 명절이었다.

4. 신채호의 맥을 잇는 주체사관

이유립의 사관은 신채호의 맥을 잇는 사관이라 볼 수 있다. '국사편집위원회에 보내는 공개장'의 서두를 보면 이를 알 수 있다. 그는 역사의 정의를 단재 신채호 선생의 『조선상고사』에서 빌려와서 사용했다. 이유립은 "(신채호는) 역사라 함은 무엇이뇨? 인류사회의 아(我)와 비아(非我)의 투쟁이 시간부터 발전하며 공간부터 확대하는 심적 활동의 기록이니 ······ 그러므로 역사는 아와 비아의 투쟁의 기록이니라 하였다.(백년, 285)"라고 말했는데, 이는 곧 이유립의 사관이기도 했다.

신채호 역사관 계승-역사는 아와 비아의 투쟁

이유립은 역사는 '아와 비와의 투쟁'이라는 말에 이어서 "우리나라 역사가 신라의 부조리한 반도 통일에서 잘못 풀이되고 사대주의 사관을 그 근본 내용으로 한 속국사관이 마침내 환단-조선의 상고사는 어느 특정국의 외기로 다루어지고 김춘추 이후 우금 1,300여 년에 이르는 사이에 사송존명(事宋尊明), 종청부일(從淸附日)의 그 참혹한 비아 의식이 착잡한 가시덤불의 사관 속에서 그래도 한 줄기 의연불굴한 민족적 하늘사상과 아의 비아와의 역사가 역사의식이 판가름되었던 것이다."라고 적었다.

이런 역사관에서 '아(我)'와 비아를 정확히 아는 게 무엇보다 중요하다. 그런데 이유립이 보기에 "우리 배달민족은 너무나 나(자아)를 잊어버린

지 오래" 됐다. "나 스스로 나를 무시 멸시한 것"이라 독립자존의 기백이 솟아나기 어렵게 됐다.(총서, 35) 그러므로 "민족의 주체사관과 가치 정립의 필요성을 강조하는" 것이다.

그는 우리나라 역사에서 아와 '아 속의 비아'가 선명히 대비되는 사례 몇 가지를 열거했는데, 김부식 대 이규보, 송시열과 사문난적으로 몰린 윤휴, 망명복벽론자 송시열과 자주독립론자 이기가 그 예이다. 이후 독립운동가 신채호 대 일제 식민사관의 충복 노릇을 한 이병도도 아와 아 속의 비아의 대결이라 하겠다. 이유립은 "단재 신채호 선생의 『조선상고사』는 신라의 반반도 통일 이래 1,300년 동안 누적해온 사대주의 사관 일체에 대한 도전이었으며", 자신이 주도한 단단학회의 이병도 사관 비판은 이병도가 세운 진단학회의 부일사관을 분석 비판한 것이라 자평했다.

결국 자신이 신채호의 맥을 이어 아의 편에 속한 것임을 공언한 것이라 하겠다. 그의 주체사관의 눈으로 볼 때 대한민국 문교부 밑에 있는 국사편찬위원회가 내세우는 주장은 "어느 모로 보든지 꼭 위조선총독부 조선사편수회의 취지와 주장을 방불케 하고 있으니 도대체 그 까닭은 무엇인가."라고 따져물었다. 이는 국사편찬위원회가 조선사편수회 하수인 역할을 하던 이병도의 행적을 충실히 따라가고 있음을 자백하라는 주장이라 하겠다.

주체사관이란?

한암당 이유립은 신채호의 맥을 잇는 자신의 사관을 한마디로 '민족의 주체사관'이라 이름 지었다. 그는 여러 글에서 '주체사관'을 강조했다.

이유립은 "투철한 민족의 주체사관을 세울 수 있는 민족은 문명선진의 민족이요, 천박한 민족의 타율사관을 벗어날 수 없는 민족은 야만 열등의 민족이다."(총서, 46)라고 했다. 이유립 선생이 『한암당이유립사학총서』 (천)에서 언급한 '주체사관'을 가상 지면문답 형식으로 재구성해 보았다.

'민족의 주체사관과 가치 정립'의 필요성을 강조하는 이유는 무엇인가?

"우리 배달민족은 너무나 나(자아)를 잊어버린 지 오래다. 이제 나로서 나 스스로의 핵심을 잊어버렸으니 이것은 남이 나를 무시 멸시한 것이 아니라 나 스스로가 나를 무시 멸시한 것이니 이러고서야 독립자존의 기백이 어떻게 솟아날 수 있으며 진취유위의 능력이 또 어디에서 얻어낼 수 있겠는가."(총서, 36)

주체사관을 지니지 못할 때 어떤 부작용이 생기나?

"민족의 주체사관과 가치의 정립을 벗어난 비아 중심의 의식적 교혼(交混)은 언제나 외세의 제약과 침탈로부터 건져내지 못하며 숭명부일의 사대적 굴욕과 속박에서 해탈될 수 없을 것이다."(총서, 181)

주체사관과 대립되는 사관은 무엇인가?

"참다운 민족의 주체사관과 가치의 정립이 추구되는 것이라면 김부식의 역사관과 송시열의 의리관은 단연 시정되어야 할 것이다."(총서, 768)

일제에서 해방됐다는 오늘날에는 주체사관이 왜 필요한가?

"지난날에는 사문난적이라는 사대주의의 부월(斧鉞, 작은 도끼와 큰 도끼)로써 민족의 주체사관을 억누르더니 오늘은 또 침략사관[6]이라는 혼합사대주의의 죽침으로 신사대 노예의 사관을 재건하려는 움직임도 그저 팔장만 끼고 방관할 수는 없다."(총서, 272)

고구려정통론, 북부여-고구려-대진국(발해)-고려

이런 주체사관을 강조하는 이유립 선생의 눈에 신라정통론 사관은 마땅치 않았다. 그는 고구려정통론을 주장했다. 『백년의 여정』에는 한암당기념사업회가 이유립 선생의 생애와 업적을 정리한 글이 나오는데, 여기에는 "한암당 선생의 역사관 가운데 가장 큰 특징은 사대주의 신라정통론을 배격한 전·중·후 고구려로 이어지는 고구려정통론의 확립이다."라고 쓰여 있다. 여기서 고구려정통론이란 "즉 해모수가 세운 북부여는 원시(전)고구려가 되고, 고추모가 창건한 고구려는 본고구려가 되고, 대진국(소위 발해)은 중고구려가 되고, 왕건이 통일한 고려는 후고구려가 되는" 것을 말한다. (백년, 544)

고구려정통론을 주장하는 이유립은 고구려의 국시는 '다물주의'이고, 사상은 민족고유의 삼신일체 천신사상이라 했다. 국시인 다물은 "원래 '옛땅을 회복한다'는 고구려 말로서, 단순한 영토회복이라는 의미와 함께 배달과 단군조선의 옛 사상과 문화를 다시 부흥하자는 뜻(서양의 르네상스)"이라 설명했다. 그는 삼신일체 천신사상이 집약된 민족고유어가 커발

---

[6] 국사찾기협의회의 '민족주의적' 사관을 강단사학자들은 국수주의 사관이라 비판했다. 근래에도 일부 사학자는 일본의 침략사관이 민족사학, 유사역사학의 원형질이라고 폄훼했다.

한이라 했고, 1965년부터 『커발한』이란 잡지를 발간하기도 했다.

고구려의 왕 중에 다물주의를 실천해서 고조선의 옛 강토를 온전히 회복한 왕은 광개토경평안호태왕(AD 374~412)인데 영락태왕이라 부르기도 한다. 이유립은 '국사 교과서는 스스로 통곡하는 것이다' (총서, 64)라는 글에서 강단사학자들을 향해 "고구려의 영락시대 통일을 왜 밝히지 않는가?"라고 묻는다. 그는 영락태왕의 영토확장을 "단군조선 이후 가장 위대한 조국통일"이라고 평가했다. 그런데 오늘날 한국의 지성인, 사학자들은 "제나라의 잘된 일은 이것을 과장이라 하여 숨기고, 남의 것만 크게 쳐들고 있으니"라고 비판한다. 이런 잘못된 풍토는 "숭당외교 정책에서 잘못되어 오늘에 이르기까지 1천3백 년이나 사대주의 춘추필법에 의하여 우리의 승리를 깎아버림으로써 예사중국(禮事仲國)의 헛된 의리를 숭상"하는 악습에 의한 것이라 보았다. 그렇지 않으면 "식민지 사관의 흉내뿐"이라 질타했다.

고조선 옛땅을 회복하려는 고구려의 다물주의를 실천한 영락통일이야 말로 '위대한 조국통일'이라고 본 이유립은 신라의 삼국통일을 진정한 민족 통일로 보지 않았다. 그는 "신라의 삼한통일은 역사상 비인 이름뿐"이라며 평가절하했다. 이유립은 남북 분단이 된 시점에 "완전 자주의 평화통일을 전망할 때 신라주의사관은 반드시 재고되어야 한다."라면서, 때문에 "국사교과서는 스스로 통곡하는 것이다."라고 썼다.

김부식의 신라중심주의 사관 비판

이유립은 신라중심주의 통일과 이런 관점에서 『삼국사기』를 쓴 김부식에 대해 매우 비판적이었다. 그는 '국사교과서는 통곡한다'라는 글에서 "고구려의 통일을 가장 먼저 기피하기 시작한 것은 김부식의 『삼국사기』와 함께 김일연의 『삼국유사』를 들지 않을 수 없다. 그들은 모두 철두철미한 신라중심주의 사관으로 일관하여 숭당사대의 배아(排我)사상을 이론적으로 합리화하는 데 주력"했다고 썼다. 신라중심주의 사관으로 일관하다 보니 "고구려의 위대한 항당 독립정신 및 그 국방외교정책을 반대하기까지에 이르렀다."라고도 했다. 고구려에 의한 요서의 실지 회복을 도리어 "수당의 통일을 방해한다."라며 마땅치 않게 여기고, 고구려의 구국영웅인 연개소문을 흉본 점, 고구려의 후신인 대진국(발해)을 우리 역사에서 뺀 것도 신라중심주의 사관의 부작용으로 꼽았다.

고구려정통론의 입장에서 국사를 바라보는 이유립은 고려가 고구려를 계승했음을 중시한다. 그는 '배달민족의 원류'라는 글에서 "고려 나라의 형승으로 말하면 물론 산 높고 물 맑다(山高水麗) 하겠지만 고려(高麗)로 나라를 일컬음은 고구려(高句麗)의 정통국시를 잇고 따라서 환·단=예맥=조선의7 옛 강토를 회복한다는 역사적 사명을 띠고 있다."(총서, 125)라고 썼다.

이처럼 고려는 고구려를 계승하는 나라였음에도 김부식은 『삼국사기』에서 고구려를 홀대했다.

이런 김부식의 신라중심주의에 대해 이유립은 "고려국이 신라의 옛땅에서 일어난 것이 아니라 분명 다물주의 통일된 고구려의 구(舊)=곧 고구려의

---

7 한암당은 예맥의 예는 환, 맥은 단이라고 주장했다. 여기서 환은 곧 환웅천왕의 배달국 (신시개천 이후 1565년간 존속), 단은 단군왕검의 조선(신시개천 1565년 이후 2096년간 존속)을 뜻하며, 이를 합하여 환단이라고 한다. 중국인들은 환단을 폄훼하여 예맥이라 기록했는데, 더럽고 짐승같은 놈들의 나라라는 뜻이다.

정통국시를 이었노라고 대성질호(大聲疾呼)로 주장하였건만 실질적 내용으로는 대진국사를 잘라놓고 비굴스럽게도 사대주의 반벽(牛壁)사관인 신라중심주의를 채택하여"라고 비판했다.(총서, 671)

또한 이유립은 김부식을 비판하면서 "『삼국사기』에는 구삼국사의 전술(傳述)을 완전히 빼버리고 지나의 전거만을 기록하였기 때문에 고구려의 조의선인(皂衣先人) 사적을 알 수 없게 만들어 놓았다."(총서, 38)라고 적었다. 이유립은 김부식을 '정신적인 지나인'이라 비판했다.

이것이 김부식으로 하여금 스스로 정신적인 지나인의 자세를 갖고 어디까지나 주와 객의 자리를 바꾸어 놓은 역사를 엮어놓았으니 참으로 천추에 용납될 수 없는 환단=조선=고구려 이래의 정통사상, 전통사상의 죄인이 아닐 수 없다. (총서, 38)

그리고 수당의 입장에서 역사를 기록하며 고구려가 항거한 것을 힐난한 김부식을 비판하며 "이것이 김부식의 소위 '고구려론'인데 이 글을 읽어내려갈 때 한 치의 배달혼이 있다면 과연 '김부식은 어떤 나라 사람일까!' 하는 분노심이 없을 수 없겠다."라고 한탄했다.(총서, 39)

심지어 이유립은 김부식 『삼국사기』의 해독이 "왕명을 팔고 나라 땅판" 이완용보다 더하다고 비판했다.

사대유교인 김부식의 『삼국사기』가 만들어지게 되었으니 이로부터 불행하게도 우리 배달겨레에게는 역사와 역사의식은 두 개의 개념으로 나누이게 되고, 정통적인 민족주의 사관은 이것이 임하야언(林下野言)의 대우를 받고 사대주의 노예사관만이 일약 정론정사의 영광을 누리게 되니 이것이 민족 교육의 비극이 아닐 수 없었다. 이 해독은 이완용 등 오적칠적이 왕명을 팔고 나라 땅 판 것보다 더이상 심하여 이 나라 겨레들의 독립정신과 통일의식을 썩게 하고 다시 민족의 주체성이 잘 자라날 수 없게 만들었던 것이다.(총서, 671~672)

그래서 이유립은 김부식에 대해 "김부식은 과연 고려인이었는가 아니면 수당의 사학(史學) 간첩 화신이었는가."(백년, 320) 라며 힐난했다. 김부식에 대한 이런 평가는 단재 신채호의 관점과 거의 맥을 같이 한다. 신채호는 『독사신론』8에서 "그러나 김부식은 역사에 대한 식견이나 재주가 전혀 없어 지리가 어떠한지도 알지 못하며 역사의 관례가 어떠한지도 알지 못하며 자기 나라의 높일 만한 것도 알지 못하며 영웅이 귀중함도 알지 못하고 단지 허무맹랑하고 비열각하며 전혀 생각해 볼 가치가 없는 얘기를 끌어모아 몇 권을 만들고 이것을 역사라 하고 또한 삼국사라 한 사람이니, 역사여, 역사여, 이러한 역사도 역사인가?"(『독사신론』, 부크크, 77쪽) 라며 김부식을 저평가했다.

신채호는 김부식의 『삼국사기』를 "우리나라 역사에 대한 학문을 그르친 사람은 김부식이다. 김부식이 『삼국사기』를 써서, 우리나라 사람들에게 중국이 제일이며, 우리나라는 중국에 빌붙어야만 살아갈 수 있다는 생각을

---

8 『독사신론』: 1908년 신채호가 민족주의 사관에 입각해 쓴 최초의 한국 고대사 역사서. 「대한매일신보」에 1908년 8월 27일부터 12월 13일까지 연재되었다. 미완의 원고인 『독사신론』의 마지막은 이렇게 끝을 맺는다. "그러나 이게 어찌 김부식 혼자만의 책임이라 하겠는가만, 내가 남다르게 탄식을 내뱉게 되는 까닭은 김부식 뒤 수백 년 동안 등장한 숱한 역사가들이 한결같이 김부식의 오류를 받아들임으로써 발해의 대대로 이어온 내력이 우리 역사에 보이지 않게 되었다는 점이다."

심어 놓았다."라고 비판했다. 그리고 단재는 김부식이 이렇게 역사를 기술한 것은 사료가 부족하거나 몰라서 그랬다기보다 의도적으로 고구려, 발해, 가야를 무시하고 신라중심으로 역사를 왜곡, 편집했다고 보았다.

단재 신채호는 "김부식의 『삼국사기』를 보는 자가 매양 삼국 문헌이 부식의 때에는 전한 것이 없는고로 『삼국사기』가 고증할 자료가 없어 이같이 소략(疎略)함이라 하였으니 실은 그것도 아니다." "천하의 유문을 수집할 능력이 있는 김부식이 어찌 『가락국기』를 모르리오. 고로 삼국이란 이름을 맞추기 위하여 가락국을 빼며" "김부식이 발해사실을 몰라서 발해사를 빼었다고 함도 망설이며 요설이라 ……."라며 김부식을 비판했다.

이와 같은 단재의 주장에 공감하며, 거기서 한 걸음 더 나아가 이유립은 김부식을 "천추에 용납될 수 없는 환단=조선=고구려 이래의 정통사상, 전통사상의 죄인이 아닐 수 없다."라고 비판했던 것이다.

5. 불교, 유교, 기독교의 사대주의 비판

이유립은 민족사관, 주체사관을 강조하면서 사대주의 사관을 통렬히 비판했다. 그는 특히 중화주의에 물든 유학자들에 대해 매서운 비판을 가했는데 "대개 유림으로서 글자나 한다는 선비치고 숭당, 숭명의 사대주의 사관을 벗어난 자는 별로 없었다."라고 말했다.

유교가 우리나라에 수입된 뒤 공과가 있을 텐데, 악영향은 무엇이었을까. 이유립은 "그들은 민족 역사의 제1기를 창피하게도 신라의 반반도 통일로 알고 있기 때문에 언제나 우리 단군조선은 우리 역사의 밖에 있는 명(明)의 외기로 다루었으니 서거정, 안정복, 송병준이 그 대표 격이다."라고 비판했다. 그 때문에 이들은 "평양 사당의 주벽 단군왕검의 위패를 '서향지좌'로 내리고9, 도리어 후조선후기자(後朝鮮候箕子)의 위패를 주벽으로 바꾸어 놓았다."라는 것이다.(총서, 622)

조선의 유림은 명은 우리나라의 부모요, 청은 부모의 원수라 여겼다. 이유립은 이런 자세에 대해 "유교인들의 근본 심리가 명을 부, 우리 조선을 자, 마치 부자유친이라는 천륜 관계가 있는 듯이 생각해왔으며, 또 명은 대중화=곧 중화, 우리 조선은 소중화=곧 소화로 자처해도 조금도 부끄러운 빛이 없었"다며 비판했다.

조선 말기 망명복벽을 추구한 위정척사파 김병학(1821~1878)에 대해서는 소위 '소화외사(小華外史) 서문'에 "어허, 우리나라의 명실에 대한 군신의 의, 부자의 은(恩)은 대범 2백여 년인데 하루아침에 신주(神州)가 육침(陸沉=물 없는 바다에 잠긴다=국가가 이적의 손에 떨어진다) 되고, 충열오공, 홍윤양공이 몸을 죽여 인을 이루어 대의를 만세에 밝히시었다." 라고 한 근본 심리는 모화사대에 있다고 질책했다. 민족독립을 위한 위정척사가 아니라 망명복벽(亡明復辟)10을 위해 죽는 것을 무한한 영광으로 알았다는 것이다.(총서, 625)

유학자의 사대주의를 단적으로 보여주는 유적이 기자묘이다.

---

9 서향지좌(西向之左): 제왕은 남면(南面), 즉 신하 입장에선 북쪽에 앉는다. 동서 양측에 세우는 사람은 일종의 보좌역이다. 단군을 서향으로 좌측에 세웠다 함은 곧 단군을 기자의 아랫사람으로 본 것이다.

10 망한 명나라의 임금을 다시 세움.

이유립은 「환작(幻作)된 기자조선」이란 글에서 기자조선은 없는 것을 가짜로 꾸며낸 것이라 했다. 이때의 '환작'이란 "학술적으로 없는 사실을 있는 것 같이 정책적으로 조작해냈다."라는 뜻으로 석주 이상룡 선생의 '서사록'에 나오는 글에서 빌려온 것이라 밝혔다[11].

기자조선이 '환작'된 허구라고 잘라 말하는 이유립은 "역사적으로 가장 대표적인 모화주의자인 고운 최치원조차도 일찍 기자조선을 꺼낸 일이 없으며, 내 조국의 강토를 모두 수·당의 군현으로 만들어지기를 진심으로 희망했던 가장 극단적인 사대주의자 김부식마저도 감히 생심내지 못했던 망상의 기자조선이 아니었던가."라고 썼다.

이유립은 조선시대 세워진 기자묘와 사당은 사대주의 상징으로 조작된 것이라 주장했다.

지나의 송사(宋使)가 대동강 평양에 이르자 기자묘를 찾아보기를 원하였으나 그때 한 사람도 알지 못하고 예부상서 정문조차 대답할 상식을 갖지 못했다. 할 수 없이 어느 날 관원을 총동원하여 평양성 내의 일반 노부들을 불러 놓고 낱낱이 물어보았으나 역시 아는 사람은 하나도 없었다고 한다. 그중 한 노인에게 이런 말을 듣게 된다.

---

11 석주 이상룡 선생이 기자조선에 관해 남긴 글 중에 이런 내용이 담겨 있다. "대저 우리나라의 역사가는 기씨 箕氏의 사적을 단군왕조의 정통에 이어서 기술하고, 평양에 도읍하였다고 생각하였다. 선배학자 중 학문이 굉박하기가 허미수 許眉叟 같은 분도 "단군의 후손이 기자를 피하여 부여로 천도하였다."고 하였다. 이러한 설이 우리나라 학자들의 뇌수에 깊이 각인된 것이 이미 천여 년이다. 그러나 안팎의 여러 역사서를 참고해 보아도 모두 확실한 근거가 없다. …… 우리나라 사람들은 당초 사가의 견식이 없어 망령되어 노예의 근성으로 꾸며 찬술하는 솜씨를 남용하여 국가의 체통이 손상될 것을 생각지 않고 오직 타인을 숭배하는 데만 힘썼다. 드디어 은나라의 망명 신하로 하여금 우리 동방의 창업 시조가 되도록 꾸며 사당을 세우고 분묘를 만들어 놓았다."(안동독립운동기념관 편, 『국역 석주유고』 권6, 33~34.)

기자묘라는 말은 소시부터 들은 적 없고, 일찍 보니 토산(兎山) 위에 한 큰 무주고총이 있는 것을 오래전부터 보긴 했지만 다른 말은 듣지 못했다.

이 말을 전해 듣고 이튿날 사람을 보내 조사해보고 "이것이 과연 기자묘인가 싶다 생각하고 곧 수축하기를 건청했다."(『해상잡록』)라고 한다.

기자묘가 이렇게 세워진 것에 대해 이유립은 "물론 이것이 우리나라에서 만고에 듣도보도 못했던 기자의 묘와 사(祠)가 하루아침에 사대주의 유교문화에 아부하는 무능 정치인의 편의적 정책에 따라 세워졌다는 것만은 속일 수 없는 사실이다."(총서, 258)라고 평한다.

이렇게 기자묘가 종래의 무주고총을 벗어나 일약 "대동방 창업의 태조로 승진가례(昇進加禮)하게 되자 별안간 함흥, 또 성천의 백령산, 항주의 철도, 화성의 홍범산, 해주의 수양산, 이르는 곳마다 기자의 유적지임을 짐짓 맹신하려는 대다수의 유림들과 반족들이 모두 함께 앞장서서 대대적으로 선전하게" 됐다는 것이다.

이러한 사대(事大) 신앙의 편중적 풍조 속에서 세워진 서원이나 세덕사가 없는 성향(城鄉)과 유향(儒鄉)은 양반행세를 할 수 없게 된 것이다. 이처럼 조선의 유림이 아를 낮추고 비아를 숭상하게 된 것은 중국의 강압이라기보다 자발적인 선택이었다. 이유립은 숭당·숭명의 사대주의 사관을 벗어나지 못한 유림들은 마침내 "공자를 닮아라, 주자를 닮아라"라는 풍조 속에서 "중화유일의 속에 얽혀 매여 스스로 외이(外夷)임을 감수하게" 된 '새끼중화(小中華)'로 길러졌다고 말한다. 그래서 기껏 자랑거리가 '소중화'인 나라가 되었으니 아무런 부끄럼 없이 "한양 조선에 이르러 위로 기자 예의의 가르침을 이으며 안으로 황명 화하(皇明華夏)의 법제를

쫓았으니 빛나고 빛나는 소중화 우리 조선이다."(총서, 273)라고 외치게
된 것이다.

기자묘와 함께 조선 유림의 숭명, 사대주의를 보여주는 수치스런 흔적은
화양동 만동묘이다. 이유립은 만동묘에 대해 "아, 슲으도다. 사대주의란
가장 귀찮은 역사상 존재로 된 혹=군살이었음이 확실하지만……. 충청도
화양동에 만동묘까지 세우게 된 국가적 사대주의로 등장하게 된 것이다."
(총서, 670)라며 한심하게 여겼다. 그는 지금도 화양동에 가면 "대명(大明)
의 하늘 땅은 이 강산 바위벽에 다다르고, 홍무의 해, 달은 이 벽 밑으로
지나간다. (大明乾坤 此江山壁上臨 洪武日月壁下趨)"라는 열일곱 자가 쓰
여 있는데, 이는 마땅히 타도되어야 할 것이라 말했다. 이유립은 명나라
섬기는 사명(事明)은 가하고, 청나라에 사대하는 사청(事淸)이 불가하다는
유림의 처신을 못된 버릇으로 보았다. 독립국의 지도층이 해선 안 될
사대주의자들의 해괴한 주장이라는 것이다.

그러나 사대 유교인의 머릿속에 잊어지지 못하는 소위 화양동 만동묘.12

---

12 만동묘: 민정중(閔鼎重)이 북경에 사신으로 갔다가 명나라 황제 의종(毅宗)의 친필인
'비례부동(非禮不動)'의 넉 자를 얻어다가 송시열에게 주었다.
1674년(현종 15) 송시열은 이것을 화양리(충청북도 괴산군 청천면)에 있는 절벽에
새기고 그 원본은 환장암(煥章庵: 현재의 채운암 (彩雲庵) 옆에 운한각(雲漢閣)을 지어
보관하고, 그곳 승려로 하여금 지키게 하였다. 또한 김수항은 장편의 글을 지어 그
일을 기록하여 놓았다.
1689년(숙종 15) 송시열이 사사(賜死)될 때 신종과 의종의 사당을 세워 제사 지낼
것을 그의 제자인 권상하에게 유명(遺命)으로 부탁하였다. 권상하는 이에 따라 1703
년 민정중·정호·이선직과 함께 부근 유생들의 협력을 얻어 만동묘를 창건하고 신종과
의종의 신위를 봉안하여 제사 지냈다.
만동묘라는 이름은 경기도 가평군에 있는 조종암(朝宗巖)에 새겨진 선조의 어필인
'만절필동(萬折必東)'을 모본하여 화양리 바위에 새겨놓은 것을 그 첫 글자와 끝 글자
에서 취해 지은 것이다.(한국민족문화대백과)

공자의 규범으로 말하면 …… 해학 이기 선생의 교훈에 있어서 사명(事明)은 가하고 사청(事淸)이 불가하다면 이것이 속된 말로 기왕 뺨을 맞을 바엔 차라리 은가락지 낀 손에 맞는 것이 낫다는 격이 될 것이니, 우리로서는 은가락지를 꼈건 안 꼈건 뺨 안 맞도록 노력하는 것뿐이겠습니다.(총서, 699)

그는 단지 김부식이나 유학자들의 중화사상만 비판한 게 아니라 불교, 유교, 기독교 등의 모든 사대주의적 흐름을 신랄하게 질책했다. 현대에 들어와서 미국에 취해 지내는 것 역시 질타했다.

(신라 김춘추 이래) 1천3백 년 동안이나 사대승려와 숭당유림들이 서로 권력수단을 바꾸어가면서 고약하게도 객교의 문턱을 드나들며 밤낮 서방정 토의 불주를 마시고, 춘추사관의 공주를 마시고, 그것도 부족하여 당주, 명주, 청주, 일주, 쏘련의 소주, 미국의 미주까지 마시어 글자 그대로 만취대 취하였으니……(총서, 29)

만절필동은 조선의 대표적 개혁군주라 일컬어지는 정조가 쓴 시에도 나온다. '산하의 북쪽 끝까지 제후국 모두 망했어도 / 우리 동방만 제물과 제주를 올리는구나(山河極北 淪諸夏 牲醴吾東享肆陳)' 마지막 연은 이렇다. '만절필동(萬折必東) 그 정성 힘써 좇아 나가리.(萬折餘誠志事遵)'
'만절필동'은 황하가 1만 번 휘어도 동쪽으로 흐르듯, 임진왜란 때 조선을 구원해준 명나라 은혜를 영원히 잊지 않겠다는 다짐이다.(박종인의 땅의 歷史 142~ 망해버린 명나라에 200년 제사 지낸 창덕궁 대보단 大報壇, 조선일보)
망해버린 명나라 황제에게 몰래 제사를 지내던 대보단(일반 관람객 비공개지역인 창덕궁 북단에 있는 대보단은 1910년 철거됐고 그 터에는 거대한 다래나무가 자란다. 그래서 이곳 명칭도 '천연기념물 다래나무 서식지'로 돼 있다.)과 만동묘는 유교 사대주의, 소중화주의를 나타내는 대표적 상징물이다.

6. 사대와 사대주의 구분

이처럼 민족의 주체사관을 강조하고 사대주의자를 경멸한 이유립 선생은 사대와 사대주의를 구별하여 비판했다. 1986년 4월 16일, 뇌출혈로 사망하기 이틀 전에 열린 마지막 강연에서 이유립 선생은 '사대와 사대주의'에 대해서도 언급했다. 『백년의 여정』(552)에는 이날 강연 내용이 아래와 같이 실렸다.

(질문) 우리 역사에 보면 사대주의에 기운 경향이 있는데, 근래도 끊임없이 사대주의 논쟁이 일고 있습니다. 국가의 시책 상 필요한 사대와 사대주의에 관해서 선생님의 견해를 듣고 싶습니다.

(이유립) "사대와 사대주의는 분명히 구별해야 한다. 국가가 힘이 없어서 더 강한 국가에게 국가와 민족의 생존을 위협받거나 보다 높은 차원의 문화를 더 선진한 국가에서 받아들여야 할 필요가 절실할 때는 할 수 없이 사대를 할 수는 있다.

그러나 이것은 어디까지나 방편 상 그렇게 하는 것이지 사대가 목적이 되어서는 안 된다. 만일에 국가가 일단 사대주의에 기울어 구성원의 정신까지 그것에 물들어 버리면 도저히 국가는 일어서거나 번영할 수 없는 것이다. 이것은 마치 부모에게만 의지하려는 아이를 정신적으로 언젠가 독립시키지 아니하면 결국 그 사람은 평생 자립도 못 하고 폐인이 되는 이치와 같다. 따라서 유교 신자가 유교를 위한 한국이 아니라 한국을 위한 유교이어야 하며, 모든 것이 자기 종파나 숭배하는 국가의 문화 중심으로 자기를 몰각해 버리면 결국 민족이란 패망하게 되는 것이므로 대외적으로는 사대를 하더라도 국민정신만은 사대주의에 기울게 해서는 안 된다."(백년, 552)

『한암당이유립사학총서』(천)에도 한 독자의 '사대와 사대주의는 어떻게 구분되어야 하며'라는 질문에 이유립 선생이 답을 한 게 실려있다. 사대 행위는 선진문화사상과 세계사의 공통된 법칙을 따르는 자연스러운 역사적 추세가 아닌가, 이 경우 "아와 비아의 판가름은 그 어디에 기준을 두어야 할 것입니까?"라는 문제의식이 담긴 질문이었다.

이런 문제의식에 대해 이유립은 방편적 사대와 의식적인 사대주의로 나누어서 답을 했다.

> 방편적 사대라 함은 여진이 고려에 예사(예를 갖추어 섬긴다) 한 것……
> 또 그다음 방편적 사대로서 서희 장군이 신라보다 고구려의 정통을 주장함과 함께 그때 유신들의 통념으로 된 할지(割地) 조공하자는 만조일치(滿朝一致)의 정책 주장을 물리치고 직접 거란의 전권대사 소손녕과의 대등한 자격으로 외교적 단판(斷判)을 하는 자리에서 거란(契丹, 글안)의 연호를 쓰는 대신 강동육성을 무혈수복하였다는 역사에서 찾아볼 수 있으며…….
> (총서, 698)

이유립은 "고려는 일면 독립 일면 사대의 한 방편적 재량에서 혹 좌혹 우의 자재성 여지는 충분히 남겨 놓았지만"(총서, 670) 조선의 사대주의는 공도(公道)의 절대성으로 되었다고 비판했다. 이같은 조선의 '의식적 사대주의'는 명분도 실리도 살리지 못하는 시대였으며, 스스로 노예의식을 부식하는 '심리적 시대'라고 질타했다.

이유립은 이런 사대주의를 배격하고 "우리의 주체사관은 민족의 대의명분과 함께 실리의 교계(較計)를 백 년 후에 먼 데까지 계산에 넣어 자신 있는 판단이 있어야" 함을 강조했다. 이런 주체의식을 외면하고서 소위 '세계사의 공통된 발전법칙'을 따라서는 안 된다는 것이다. 주체사관을 앞세우는 이유립은 아보다 비아의 실리, 민족보다 이념의 편중, 독립보다 사대를 추구하는 사대주의자를 질타했다. 그러면서 "나의 미(美)를 숨기고, 나의 유(有)를 없애고, 나의 힘을 내버리는 그 못된 버릇을 씻어야 한다."라고 쓴소리를 했다.

7. 소중화주의, 사대주의 계승한 이병도 사관 비판

유림의 소중화주의, 사대주의 사관은 조선총독부와 그에 협력한 이병도 류의 사학자에게 계속 이어졌다. 이유립 선생은 일제강점기의 총독부사관이 해방 후에 친일파 사학자들에 의해 강단에서 정통사학으로 계승되는 현실에 대해 통렬히 비판했다. 해방 이후 한국 역사계에는 유물사관, 민족주의사관, 조선총독부 식민사관의 흐름이 있었는데, 남쪽의 식민사학자들은 대체로 실증주의사관이라는 이름 아래 활동을 했다. 이유립은 '이병도사관을 총비판한다'에서 실증주의 사관의 대표자인 이병도의 사관에 대해 집중적으로 비판했다.

> 소위 '초창기 한국사학의 주류를 이룬 실증사학'(이병도 저, 『한국고대사연구』, 동아일보 서평에서) 은 우리 민족사관에서 말하는 숭명사대의 잔재사관→사이비 조선사의 독소사관→이병도 등 진단학회의 양두(羊頭)사관이 아닐 수 없다.(총서, 202)

그는 '이병도사관을 총비판한다' 에서 이병도의 『한국고대사연구』를 "편파적 숭명사대의 여타(餘唾)를 그대로 승습(承襲)하여 부일식민의 가장 흉험한 독소적 학문의 결산을 해놓았다고 봐야 할" 책이라며 혹독하게 평가했다. 이유립의 이병도 비판을 몇 대목 인용해 본다.

> 전술한 이병도 등의 진단학회의 '임나가라=고령가라'의 대가야설이 사이비 조선사의 일환으로 되어 오늘의 사학계를 풍미하고 있는 것은 그리 괴상할 것 없다.(총서, 194)

> 지금 청천강 이남 …… 자비령 이북 …… 이 민족적 모독의 근거는 도대체 어디에서 굴러들어온 것인가?
> 우리 민족사관은 36년간 부일협력의 탁류 속에서 생각해온 이병도의 斜觀(사관)을 취하지 않는다.
> 이병도가 今西龍(금서룡)의 수사보의 의자에 앉아 사이비 조선사의 원고를 정리할 때에 우리 민족사학의 광복운동자들은 모두 일본인과 피소위충량선인[彼所謂忠良鮮人: 일본인을 충성스럽게 따르는 조선인]들의 총칼에 꺼꾸

러지고 모든 국사의 장서와 저서는 압수가 되었다.(총서, 206~207)

이처럼 이병도 등의 사관에 대해 부일식민사관이라 비판하는 이유립에 대해 국수주의자, 복고주의자라고 매도하는 경우가 종종 있다. 이에 대해 한암당기념사업회는 '고 한암당 이유립 선생의 생애와 업적'(백년, 548)이라는 글에서 "선생은 국수주의자도 아니며 복고주의자도 아니었다. 그가 생각한 것은 이 나라 이 민족의 진정한 생명력 있는 완전한 자주독립통일국가였다."라고 반박했다.

이유립은 사대주의를 비판할 때 지난 과거사만이 아니라 현실의 사대주의도 문제 삼았다. 『한암당 이유립 사학총서』(천)에 실린 '횡행천년! 중독 왜독 양독'이란 글에서는 "우리는 과거에 중국문화에 심취, 매혹되어 소중화라고 했다. 그때는 중독이었다. 일제 때에는 일본을 모방하면서 왜독에 걸린 사람들이 있었다. 해방 후에는 서양의 문물이나 유행이나 사상에 빠져 양독에 걸린 사람이 적지 않았다."면서 사대주의가 과거가 아닌 현재의 문제임을 지적했다. 그는 이 글에서 "오늘의 영어학자! 이것 또한 사대승려-숭명유림-청양적(請洋的)인 영어학자로 줄을 이어가는 듯한 이 비아사상, 비민족사상"이라며 맹목적 서양 추종 사조를 비판했다.

『백년의 여정』 저자 양종현 씨는 고등학교 시절인 1970년대 중반, 대전시 은행동의 자택 겸 단단학회 사무실에서 공부하던 일을 회상하는 글 '한암당, 그 춥고 어두운 방'에서 이유립 선생이 '간첩이 아닐까' 하는 의심을 한 적도 있다고 적었다. 그 엄혹했던 박정희 유신정권 시절에 한암당 선생이 미국을 거침없이 비판했기 때문이었다.

미국은 분단책임의 일편이며 형태와 대상이 바뀌었지만 아직도 우리는 식민지시대를 살고 있으며 이런 것들을 자각하고 어떻게 해야 할지 고민하고 모색하는 것도 역사공부의 목적 중 하나라는 것이다.(백년, 155쪽)

이유립 선생은 과거의 사대주의 비판에 머무는 것이 아니라 현재의 비주체적 비아사상, 굴종적 사대주의에 대해 정면 비판했다.

양종현 씨는 골목과 얇은 흙벽 하나를 두고 새어나가는 선생의 '미국비판' 목소리를 듣고 "누군가 신고라도 한다면 꼼짝없이 용공분자로 몰릴 것 같았다."라며 당시를 회고했다.

8. 배달민족의 사명, 민족의 주체사관과 자주적 평화통일

사대주의로 왜곡된 역사를 바로잡기 위해 국사찾기운동을 전개한 이유립 선생은 "올바른 민족의 역사적 이념체계와 사회적 도의 체계를 다시 세워야" 함을 강조했다. 그는 '왜? 배달겨레의 역사가 바로 전해지지 못했는가?'라는 글에서 배달민족이 오늘날 짊어 멜 사명은 '민족의 주체사관과 가치의 정립'이라 말하면서, 다섯 가지의 실천 과제를 제시했다. 그 다섯 가지는 1. 나라의 자주적 평화통일 2. 광범위한 정치적 교류 3. 경제 문화 사회적 교류 4. 군사적 대치 방지 5. 대외활동에서의 남북 공동보조 등이다.

이 글이 쓰인 때가 1970년대 박정희 정권 시절임을 감안하면 매우 선진적인 의견이라 하겠다. 이유립은 통일을 위해서는 민족의 이질화를 극복하는 것이 선결문제임을 강조했다.

남북한 관계의 30년 단절 속에서 빚어진 정치, 경제, 사회 및 민족관 역사, 언어, 문화예술, 그리고 교육, 종교, 의식구조, 가치관, 개인 생활 등 전 분야에 걸친 남북한의 이질화가 날이 갈수록 심각한 상황에 빠지고 있어, 정치적 단일체의 형성에 앞서 민족의 이질화를 극복하고 동일성을 회복하기 위한 노력이 무엇보다 시급한 문제로 부각되고 있음 …… (백년, 315~316)

이유립은 통일을 하자면 "민족의 이질화를 그대로 두고는 …… 한쪽이 다른 한쪽을 누른다는 결과가 나타나게 될 것"이 당연하기에, 이것을 미리 막으려면 무엇보다 민족의 이질화 속에서 새로운 동일성을 회복하는 것이라 말했다. 그는 이를 위해 먼저 고민할 점은 "남북한을 통하여 단결된 주체사관의 주도적 세력부터 형성하는 것이니 여기에서 민족의 정통사관을 광복하는 길이 우선되어야 한다."라고 했다.

그가 생각하는 민족의 이질화에는 구체적으로 어떤 게 있을까? 그는 불교, 기독교, 유교의 근본정신 자체가 민족 이질화의 한 요소라 여겼다.

사람은 나면서부터 먹어야 사는 것인데 한갓 하늘의 텅 비인 공에 앉아 불생불멸의 열반만을 생각하는 이것이 민족의 이질화인 것이며, 사람은 나면서부터 인간의 목적과 사명이 있는데 하나님의 영광으로만 생각하는 피조물적 '아닌 민족', 이것이 민족의 이질화인 것이며, 사람은 나면서부터 역사와 역사의식이 있어야 하는데 우리 신시의 개천법통에서 보다 엉뚱한 지나의 춘추사관에서 정통을 찾자는 이것이 민족의 이질화인 것이다.(백년, 316)

"사람은 역사에서 살고 역사를 창조하는 것"이라는 가치관을 지닌 이유립이 보기에 역사교육을 책임지는 국사편찬위원회의 주도 아래 민족이질화 작업이 버젓이 벌어졌다. 그는 광복된 나라의 국사편찬위원회가 고조선 실체를 부정하고, 고대사 영토에 대해 '주책없는 망언'을 하고, 홍익인간의 교육 이념을 무시하고, 역사는 근세사를 중심으로 해서 미래지향적으로 써야 한다고 판단하는 것이 바로 '민족의 이질화'라 주장했다.

이유립 선생은 올바른 사관의 정립과 함께 여러 차례 민족의 자주적 평화통일을 강조했다. 『한암당 이유립 사학총서』의 맨 앞에 실린 「천하만사선재지아(天下萬事先在知我)」(1979)에서도 '평화적 자주통일'을 역설했다.

현실은 동번재조 은대종속(명나라의 동쪽 울타리 다시 조작하는 그 은혜가 큰 데 쫓아 붙어야 한다) 가명인(假明人)[13]으로서의 정치 모습 노름판을 꾸미려고 할 것이 아니라, 민주공화국으로서의 정정당당한 다물주의 아래

---

13 '가명인'과 관련해 권덕규(權悳奎, 1890~1950)가 1920년 「동아일보」에 기고한 논설 「가명인 두상에 일봉(假明人 頭上에 一棒)」이 유명하다. 권덕규는 명나라 황제의 제사를 지내고 그 마지막 황제인 숭정제(崇禎帝) 의종(毅宗, 1611~1644,재위 1628~1644)의 연호를 고집하던 당시의 유학자들을 가리켜 "심장도 창자도 없는 지나사상의 노예"라 표현하며, "충효의 가르침을 제 땅과 제 민족을 위해 쓰지 아니하고 자기와 아무 관계없는 다른 놈에게 들이 바치니, 그 더러운 소갈머리야 참으로 개도 아니 먹겠다."라고 일갈하였다.

명예스러운 평화적 자주통일을 지향하는 단결된 주체세력을 형성해야 된다는 것이다.

"심장도 창자도 없는 지나사상의 노예"인 유학자를 가리키는 가명인(假明人)은 근래는 거의 쓰지 않는 낯선 말이다. 이유립은 '가명(假明)'이란 말을 종종 사용했는데, 대원군을 몰아내려는 최익현[14] 등을 "민비중심의 노론정권을 세우고자 지하공작"을 벌인 '가명 군상'이라 비판하기도 했다.

그는 흥선대원군의 10년 독재와 그로 인한 부작용에 질책할 바가 많지만 "쇄국정책을 고쳐 나가는 데에 있어서 본래부터 민족의 주체사관과 가치의 정립을 일향 도외시하고 만동묘 부활같은 유령 황제의 정신적 복벽을 주장"한 '가명 군상'의 정치 노름은 더 비판받을 일이라 말했다.(총서, 672~673)

---

14 노론 유생이자 호조참판인 최익현(1833~1906)은 대원군이 집권한 뒤 화양리 만동묘와 서원을 노론의 본거지로 지목하면서 철폐한 것에 반기를 드는 상소를 여러 차례 올렸다. 그는 대원군을 몰아내고 고종과 민씨 세력, 노론이 권력을 잡는 데 일등공신 역할을 했다. 위정척사에 앞장서던 최익현은 고종에게 상소를 올렸다가 흑산도에서 4년 동안 유배 생활을 하는데, 이때 마을 바위에 "箕封江山 洪武日月(기봉강산 홍무일월: 기자가 봉한 땅이요, 명나라 주원장의 세월)"이라는 글자를 새겨 넣는다. 그는 소중화사상에 철저한 명나라의 신하였다.
흔히 최익현은 대마도로 잡혀 갔다가 4개월 만에 아사순국한 것으로 알려져 있는데, 실제 단식 기간은 사흘이었고 풍토병을 얻어 병사했다. 1907년 4월 25일자 「대한매일신보」가 최익현의 '삼가 스스로 목숨을 끊으면서 아뢴다'라는 상소문을 실으면서, 제자가 함께 보낸 '스승께서 사흘만에 단식을 푼 이유'라는 글은 빼면서 만들어진 신화라 할 수 있다. (「조선일보」 박종인 기자가 2021년 2월 3일 자 기사로 쓴 '최익현 유해가 돌아오자 아사순국 신화가 만들어졌다' 참조)

9. 서양과 일본의 침략주의와는 다른 우리의 민족주의

평생 강조했던 '민족의 주체사관과 가치의 정립'을 위해, 이유립 선생은 국사찾기협의회 결성에 주도적으로 참여해 적극적으로 활동했다. 광복 31주년이 되던 1976년에 결성된 국사찾기협의회의 취지문에는 해방 이후 여전히 식민사관이 방치된 현실을 질타하는 이유립 선생의 사관이 반영되어 있다.

신시개천 5842(1945년 을유) 8월 15일의 광복은 조국의 정치적 자주독립과 아울러 민족사적 자주독립으로서 민족얼의 되찾기 중흥 계기여야 했다. 그런데 의식구조화 된 모화사상과 왜구가 남긴 식민중독으로 말미암은 사대적 유산인 엄청난 날조, 변조, 왜곡, 오찬(誤撰) 등 전 세대까지의 남의 사관 특히 식민지사관 그대로 방치한 채 얼은 따라오지 않은 허울만의 반쪽 광복 30년을 관성적으로 표류하여 왔다.

그리고 국사찾기운동 후원취지문(신시개천 5882, 1985년 10월 초)은 고서 『단군세기』에 나오는 "사람에게 있어서 혼과 같은 것이 나라의 역사이며 꼴과 혼은 내가 닦은 것이므로 나를 아는 것이 가장 먼저"라는 말을 인용하면서, 우리나라의 꼴과 혼이 여전히 주체적이지 못함을 지적했다. 식민사관과 사대주의에 빠져 있는 오늘의 우리나라(꼴)에는 "중국, 일본, 미국 등 남의 나라 혼이 가득 차서 '나' 자신의 혼은 잊혀져" 있다는 것이다.

후원취지문에는 이와 함께 "과거 일본인으로부터 수많은 옥고와 희생 등 끔찍한 탄압을 견디면서도 우리의 혼인 민족사를 찾는데 투신해왔던 공로자들은 해방된 지 40년이 지난 지금까지도 일부 황국사관에 젖은 학자들의 횡포로 마음 놓고 연구할 터전조차 없이 극심한 생활고로 민족사 연구의 맥이 끊어질 위기에 놓여 있습니다."라며 민족사학 진영이 처한 현실에 답답함과 분노를 드러냈다. 이는 이유립 선생의 인생 역정을 그대로 표현한 말이기도 했다.

한암당 이유립은 열악한 연구 환경 속에서도 민족사학을 바로 세우는 길에 뚜렷한 발자국을 남겼는데, 『백년의 여정』에는 그의 역사관, 업적 열 가지가 쓰여 있다. 한암당기념사업회는 '고 한암당 이유립 선생의 생애와 업적'이라는 글에서 운초, 단재, 위당 이래 최대의 민족사학자, 국사광복의 기수인 한암당 선생은 "1. 세계문명동원론과 환국의 역사적 조명 2. 환웅천왕의 배달국과 치우의 청구국 3. 단군조선의 삼한관경제와 그 역사 4. 동이에 대한 새로운 고찰 5. 기자조선과 위만조선의 부정 6. 한사군에 대한 철저한 문헌 비판 7. 고구려정통론과 영락대통일 8. 다물주의 고구려의 역사적 연장으로서의 요, 금, 원, 청 9. 고려사에 강릉왕부자를 추승정호(追陞正號) 10. 대한민국 임시정부의 법통계승"(『백년의 여정』, 541~545)과 같은 연구 업적을 남겼다고 정리했다.

그 외에도 이유립 선생은 반정아방강역고(反正我邦疆域考)를 저술하여 각 시대에 걸친 우리 민족의 영토를 고증하였고, 강화도 마리산이 단군이래 민족의 성지임을 밝히고 이를 성역화하는 데 앞장섰다. 강화도 마리산에 한암당 선생이 세운 커발한 개천각에서는 지금도 제천의례가 거행되고 있다.

한암당 선생이 돌아가신 지 37년이 지났다. 일제강점기보다 더 긴 시간이 흘렀지만 민족사학은 뿌리를 내리지 못했고, 여전히 조선총독부가 정립한 사관이 국사학계의 주류를 이루고 있다. 평생 민족의 주체사관 정립, 민족사학의 복원을 위해 헌신한 이유립 선생을 향해 국수주의자라는 비판도 많았다.

한암당 선생은 "현대의 지성인들이 걸핏하면 국사찾기운동까지도 국수주의적이라는 비방으로 대하"는 것에 대해 앞의 글 '권두언-천하만사선재지아'에서 "세계주의만 있고 민족주의가 없다 하면, 이로부터 우리에게는 '민족의 주체사관과 가치의 정립'이란 아무 소용이 없고 오직 유교의 춘추사관 속에 우리의 조국은 지나의 한 군현으로 만들어도 무방"한 것이냐며 항변했다. 그는 권두언에서 "우리가 말하는 민족주의는 근세기의 구라파에서 일어난 자본침략이 아니며, 근자의 일본인들이 감행해온 영토침략도 아니다."라는 점을 분명히 했다.

마지막으로 『한암당 이유립 사학총서』(1983)의 편집에 참여했던 전형배가 총서의 맨앞에 적은 발간사를 인용하며 이 글을 마친다. 40년이 지났지만 지금 보아도 사대주의 역사관에 대한 자성과 '민족의 주체사관 정립'에 힘을 모아야겠다는 각오를 다지게 하는 말이다.

오늘날 못나게도 제 민족의 명예를 깎아내리는 책조차 성대한 장정으로 출간되고 있음을 생각해 볼 때 이 총서는 한암당 선생님의 호마냥 어두운 시대 풍조 속에서 오히려 한 줄기 빛과 같이 따숩고 환한 새 세계를 열어 줄 좋은 책(好著)임이 분명하다.

이유립 연보(1907~1986)

- 1907년(신시개천 5804) 11월 14일 묘시(卯時) 평안북도 삭주군 구곡면 청계곡에서 독립운동가 단해 이관집 선생의 4남으로 출생. 고려 명신 이암의 후손이다.
- 1915년(8세) 8~9세에 독립운동가 오동진 장군에게 노래와 행진을 배움.
- 1919년(13세) 4월 7일 신안동 시위운동이 일어나자 어른들 틈에 끼어 참가. 이후 단학회가 주관하는 배달의숙에서 계연수, 최시흥, 오동진 등의 강의를 듣는 한편 조선독립소년단 조직 활동에 참여해 단장이 되었다. 열네 살 때 의민사 천마산대의 소년통신원으로 뽑혀 전봉천과 함께 국내의 통신 연락을 도왔고, 10대 시절에 소년교육사업에 힘을 쏟음.
- 1927년(21세) 신간회 삭주지부를 최석홍, 김처원 등과 함께 발기하였으나 해산을 당함.
- 1930년(24세) 해학 이기 선생의 '삼육전재 국권회복'이라는 신교육 종지를 발휘하기 위해 삼육사를 조직하여 위원장으로 활동.
- 1939년(33세) 신풍학원 교사로 종사했으나, 1942년 12월 신사참배 기피, 창씨개명 불응, 무궁화 식재 등의 이유로 강제 폐교됨.
- 1945년(39세) 건국동맹 삭주책을 맡아 활동 중 구령포 헌병대에서 초문(招問)을 받다 8·15 광복을 맞이함. 독립운동가 이용담의 주재로 열린 단학회 기관지 『태극』 주간으로 일함.
- 1946년 1월 1일 발행 신년호에 신탁통치 반대론을 실어서 소련특별경비사령부 삭주파유대에 구금을 당하는 등 필화사건을 겪음.

- 1948년(42세) 4개월간 구금된 뒤 출소, 얼마 뒤 남쪽으로 내려옴.

- 1952년(46세) 정치개혁민족협의회라는 지하조직을 만들어 왕정복고 운동을 꾀했다는 혐의로 기소되었으나 5년 후 무혐의 처분받음. 이후 여생을 국사찾기운동에만 주력할 것을 다짐.

- 1963년(57세) 단학회의 3대 강령인 제천보본(祭天報本), 경조흥방(敬祖興邦), 홍도익중(弘道益衆)을 계승한 단단학회(단군교와 단학회의 합심)를 만들어 본부를 대전시 은행동 자택에 두고 활동. 1965년 4월부터 기관지 『커발한』을 발행.

- 1969년(63세) 이석영 씨의 재정 후원으로 강화도 마리산 단학동에 커발한 개천각을 세워 신시개천의 창시자 환웅천왕을 비롯하여 치우천황, 단군왕검을 봉안하고 매년 대영절(음 3월 16일), 개천절(음 10월 3일) 두 차례 제천의식을 거행함.

- 1973년 《광개토성릉비문역주》, 《세계문명동원론》을 펴냄.

- 1976년(70세) 《커발한문화사상사 1,2권》을 펴냄. 같은 해 10월 안호상, 박창암, 문정창, 임승국 등과 함께 국사찾기협의회를 조직하였다. 이후 월간 〈자유〉 지에 많은 원고를 게재하였다.

- 1983년(77세) 『자유』지에 게재된 글을 모아 『한암당이유립사학총서』를 펴냄.

- 1986년(79세) 4월 18일 새벽 1시 자택에서 운명. 몇 개월 뒤 평생 써온 원고를 취합해 『대배달민족사』(전5권, 고려가출판사) 펴냄.

(『백년의 여정』 참조하여 작성)

인터뷰·『한암당 이유립 사학총서』 편집자 전형배

"고구려 광개토대왕의 영락대통일설에 주목해야"

『백년의 여정』에는 이유립 선생과 함께 공부했던 제자들의 회고담이 수십 편 실려있는데, 그중에는 전형배(전 창해출판사 사장) 씨의 글 '한암 당 회고'(159~163)도 실려있다. 대학교 1학년 학생이던 1979년부터 1985년까지 이유립 선생 밑에서 사사했던 그를 만나 한암당과 함께 했던 일화와 역사관에 대해 들어보았다. 그는 1980년 1월부터 한암당 이유립 선생을 모시고 몇몇 제자들과 함께 『위지 동이전』이나 『한사군 정무론』(정 인보 지음) 등을 강독했으며, 1983년 『한암당 이유립 사학총서(天)』 펴낼 때 편집 일에 참여했다.

이유립 선생을 만난 건 언제인가?

"대학교 1학년 때인 1979년 7월에 처음 만났다. 역사 공부에 관심을 두고 있던 중 알고 지내던 역사운동가로부터 한암당 선생을 소개받아 만나게 됐다."

한암당 선생은 어떤 분으로 기억하나?

"기록으로만 보았던 독립운동가의 풍모를 지닌 역사운동가였다. 어떤 면에서 그가 산 20세기 내내 풍전등화의 위기에 선 나라를 구하려고 애쓰던 19세기 말적인 선비의 기개, 학자의 자세로 투쟁적 삶을 사신분이다. 한암당 선생이 존경해 마지않는 이기, 계연수, 신채호 등은 모두 독립투쟁에 기꺼이 목숨을 바쳤다. 아와 비아의 투쟁에 있어서 조금의 타협도 허용치 않은 치열한 인물들이었다. 그들을 이어받은 이유립 선생 또한 사상과 사학에 관한 한 타협의 여지 없는 삶을 살아냈다."

이유립 선생과 역사 공부를 어떻게 했나? 『환단고기』를 놓고 공부했나?

"『위지 동이전』이나 『한사군 정무론』(정인보 지음) 등의 우리 역사 원전을 강독하는 것이 주였고, 『환단고기』는 참고자료 정도였다. 선생께서는 평소 "우리 역사는 『환단고기』 아니어도 얼마든지 찾을 수 있다. 『삼국사기』만 제정신 차리고 읽어도 건져낼 수 있는 것들이 무수히 많다. 중요한 문제점은 우리 민족이 주체적인 사관과 그에 따른 가치관을 갖추지 못했다는 데 있는 것이지, 결코 사료의 부족 때문만은 아니다."라는 말씀을 하시며, 아직 『환단고기』를 많이 언급할 단계가 아니라며 문도들에게 주의를 당부했다. 그리고 『환단고기』 읽을 때 한암당 선생이 쓴 『환단고기정해』를 참조하는 게 좋다. 그 글은 『대배달민족사』 안에 수록되어 있다."

『환단고기정해』는 어떤 책인가?

"1982년경 이유립 선생께 '한글이든 한문이든 『환단고기』 관련한 기록을 남겨달라는 간청을 했다. 어쩌면 그게 현 단계에선 가장 중요한 일이 아닐까' 싶어서 원고 쓰기를 거듭 당부드렸는데, 그런 과정에서 마무리된 원고가 『환단고기정해』이다. 향후 『환단고기』의 연구는 『환단고기정해』를 참조하면서 진행해야 한다고 생각한다."

한암당이라고 호를 지은 이유는 무엇인가?

"선생께선 세상의 차고 어두운 측면을 절실히 느끼고 사셨다. 특히 방황하는 민족혼, 제한된 주권, 축소된 영토, 이반된 동족의식에 대해 안타까워하셨다. 호를 한암당이라 한 이유는 이처럼 춥고 어두운 민족의 현실을 회피하지 않고 맞서려는 의지를 담은 것이 아닐까 싶다. 선생님은 월남 이후 평생을 차고 어두운 집에서 어렵게 생활했다. 내가 알기로 한암당은 스스로 지은 자호가 아니라 이유립 선생의 스승께서 지어주신 것이다."

끼니를 걱정할 정도로 어렵게 사셨어도, 산을 오를 때는 젊은이를 앞서 가셨다는데.

"선생님께선 유달리 산을 잘 타셨다. 상계동에 사실 때는 수락산을 자주 가셨는데, 팔순을 바라보는 나이임에도 이 산을 오르내릴 때 뜀박질을 하셨다. 가끔 선생님과 함께 산에 오른 적이 있는데, 내가 젊은이였음에도 불구하고, 산에 오를 때 제일 반가운 말은 '전 군, 힘 드는가? 좀 쉬다 오를까?'라는 말이었다. 나는 멋쩍게 '선생님, 힘 안 드십니까?'하고 물으면 '태어나 계속 산속을 누비며 살아왔기 때문에 산에 들어오면 정신이 맑아지고 힘이 생기지'라고 말씀하셨다. 압록강을 통해 만주로 넘나들 때 추운 겨울 낙엽 속에 파고 들어 밤을 지새우며 생명을 건진 이야기도 하셨다. 선생님은 독립군 시절 느린 이가 하나도 없었는데, 느린 건 곧 죽음이기 때문이라 했다. 그리고 어렸을 때 독립군 심부름으로 깊은 산길을 갈 땐 두려움에 떨기도 했는데, 나중에는 '일신강충 성통광명 재세이화 홍익인간'이라는 염표문을 외웠다고 하셨다."

'일신강충 성통광명(一神降衷 性通光明) 재세이화 홍익인간(在世理化 弘益人間)'이 무슨 뜻인가? 재세이화 홍익인간은 알겠는데, 일신강충 성통광명은 일반인에게 낯선 말이다.

"일신강충 성통광명 재세이화 홍익인간의 의미를 추려보면, '삼신일체이신 한 신이 우리 머릿골(정수리)에 씨알을 내려주셨으니, 그 씨알을 잘 살려 인간으로서의 성품을 빛나고 밝게 틔워야 한다. 그럼으로써 세상의 모든 일이 잘 돌아가게 하고 늘 새로이 생성되는 세상에 뒤지지 않아야 한다. 그것이 곧 사람세상(인간)에 큰 도움이 되도록 하는 길이다.' 정도가 되지 않을까 싶다. 물론 이 문장은 대 결론으로서 '천부경', '삼일신고' 등의 철학사상이 총 집약된 말이므로 구체적으로 개념 파악을 하려면 논의가 길어지게 될 것이다. 신의 문제, 수련의 문제, 사람세상과의 관계 등 상당히 농밀한 논의가 전개될 여지가 많다. 일신강충 성통광명 재세이화 홍익인간 같은 주문은 그 자체가 신통력을 지닌 것은 아니지만 그렇게 함으로써 집중력을 얻게 되어 때로 깨달음를 얻을 수 있다는 말씀도 하셨다."

선생께서는 20대의 전형배 군과 소주잔을 기울이는 것도 좋아하셨다던데.
"70대 중반 나이에도 25도짜리 소주 1병을 다 마실 정도의 주량이어서 젊은 사람들을 놀라게 하시곤 했다."

이유립 선생에게 종교가 있었나?
"선생님의 종교관은 신채호의 주장을 그대로 이어받고 있다. 신채호는 『독사신론』에서 '불교가 조선에 들어오면 조선의 불교가 되지 아니하고,

불교의 조선이 된다. 유교가 조선에 들어오면 조선의 유교가 되지 아니하고, 유교의 조선이 된다. 기독교 또한 그러하니, 이것을 특징이라 하면 특징이겠으나, 노예의 특징이 아니고 그 무엇이랴!'라는 식으로 말했는데, 선생님의 생각도 그러했다. 이유립은 대종교를 존중했지만 단학회의 길을 따랐다. 남쪽에 내려와서도 천부경, 삼일신고, 참전계경, 태백진훈 등 민족경전을 등을 중심으로 교주와 포교 없는 자기수양 종교를 주창했다."

이유립 선생이 방문 입구에 늘 참전계경의 한 구절인 '處衆而逸衆 逸衆而厚衆'(처중이일중 일중이후중)란 글자를 적어놨다고 했는데, 어떤 의미인가?
"무리 가운데 있으면서도 무리를 벗어나고 무리를 벗어나 있으면서도 무리를 두터이 한다는 뜻이다. 사람은 모름지기 공동체를 중히 여기되 언제든 자신의 내면세계를 갈고 닦으며 자유자재하게 살아가야 하는 존재라 여기셨다. 선생님은 뜻이 통하는 사람과는 나이 따지지 않고 격식 안 차리며 잘 어울렸다. 일할 때는 일만 갖고 얘기하셨다."

라면으로 끼니 때울 만큼 형편이 어려웠다는데.
"아침에 라면 서너 개를 한꺼번에 끓여서 아침에 드시고, 점심 저녁때 얼어붙은 라면을 다시 끓여 드시는 경우도 목격했다. 반찬은 간장 한 종지 수준이었고. 시간을 아끼려는 마음도 있었겠지만 실제로 생활 형편이 어려웠다. 의식주에 신경 안 쓰고 오직 연구와 저술에만 매달리셨다. 당시 나는 선생님이 필요로 하는 자료를 대학도서관, 국립도서관에서 찾아다 주는 일을 많이 거들었다."

1969년 이유립 선생이 세운 마리산 개천각을 커발한 개천각이라 하는데, 커발한이 무슨 뜻인가?

"커발한은 이두 표기로 크고 밝고 환한 대원일(大圓一)의 세계를 말한다. 신라 시대 왕의 이름인 거서간(居西干)도 커발한이다. 삼신일체의 철학사상을 뜻하기도 한다."

1983년 커발한다물회장 직함으로 『한암당 이유립 사학총서』편집인 역할을 했는데, 다물이 무슨 뜻인가?

"다물은 고조선 땅을 되찾으려는 고구려의 국시였다. 단군조선은 말기에 대부여로 국호를 바꾸었다가, 이윽고 고구려로 이어진다. 고구려는 배달과 (단군)조선의 옛 영토와 찬란한 문화를 되찾겠다는 '다물(땅을 되무르자! 따무르자!)'을 국시로 내걸게 된다."

선생의 글에는 '자주적 평화통일'이란 말이 자주 등장한다. 이것도 다물 정신과 관련이 있다고 봐야 하나?

"그렇다. 그에게 민족, 남북의 통일은 다물주의의 맥을 잇는 것이기도 하다. 이 다물 국시를 완성한 인물이 고구려의 고담덕(재위 391~412)이며, 이유립은 그의 시대를 '영락대통일시대'라 부르며, 우리 민족사 통일의 이상형으로 설정한다. 아직까지 그 누구도 주장한 적 없는, 고구려의 이 영락대통일설은 엄청난 파괴력을 함축하고 있다. 통일의 개념, 범위, 방식, 통일체의 구성원 등 모든 점에서 논쟁이 비등할 가능성이 있다.

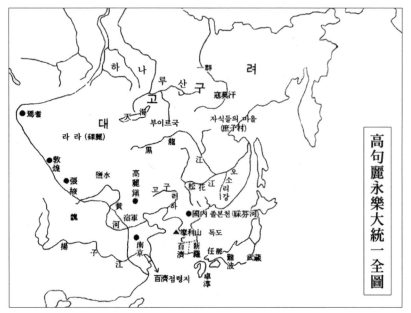

고구려 영락대통일지도. 고구려의 다물 국시를 완성한 인물은 고담덕(재위 AD 391~412) 광개토태왕이다. 이유립은 이 시대를 영락대통일시대라 부른다.

이유립 사학 중 가장 비등점이 높은 체계를 꼽자면 이 영락대통일설이 아닐까 한다. 앞으로 50년이 지나기 전에 학계의 화두로 떠오르지 않을까, 혼자 생각해 본다."

신라의 삼국통일 이전에 고구려의 민족 통일이 있었다는 말인가?

"광개토태왕은 고조선의 영토를 회복하고, 신라, 백제와도 실제적인 통일을 이룩한 군주라 보았다. 백제의 개로왕을 죽였으나 백제를 멸하지 않았고, 제후국이나 다름 없었던 신라를 존속시킨 것이 바로 고구려의 영락대통일이라고 한암당 선생은 강조하셨다. 바로 우리 민족 전래의 3한관경 개념에 따라 신라와 백제를 존속시켰다는 것이다."

이유립의 주체사관은 그의 스승이자 독립운동가였던 계연수의 영향을 받았다고 볼 수 있나?

"한암당 선생이 사대주의에 반감을 지니고 독립운동을 벌인 이기, 계연수, 이상룡 등의 사상과 학문을 접하며 성장했기에 자연스레 주체사관이 형성된 것이다. 이유립은 평안북도 삭주라는 만주와 조선의 변방 지대에서 태어나 자주적, 주체적 사관정립을 목표 삼은 인물들의 훈도 아래 자라났다. 시간이 흐르면서 그의 삶의 목표는 '민족의 주체사관과 가치의 정립'으로 집약되었고, 그 방법론으로서 역사 및 철학사상의 연구를 꾀하였다. 1만 년 민족사의 계통을 확립하고자 하는 한편, 5천 년 숙적 중국이 펼치는 춘추필법의 왜곡된 칼날과 5백 년 숙적 일본이 악의적으로 찔러대는 식민사관의 창끝을 물리치기 위해 노력해왔다. 그런 이유립 선생의 눈에 기자를 민족의 시조로 섬기는 유학자, 조선의 권력자는 머저리로 보였을 것이다."

기자조선의 문제점에 대해 잘 모른다. 어떤 점에 주목해야 하나?

"선생님의 기자 관련 글은 기자조선설에 대한 비판이지, 기자에 대한 비판이 아님을 유념해야 한다. 기자라는 상당한 인물을 조선의 가짜 왕으로 만들어버리는 바람에 역사가 엉망이 돼 버리고, 기자를 둘러싼 참된 가치를 찾아내는 데 실패하고 만 것이 사대주의 우리 역사의 패착이었다. 기자조선을 잘못 끼워 넣다 보니, 단군조선사가 바로 전해지지 못했고, 후대의 위만 및 위만조선이란 거짓 역사가 잘못 만들어지고 만다. 기자를 자신의 본국인 조선 땅으로 되돌아온 인물로 보면 모든 것이 제자리로 돌아간다. 기자가 돌아간 곳이 지금은 중국의 땅인 하남성 일대이다."

총서를 보면 이병도 사관의 총체적 비판 전개에 심혈을 기울였다. 그 이유는?

"이병도는 남한의 여러 역사학자 중 한 명이 아니다. 구한말 이래 변변한 저항도 없이 나라와 백성을 통째로 일본인들에게 넘겨버린 집단의 대표자 역할을 맡은 인물이다. 더구나 일본인들이 식민사관을 만들어내 우리 역사를 도륙질할 때 그 실무를 집행한 인물이다. 그가 해방 후 서울대 국사학과와 우리 역사학계를 쥐락펴락하며, 친일식민사학자, 친일부왜자들의 정신적 온상 노릇을 했다. 그가 내세운 수많은 주장이 앵무새처럼 일본 식민사학자들의 주장을 되풀이한 것이다. 어떤 경우에는 오히려 일본인보다 더 일본인 같은 주장들을 내세우기도 했다."

친일식민사관에 관해서는 그런대로 알고 있으나 중국인들의 춘추사관에 관해서는 잘 이해하지 못하는 경우가 많다.

"춘추사관에 관해서는 세 가지로 정리할 수 있다. 첫째는, 위국휘치(爲國諱恥)인데, 중국을 위해서 부끄러운 기록들은 꺼리는 것이다. 아예, 삭제하거나 왜곡하는 일도 서슴지 않았다. 둘째는, 상내약외(詳內略外)인데, 중국 내부의 역사 사항은 자세히 기록하되, 외부의 사항에 대해서는 약소하게 적어놓고 끝내는 것이다. 우리 역사를 기록할 때 머리와 몸통을 끊어내고 꼬랑지만 기록하는 글들이 많다. 셋째는 존화양이(尊華攘夷)인데, 중국의 황제들은 높이고 오랑캐 역사는 물리치거나 깎아내려야 한다는 것이다. 참고로 이세민(당 태종)이 안시성에서 화살 맞아 죽음에 이르게 된 과정을 숨긴 것이 첫째, 수나라가 고구려 침공 시 140만 대군을 동원하는 과정을 세세히 묘사하고는 결말에 관해선 '마침내 전쟁에 패했다.'라는 한마디로 끝내는 것은 둘째, 만리장성을 자기들 멋대로(한국의 사대 식민학자들에 의한 책임도 크지만!) 평양 혹은 황해도 수안까지 늘여대는 것은 셋째에 해당하는 예라고 보면 된다. 중국의 춘추필법이든 일본의 식민필법이든 모두 자국을 높이기 위한 것이다. 그런데 우리가 그것을 무분별하게 따르다 보면 천하의 바보가 되어버리지 않겠는가? 헛되이 남의 말을 추종하는 자는 결코 독립자존의 명예를 얻을 수 없다. 그러다 보니 중국에 의해 왜곡된 역사를 정사로 받아들이는 경우가 많다."

중국이 왜곡한 역사적 사실 몇 가지를 예로 든다면?

"고구려 제국 안에 있던 우리 민족에게 말갈, 여진, 옥저, 읍루 등 별도의 이름을 붙여놓은 것도 대표적 왜곡 사례다. 말갈은 고구려 말로 '강가에 사는 사람'이란 뜻이고, 이들은 고구려와 다른 종족이 아니다. 발해라는 이름도 중국이 붙인 이름이고, 자신은 고려 혹은 대진국이라 불렀다."

이유립 선생이 민족사학계에 이바지한 대표적인 업적이 무엇이라 보는가?

"무엇보다 우리 민족의 최대 병폐인 사대주의에 맞설 수 있는 역사적 무기를 남겨준 것이다.

지금껏 수백년간 취해온 우리의 사대주의는 남의 인생을 사는 것이다. 김부식 이래 취해 온 중독, 근세에 밀어닥친 왜독, 그리고 현대를 맞이하여 창궐하는 양독! 우리의 일차적 과제는 바로 이 병독을 치료하는 것인바, 한암당 선생은 그 병독의 근원을 역사적 맥락 속에서 파악하기 위해 역사를 연구했고, 대안을 제시하기 위해 최선을 다했다. 그는 해학 이기와 운초 계연수의 협업 아래 진행된 『환단고기』 집성을 후대에 전해주는 결정적 역할도 했다. 아울러 단재 신채호의 학술을 계승하면서, 환웅의

신시개천 이래 오늘날 남북한 분단시대에 이르기까지 외세가 아닌 민족자
주의 정통성을 확립해 놓았다."

마지막으로 이유립 선생을 떠올리며 한마디 한다면.

"선생님은 민족의 주체사관과 가치를 정립하면 기필코 바른 국사를
찾을 것임을 전혀 의심하지 않았던 분이었다. 지금은 사라져 버린 것만
같은 착각을 많이 하지만, 민족주의 사관은 결코 죽지 않았다. 밑바닥엔
거대한 뿌리가 자라고 있다. 그 거대한 뿌리의 중심에 이제는 『환단고기』
가 자리 잡았고, 한암당 이유립의 논저도 추가되었다. '함부로 꿈꾸지
말라. 꿈은 이루어질지니!'라는 말이 있는데, 우리 민족이 기껏 꾸는 꿈이
라는 게 사대주의라면 비통한 일이다. 이웃한 나라들을 살펴보라. 중국인
들은 중화주의를 부르짖고, 일본인들은 천황치하의 팔굉일우를 내버리지
않고, 러시아는 제3의 로마를 상상하는 가운데 광대한 유라시아의 주인이
고자 하며, 미국은 '명백한 운명'을 내세우며 세계패권을 영속시키려 하고
있다. 그 주의 주장은 모두 자기네들 이익을 사수하며, 이웃한 민족과
국가들을 억압하는 내용이 담기기 십상임을 우리는 명심해야 한다. 백
년 뒤, 천 년 뒤, 우리 민족은 어떻게 살아가게 될까? 과연 우리는 이들에
휘둘려 사라지고 말 것인가, 아니면 이들과 맞서며 쟁쟁한 또 하나의
주역이 될 것인가? 제대로 된 주체적 사관 없이는 민족의 존립 자체가
어렵다는 사실을 잊지 말아야 한다.

최진섭

월간 『말』지 기자, 월간 『좋은 엄마』 편집인, 오마이뉴스 교육사업팀 본부장으로
일함. 현재 강화도에서 평화책방과 함께 도서출판 말을 운영하고 있다. 저서로
『한총련을 위한 변명』, 『한국 언론의 미국관』, 『뼈로 누운 신화』(시집), 『법정콘서
트 무죄』, 『통일만세-분단시대의 지식인』, 『사진, 평화를 상상하다』가 있다.

나는 오랫동안 한민족, 조선 민족의 시원을 찾으려는 생각을 보류하고, 통일신학을 위한 민족 개념을 민족 근현대사에서의 항일독립운동을 주축으로 또 피지배 민족들의 반제·반자본주의 해방운동에서부터 정립하고자 했다. 그러나 민족 개념 규명의 부족함을 늘 절감했다.

'삼일신고'의 유일신은 천지인 합일 사상의 핵심으로서 우주와 하나이며 궁극적으로 사람과 하나이다. 창세기 1장에서의 창조자 하나님은 우주와 인간과 동본질이라고 생각될 수 없는 초월적 하나님이다. 그러한 의미에서 창세기 1장에서의 우주론은 환국의 우주론과 구별된다.

7장

환단고기와 구약성서 창세기로 읽는 우주론*

박순경

* 이 글은 『삼위일체 하나님과 시간(제1권 구약편)』(신앙과 지성사, 2014)에 실린 '결론을 대신하여'(680~710쪽)를 그대로 실은 것이다. 원고의 구성을 일부 바꾼 부분은 필자의 제자인 김애영 교수의 허락을 받았다.

1. 일본이 신화라고 축소한 한민족의 시간·역사

이 글에서 우리는 '구약 편의 창조와 역사, 예언과 종말론이 메소포타미아의 수메르 문명권과 왕국들에 어떻게 관련되어 있는가?' 하는 문제를 중점적으로 고찰하고자 한다. 이 문제는 구약학자들에게 중요시되고 있으나 해명되어 있지 않다. 필자는 STB 상생방송국의 역사 특강과 상생출판 『환단고기(桓檀古記)』의 도움으로 수메르 문명권의 원류인, 동이족(東夷族)의 12환국, 환인(桓因)의 나라의 역사성 논증에 접하면서, 12환국에 속하는 수메르 문명권과 구약성서의 창조론-역사-예언과 종말론의 깊은 관련성을 발견하게 되었다.

『환단고기(桓檀古記)』에 의하면, 인류 최초로 건국된 연방국인 동이족의 12환국은 B.C. 7000년 경 신석기 시대로, 그 문화권은 B.C. 9000년 경까지 소급된다. 환국은 중원대륙 동북부 천산(天山)산맥을 끼고 동북부 요서와 요동 쪽으로 또 서쪽 중앙아시아 쪽으로 뻗어있었다. 동이족은 백두산을 기점으로 한 한민족의 원류다. 수메르는 B.C. 5000년 경부터 환국에서 갈라져 나와 근동의 메소포타미아 지역으로 이동했고, B.C. 4100~2900년 우룩(Uruk) 왕조를 이루었다.(『환단고기』, 186~187) 서양은 고고학적 발굴물에 의해서 수메르 왕조들이 동양의 아주 오래된 왕국 중 하나라고 추정하고, 고대 중국 나라에 결부시켰다. 이들은 동이족의 12환국-환웅의 배달국-환검의 고조선의 맥과 직결된 수메르의 배경을 잘 모른다.

환국은 하늘의 광명 나라, 즉 하늘의 나라, 천제(天帝) 혹은 상제(上帝)의 나라, 환인(桓仁)의 나라다. 일제는 환인-환웅-환검을 신화라고 규정하여 한민족의 시간·역사를 축소해버림으로써 한민족의 역사적 시원을 잘라버렸다. 환인은 안파견(安巴堅)이라 이름하는 역사적 인물이다. 환웅 천황은 중국의 동북공정에 의해서 중국의 중화삼조당(中華三朝堂)에 황제, 염제와 더불어 중국의 조상으로 추대되었다. 서양은 동이족의 역사를 중국의 역사로 오인해온 것 같다.

이처럼 왜곡된 고대 역사 문제 해명은 한국의 역사가에게 맡겨둔다. 나는 그러한 역사 문제와 달리, 동이족에서 발원한 우주론-신격화된 천제·상제개념-민족 개념의 문제들이 어떻게 구약의 창조신앙-민족혁명-왕권개념에 관계되는가 하는 점을 중점적으로 검토하고자 한다. 그 양자가 긍정적으로 합류할 수 있도록 미래의 방향 설정을 시도하는 게 목표다. 마지막으로 시간 개념의 근원을 다시금 밝히려고 한다.

2. 출애굽 이스라엘 백성, 야웨 백성의 나라

역사혁명의 동력은 초월적 하나님 신앙

출애굽 사건의 맥락에서 야웨께서 이스라엘을 '내 백성'이라고 호칭하면서, 모세로 하여금 애굽의 왕 파라오에게 가서 '내 백성을 가게 하라'고 선언하게 하신다. '야웨의 백성'이라는 호칭은 파라오에게 예속된 이스라엘 백성을 구원자 야웨 하나님이 파라오에게서 탈취하여 하나님 자신의 백성으로서 자유롭게 한, 하나님의 선택함을 받은 백성이라는 것을 의미한다. 이 백성은 아브라함-이삭-야곱의 후손으로서의 민족을 가리킨다. 이 해방된 백성은 천지인 합일과 같은 인간 자체의 자연 본성에서 성립되는 혁명적인 개념이 아니라, 전적으로 구원자 야웨 하나님의 한량없이 은혜로운 선택과 관계설정에 의해서 성립되는 해방된 백성이다. 이 백성은 출애굽 사건의 맥락에 정초되어 있으며, 판관기-왕국 시대-예언전통의 백성이다.

이러한 백성의 대두는 세계사적으로 최초의 혁명일 것이며, 말하자면 우리의 민족·민중의 역사혁명적 패러다임에 해당하는 주제이다. 이 주제가 야웨 하나님에게서 발원하는 혁명적 민족 개념의 시원이다. 이러한 의미를 담지하는 '야웨의 백성'은 환국의 천제, 즉 하늘 광명 나라의 신에게서 발원하는 천제(天帝) 개념에 대한 반립이면서 새로운 미래로의 정립이다. 이 반립이 역사혁명 민족혁명의 시발점이다.

저 동이족은 어디에서 발원하는가? 인류 최초의 나라, 환국의 환인(桓因) 천제에게서 발원한다. 그 나라도 선천 개벽이라는 혁명적 의의가 있다. 황량한 중원 동북·서북에서 이리저리 질서 없이 헤매던 원시 민생들은 하늘 천제의 고귀한 교화(敎化)와 치세(治世)에 의하여 천지 간의 무한 공간에서 복되고 영원한 삶을 살게 된다. 이 환인 천제가 동이족의 시원이다. 환국의 출현은 석기시대를 인류 문명 최초의 정치사회로 변혁을 이루어내고 새 시대를 열어놓았다. 환국의 천제라는 뜻은 땅 위의 모든 나라와 백성들이 하느님에게서 발원한다는 인류 최초의 우주론적 직관의 역사적 주체라는 것을 의미한다.

이스라엘 백성의 출애굽 해방의 구원사적 출발점은 저 환국의 출발점으로서의 천제와 달리 노예화된 이스라엘 백성의 해방 역사로써 시작한다. 바로 이 점에서 환국의 출발점과 왕권체제를 비롯한 애굽의 왕권체제에 반립한다. 반립에도 불구하고, 나라와 백성들 혹은 민족의 시원이 신성을 본유하는 천제 혹은 창조자·구원자 하나님에게서 발원한다는 직관(直觀)에 있어서 동일한 것으로 보인다. 이에서 이스라엘의 구원사적 출발점이 저 우주론적 천제 혹은 동방-근동의 신적인 왕권개념을 반영한 것처럼 보인다. 어디에 그 양자의 상호 반립적 구별점이 있는가? 천제 혹은 제왕 개념이 이스라엘의 창조자 하나님 개념과 다르다. 이미 지적했듯이 동방-근동의 천제-제왕은 자연 본성적으로 신성을 본유한다고 생각됨으로써 신권을 행사하여 절대적 통치 권력을 전횡하고 백성들을 임의대로 처단하고 노예화할 수 있으며, 실제로 그랬다.

환국이나 수메르 왕국에 노예제가 있었다는 보도[기록]는 없으나, 신적인 천제나 제왕은 역사의 죄악에 대한 판별력과 심판의 능력을 근원적으로 약화시킨다. 여기서 근본적인 정치 사회혁명이란 일어날 수 없다. 구원사와 예언전통, 묵시론적 종말론에서 심판자 하나님의 초월성과 그의 궁극적인 종말적 구원의 나라 도래와 같은 구원사 전통은 세계사적 역사 일반에서 발견되지 않는다. 초월적 하나님은 하나님 자체를 의미하며, 동시에 모든 역사적 죄악을 변혁하고 새 미래로 초월하는 동력이다. 다시 말해서, 초월적 하나님 신앙은 모든 역사혁명의 동력이다.

통일문제의 해답은 민족 개념의 정립에서

동이족의 환국은 많은 부족을 통합한 민족의 시원으로서, 또 출애굽 이스라엘을 주축으로 가나안 땅의 이스라엘 부족들과 타 부족들을 포함하여 이루어진 바 인류 최초의 민족·민중혁명을 이루어낸 이스라엘 민족은 모든 민족의 혁명 패러다임이다. 이 양대 역사적 실체는 오늘의 남북 분단 상황을 넘어서고 통일문제에 대한 해답을 구하는 과정에서 어떠한 의미가 있는가? 그 양대 역사적 과거는 아주 먼 과거이지만 과거로 사라져 버리지 않고, 묵시론적 종말론의 비전, 특히 에녹1서[The Book of Enoch]와 4에스라에서처럼, 우리가 알게 모르게 궁극적 미래로 되살아 나온다. 우리가 고찰한 1에녹, 다니엘, 4에스라 비전에서의 모든 역사의 마지막 날의 죽은 자들의 부활과 야웨 하나님의 심판 의미는 오늘의 우리의 통일의 과제에서 필연적으로 만났다. 통일문제에 대한 해답은 민족분단에 결부된 민족개념의 새로운 정립과 이념 문제 해결이 필요하다.

통일문제는 그리스도교와 신학 없이도 해결될 수 있다고 일반적으로 생각하는데 이는 단적으로 말해서 인식 부족이다. 이 때문에 나는 통일신학을 논해 왔는데, 남한교회의 뿌리 깊은 반공·반북 노선에 대한 비판 작업에 주력했으나, 비판의 성서적·신학적 기초 작업이 늘 부족했다. 나의 저서 『삼위일체 하나님과 시간』 본론에서의 이스라엘 구원사의 의의에 대한 모든 논의가 민족통일의 성서적 기초 작업의 첫 부분에 해당한다. 또한 민족 개념 정립을 위한 필자의 노력도 이 기초 작업에 포함되어 있다.

민족 개념은 우리 민족의 역사에서부터 도출되어야 한다. 그래서 필자는 1974~1976년까지 유럽에서 주로 마르크스의 역사혁명론을 연구하다 1976년 봄 귀국했다. 이후 우리 동시대의 국사 연구서에서 민족 개념과 민족의 시원을 탐색했으나 허사였다. 더욱 실망했던 것은 국사학자들이 일반적인 민족 개념을 서양 근현대사의 민족국가에서 발단한 것으로 추정한다는 사실이다. 그 민족국가들은 18세기 이래의 서양 자본주의 발달과 식민지배의 주역이다. 오늘의 우리 한민족·조선 민족과 같은 피지배 식민지 민족은 그러한 서양 민족국가의 민족 개념 틀 속에서 설명될 수 없고 또 되어서도 안 된다. 이 사실을 한국 사학자들이 모를 리 없는데, 왜 우리 민족을 서양 식민주의 지배민족 개념의 틀에 결부시켜 보는 건지 참으로 의아스럽다.

우리나라 국사 연구서에서 확인할 수 없었던 민족 개념

나는 오랫동안 한민족, 조선 민족의 시원을 찾으려는 생각을 보류하고, 통일신학을 위한 민족 개념을 민족 근현대사에서의 항일독립운동을 주축으로 또 피지배 민족들의 반제·반자본주의 해방운동에서부터 정립하고자 했다. 그러나 민족 개념 규명의 부족함을 늘 절감했다. 지적해 둘 것은 남한의 '외눈박이' 진보주의자들은 민중해방과 평등권을 내세우면서도 민족해방(NL)과 절박한 통일의 과제를 이해하지 못했다. 그뿐만 아니라 '민족'이란 마르크스-레닌주의 혁명에서 극복되어야 할 부르주아 계급에 속하는 단계로서 규정하는 서양 근현대 부르주아 자본주의 국가들과 피억압 민족을 동일시하고, 우리 민족의 비극적 분단 상황의 심각성을 몰인식해서 진보진영의 분열을 일으킨다. 민족해방(NL)은 민중 평등권(PD) 실현을 포괄하며, 민족·민중은 민중의 총체성과 역사성을 포괄하는 불평등한 자본주의적 지배세력에 대한 변혁의 주체력을 대표하는 의식화된 민주적 대중이다. 남북의 통일 없이는, 우리 민중은 분단의 원흉 미국을 비롯한 지배세력 세계의 쳇바퀴 안에서 돌고 돌면서 민중 평등권을 외치며 허공에다 주먹질하는 격이다.

이제 우리의 민족·민중의 역사성을 생각해보자. 1976년부터 필자가 한국 신학의 주제로서 통일신학 강연을 전개하기 시작했을 때, 민족 개념 규명과 이념 문제 해명을 풀어나가고자 했을 때, 아주 막막한 문제가 민족 개념 규명이었다. 우선 항일민족 독립운동을 민족 개념의 출발점으로 생각했으나, 그것만으론 부족했다. 우리 민족의 자주통일의 필연성이 어떤 근거에서 설정되어야 할 것인가 하는 물음에 답하기 위해서는 무엇보다 우리 민족의 시원을 확인할 필요가 있었다. 앞에서 언급했듯이 필자는 오늘의 한국 역사가들에게서 민족 개념을 확인할 수 없었으며, 오랫동안 공백으로 남겨두었다.

민족의 대두는 어느 역사적 출발점에서 존속해 왔는가? 우리 민족은 신석기 시대에 대두한 동이족의 환국 시대 이래 흥망성쇠, 멸망과 재기를 거듭하는 변천 과정에서도 명맥을 지탱해 온 은혜로운 역사적 실체라고 생각한다. 인류 최초의 나라 환국에서 인류 최초의 백성·민족이라는, 여러 씨족과 여러 부족의 통합체로서의 민족이 대두했을 것이다. 그러한 환국의 실체는 인류 최초의 민족혁명이다. 그러한 민족이 오늘의 우리 민족의식에 함축된 삶의 동력이다.

동이족 간 역사도 분단 상황 넘어서야 의미 있어

옛 어른들이 말하지 않던가. "조상의 은덕으로 후손이 산다."라고. 그래서 제사를 지내는 것이다. 민족의 생존은 조상에게서 받았다. 창조자 하나님으로부터 생명을 받았고, 조상이 그것을 매개했다. 그러므로 민족의 운명은 천명이고, 필연의 운명이라 하겠다. 왜 우리의 항일 독립운동 선열들은 목숨 걸고 투쟁하였는가. 민족 운명의 필연성을 우리는 저 환국의 천제 개념과 역사성에서 배운다. 우리 항일민족 선열은 그러한 역사를 살아냈다.

그러나 민족은 민족 조상의 은덕으로 저절로 존속하지 않는다. 역사적 존속성은 미래로부터 현재로 도래하는 시간에 의해서 가능하며, 미래시간은 모든 과거에서 저절로 주어지지 않는다. 과거는 이미 시간이 아니다. 미래가 현재에도 도래하기 때문에 과거의 시간성을 가지는 역사가 있다고 기억되고, 기록되고, 미래에도 존속한다고 생각될 수 있다. 태초의 원시간과 미래의 종말 시간, 즉 창조자·구원자 하나님의 시간은 늘 동시성을 가지는 현재의 시간이다. 그런데 태초의 원 시간과 종말 시간이 피조물의 시간을 과거에서 미래로 열어주며 피조물의 시간이 현재로 왔다가 사라지는 공허한 것이 아니라 실재성을 가지고 존속한다. 그러므로 B.C. 7,000여 년 전에 건국된 동이족의 환국이 시간적 실재성을 가진다고 『환단고기』가 제창하는 것이며, B.C. 1250년경에 일어난 이스라엘 백성의 출애굽 해방도 시간·역사적 실재성을 가진다. 원시간과 종말시간, 처음과 나중을 주관하는 창조자·구원자 하나님의 시간의 실재성이 피조물의 시간이 실재성을 가지게 한다.

그러한 시간·역사의 실재성 근거에서 우리는 우리 민족, 한민족 혹은 조선민족 통일의 과제의 필연성을 생각한다. 우리의 민족의식과 그 실재성은 긴긴 역사적 산물이며 우리의 운명이다. 그러한 운명이 알든 모르든 필연성으로서 우리의 민족의식에서 작용한다. 우리의 민족적 운명이 분단 상황을 변혁하고 넘어서지 못한다면, 동이족의 긴긴 역사가 놀랍고 은혜롭다고 해도 그 의의는 과거사라는 데서 정지된 채 머물러 있을 것이다.

신채호 조선독립선언에서 발견한 민중민주혁명

또 주목할 점은 이스라엘 백성을 노예화한 애굽의 왕권은 저 환국의 천제와 동일 선상에 있으며, 이스라엘 백성의 출애굽 해방의 사건은 애굽의 왕권과 더불어 모든 근동의 왕권을 해방자 야웨 하나님의 심판 아래 세운다는 것이다. 그럼으로써 애굽을 비롯한 모든 왕국의 왕권 변혁을 위한 미래가 주어진다. 오늘의 우리 민족도 똑같다. 사실상 민족통일의 주제가 이미 민족·민중혁명의 요인을 함축하며 대두한 것이다.

필자는 민족·민중혁명이라는 주제를 1970년대에 단재 신채호 선생의 '조선독립선언'(1923)에 나오는 '민중 직접혁명'이라는 말에서 발견했다. 그 선언은 민족의 자주독립이 '민중 직접혁명'이 없이는 불가능하다는 것을 의미한다. 단재의 그러한 절규는 러시아혁명의 파장과 영향력을 반영한다. 단재에게 있어서 민중은 곧 민족이다. 그러한 혁명적 민족 개념이 항일운동 선열들에게서 여러 가지 양식으로 발단했다.

'노예의 집 애굽에서부터의' 출애굽 이스라엘의 구원사적 사건에서 그러한 혁명적 민족·민중 개념이 대두했다. 그러한 구원사가 모든 역사의 혁명 패러다임으로서 의의가 있다면, 이는 특히 남한의 통일 운동권에서 대두한 '민족민중민주혁명'(NLPDR)이라는 주제의 근원적 토대가 아닌가. 카를 마르크스는 민족해방의 주제를 직접 고려하지 않았지만 그의 물질적 역사혁명론은 민족민중민주혁명의 초석을 놓았다. 그가 유대인을 자본주의적 황금 숭배자라고 공격한 사실은 그가 출애굽 사건과 가나안 땅에서의 혁명 전통의 후예라는 역사적 과거와 무관하지 않다.

그와 같이 우리가 근현대의 세계사적 민족·민중의 변혁 의의를 까마득한 과거 환국의 동이족을 비롯한 모든 민족을 포괄해서, 이스라엘 백성의 출애굽 해방과 예언자들과 묵시론적 종말론에 연결하여 세계의 모든 시간·역사의 혁명적 새 미래를 투사할 수 있게 하는 비전은 한 분 창조자·구원자 하나님의 구원사적 경륜에 대한 역사신앙에서 가능하다. 창조와 역사의 한 분 하나님의 주재권은, 오늘의 혁명론자들이 생각하듯 불평등과 계급을 산출해내는 자본주의 세계 지배세력의 원천이 아니라. 세계사회의 평등을 실현해 내는 구심점이다.

3. 창세기 1, 2장의 창조설화들과 우주론, 3장에서의 인간의 타락

배달국 천부경과 바빌론의 우주론

창세기 1, 2, 3장이 수메르 문명권과 우주론에 어떻게 관련되는가?

일반적으로 현대의 구약학은 1: 1~4a 사제(P)문서의 설화에서의 우주 창조의 질서가 바빌론의 우주론의 영향을 반영한다는 것이다. 수메르를 비롯한 바빌론의 우주론은 우주의 탄생(cosmogony) 신화로써 시작했는데, 그 신화적 우주론이 어떻게 역사화되는지가 주목되어야 한다.

창세기 1, 2, 3장이 수메르 문명권과 우주론에 어떻게 관련되는가? 일반적으로 현대의 구약학은 1: 1~4a 사제(P)문서의 설화에서의 우주 창조의 질서가 바빌론 우주론의 영향을 반영한다는 것이다. 수메르를 비롯한 바빌론의 우주론은 우주의 탄생(cosmogony) 신화로써 시작했는데, 아마도 환웅의 배달국 시대에 발단한 천부경(後에 논할 기회가 있으리라고 생각하는 天符經)의 우주론에서부터 파생된 우주탄생설일 것이다. 창세기 1, 2장뿐만 아니라 2장의 야위스트[Yahwist, 구약성서 기자, 야웨 숭배자] 문서의 창조설화들도 기원전 고대의 그러한 영향을 반영함이 틀림없다. 그러나 어떻게 이 창조신앙이 저 우주 탄생의 우주론과 구별되는가가 주목되어야 한다.

ABD(The Anchor Bible Dictionary) Vol.2, 526 이하에 제시된 바빌론의 서사시 에누마 엘리쉬(Enuma Elish)의 우주론에 의하면, 마르둑(Marduk)이라는 남성 신이 신들의 왕으로 대두되는 것을 서술하는데, B.C. 1750년 경 바빌론의 왕 함무라비(Hammurabi)가 그렇게 마르둑을 추대했다는 것이다. '에누마 엘리쉬'는 그 시기의 문서이다. 마르둑은 신들의 탄생과정(theogony)에서 태어난 신이다. 마르둑은 바다의 여신 티아맛(Tiamat)을 정복한 뒤 이 여신의 몸을 나누어 이를 소재로 하늘과 땅을 재구성했다.

구약학자들이 창 1: 2에서의 우주의 혼돈-공허-암흑 상태가 티아맛에 관련되어 있다고 생각하는데, 그러한 조잡한 신화는 창 1: 2장에서 발견되지 않는다. 여기에서의[1] 우주의 혼돈과 암흑의 상태는 온 땅을 뒤덮은 홍수(노아 홍수)의 전설과 관련된 것 같다. 그러나 그러한 조잡한 마르둑 ↔ 티아맛 신화는 창세기 1장 설화에서 전혀 발견될 수 없다. 또 그러한 신화가 동이족에 속하는 수메르의 우주론에서도 발견될 수 없다고 생각된다. 그러나 '에누마 엘리쉬'에 포함되어 있다는 수메르-바빌론의 '3층천 우주론', 특히 '새로운 수메르의 삼위일체'(Neo-Sumerian trinity)의 구조는 하늘을 주관하는 신 아누(Anu)와 땅의 주재자 엔린(Enlin)과 에아(Ea)라는 신적 왕들로 대표되는 3단계 우주론인데, 이것은 동이족의 환웅시대의 '삼일신고(三一神誥)'에 관련된 삼위일체 상제개념에 연결되어 있다고 생각된다.

초월성이 빠진 환국의 신관

천지인합일(天地人合一) 사상, 즉 집일함삼(執一含三)과 회삼귀일(會三歸一), 즉 셋(三)이 합하여 하나로 된다는 원리가 곧 삼위일체 유일신이다. 유일신, 천제는 인간성과 합일하므로 천지인 합일의 유일신이다. 유일신은 인격신으로 그의 역할, 즉 우주의 조화(造化)-교화(敎化)-치세(治世)의

---

1 여기에서는 구약 창세기 1: 2에서를 의미함. 세 가지 고전적 창조 이야기는 바빌로니아 창조 이야기인 에누마 엘리쉬-우주와 신들의 근원인 최초의 어머니 티아맛과 마르둑이 나오는 이야기와 구약의 창조 이야기, 플라톤의 창조 이야기인 티마이오스이다. 학자들은 구약의 창조 이야기 배후에는 구약보다 더 오래된 바빌로니아 창조 이야기인 에누마 엘리쉬(Enuma Elish)가 있다고 본다. 그러나 구약의 창조 이야기는 바빌로니아 창조 이야기와의 뚜렷한 구분이 있음을 인식해야 한다는 연구들이 필자의 글에 반영되어 있음

역할에서 삼(三)이고, 그 본성에서 일(一)이다. 그러한 우주의 삼(三)수 관계는 '인간의 몸속에 깃든', 인간의 영원한 본성을 이루니, 천지인 합일의 본성이다.(『환단고기』(상생출판), 407~409 참조) 유일신은 조화-교화-치세를 주관하는 인격신이기도 하고, 우주 자연과 하나, '자연, 즉 신'(Spinoza의 Deus sive natura)으로서 범신론으로 생각될 수도 있으며, 인간과 동일화될 수도 있다.

천제는 그러한 특정 인간으로서 개인이지만, 자연 본성에서 범신론적이다. 그러한 삼(三)수일(一)체 사상은 배달국의 제5세 태우의(太虞儀) 환웅의 큰아들 태호 복희의 역(易, 주역의 기초) 우주 만물의 역관계에서의 변화무쌍하게 움직이던 역학 원리의 삼(三)수 사상에서 발원한 것 같다.(『환단고기』, 401,103 참조) 삼(三)수일(一)체 유일신은 우주 만물의 개체들이기도 하다. 그러므로 우주론적 유일신은 곧 다신들로 표상될 수 있으므로 가나안 땅에서의 바알신들과 아세라 여신들과 같은 풍요신들(fertility), 근동 일대의 여러 지역 신들로 표상될 수도 있다. 그러한 신이 통치자의 선택에 따라 통치자는 자신의 권력욕을 신적 권능으로 순식간에 둔갑시키고, 임의대로 백성을 부려먹고 착취하고, 자신의 적대자를 제거해버린다. 왕국들의 왕권이 그렇게 문제화되곤 했으며, 오늘날 세계의 통치자와 가진 자들도 마찬가지다. 이들에게는 자신들이 신이다. 그래도 옛 동이족의 환국은 광명의 하늘나라를 세워 인류를 교화하고 치화하고 인류를 통일하려는 놀라운 우주관, 세계관을 전파했다. 하지만 환국의 신관은 문제다. 죄악을 자행하는 왕국들과 세계를 심판하고 변혁하게 하는 창조자·구원자 하나님의 초월성이 간과되었기 때문이다.

삼일신고의 하나님과 창세기 1장 초월적 하나님의 차이

창세기 1장의 6일 창조는 피조물의 존속 시간을 한정하는 표식, 즉 유한성의 표식, 창조자 하나님 자체와 피조물과의 구별을 결정하는 표식이다. 제 7일에 그가 쉬시는 날은 피조물들의 날들과 구별하는 그의 날이다. 그는 스스로의 자유에 의하여 자신을 구별한다. 이 자아 구별이 바로 자신을 피조물 세계에 계시하는 바 그의 초월성이다. 창세기 1장의 설화에서 최초의 피조물이 '빛'(1: 3)이다. 이 우주론적 설화는 아마도 수메르 종교 문명의 원류, 동이족의 환국, 전설적으로 전해진 바 하늘의 광명 나라를, 이스라엘의 바빌론 포로기에 이스라엘이 접하게 된 하늘의 광명 나라의 '빛'을 피조물로 규정함으로써 역시 그 빛의 신화적 신격화를 지양하고 창조자 하나님의 초월성을 부각하는 우주론적 중심의 빛이라고 생각된다. 창조의 마지막 날 6일째에 창조자의 '형상'으로 남자와 여자가 창조되었다는 말씀과 '번창하고 온 땅을 다스리라'라는 창조자 하나님의 허락(1: 27~28)도 저 환국의 천제의 아들 환웅의 배달국에서 발원했다는 천부경(天符經)에서의 천지인 합일(天地人 合一) 사상과 천지간 중심으로서의 인간의 다스림의 역할을 함축한 것처럼 보인다. 어쨌든 그래도 피조물 인간은 창조자 하나님과 본질상 환국의 천제와 달리 동일화되지 않으며, 창조자 하나님의 구별성과 초월성 아래서, 피조물 세계에서 이것을 통솔하는 고양된 위치에 세워진다. 그렇게 해석한다면, 대단히 미묘하게 창세기 1장은 동이족 수메르의 우주론에 반립하면서도 새롭게 그 우주론을 변혁한다는 사실이 드러난다. '삼일신고'의 유일신은 천지인 합일 사상의 핵심으로서 우주와 하나이며 궁극적으로 사람과 하나이다.

창세기 1장에서의 창조자 하나님은 우주와 인간과 동본질이라고 생각될 수 없는 초월적 하나님이다. 그러므로 고대 근동을 비롯한 왕국들에서의 천체숭배와 별들의 신격화는 창세기의 창조신앙에서 배제된다. 그러한 의미에서 창세기 1장에서의 우주론은 환국의 우주론과 구별된다.

에덴정원은 유토피아 아닌 역사적 실재

창세기 2~3장의 J설화를 보자. 야웨 하나님의 창조된 우주 안에 에덴정원이 만들어졌는데, 거기에는 보기 좋고, 먹기 좋은 열매를 내는 나무들이 많다. 그 복판에 '생명의 나무'와 '선과 악의 지식(지혜)의 나무'도 있다. 그 정원 지점은 '동쪽'이며(2: 8~9), 정원에 흐르는 네 강줄기는 비손(pishon), 기혼(Gihon), 티그리스, 유프라테스인데(2: 10~14), 비손 강은 어디서부터 흐르는 강인지 알려지지 않았다. 어쨌든 많은 구약학자가 추정하듯이 에덴정원이 어떤 이상향의 유토피아가 아니라 구체적인 특정한 지점을 가리킨다. 궁켈 등 여러 학자가 메소포타미아 지점을 가리킨다고 본다. 그 지점은 동북쪽 어느 높은 산이 있는 곳이라고도 추정된다. 그렇다면 그 지점은 중앙아시아 천산산맥을 끼고 동북쪽으로 또 메소포타미아의 수메르까지 뻗어 있던 동이족의 12환국, 천제가 다스리는 하늘의 나라를 가리키는 것 같다.

구약학자들은 그 환국을 몰랐지만, 에녹을 연결해보자면, 여기서 이스라엘의 족장들 아브라함과 이사악을 황소로, 야곱을 양으로 표식한다는 것을 우리가 제시했다. 황소는 환웅 천황의 상징(아마도 토템)이라고 알려져 있는데. 이 전설이 아마도 수메르-바빌로니아에 전해졌다고 추측된다.

즉, 환국이 에덴정원, 야웨 하나님이 임재하고 거니시는 하늘나라의 모형이 아닌가 하는 생각이 든다. 어쨌든 에덴정원은 신화나 유토피아가 아니라 역사적 실재를 가리키는 표식이다.

그런데 에덴정원에서 아담과 이브의 불복종 타락이 발생한다. 역사의 죄악의 시초가 거기에서 일어난다. 에녹이 악의 기원을 하늘 천사들의 반란으로 묘사하는 것과 같은 것으로 생각된다. J설화에 의하면 야웨 하나님이 아담에게 정원의 모든 나무 열매를 따먹도록 허락하되, '선과 악의 지식의 나무' 열매를 따먹지 말라고, 따먹으면 그것을 따먹는 날에 죽으리라는 것이다.(2: 16~17) 피조물 뱀이 이브를 유혹하여, 따먹으면 눈이 밝게 열려 하나님처럼 지혜롭게 되리라고 한다.(3: 1~5) 그 지혜의 나무는 수메르 문명권을 통하여 전해진 환국-배달국-고조선의 천문학적 지혜와 관련된 것 같다.

그 지혜는 이미 피조물 세계에 주어져 있으나, 창조자 야웨 하나님은 그 지혜의 원천이 이 피조물 세계를 넘어서는 하나님 자신에게서 발원한다는 것을 그 나무를 따먹지 말라는 금기 명령으로써 표식한다고 해석된다. 그런데 인간이 따먹고 불복하고 자신을 '신과 같이 되려고', 즉 창조자 야웨 하나님의 피조물 세계의 경륜의 지혜를 인간 자신의 것으로 만들고자 불복한다. 따먹지 말라는 야웨 하나님의 계명은 피조물 인간이 그를 시인하게 하는 관계질서의 표식이며, 인간의 최초의 자유로운 결단과 행위를 촉발하는 계기이다. 결국 인간의 불복종은 그 관계 질서 파괴와 야웨 하나님의 심판 아래서의 인간의 죽음을 예시한다. 아담과 이브는 결국 에덴정원에서 추방되고, 야웨의 구원의 은혜 아래서 인류 역사의 시조로서 대두한다.(창 3: 22~24; 4: 1)

죽음의 심판 아래서 피조물 우주와 인간 역사를 초월하는 야웨 하나님이 결정적으로 계시된다. 하나님의 얼굴을 보고 살아남을 자가 없다는, 구약 성서의 고백은 바로 그의 심판과 초월성을 토로하는 것이다. 그런데도 그의 한량없는 은혜의 구원 경륜 아래서 인간역사가 존속하며, 저 동이족의 나라들이 멸망을 거듭하면서도 시공 안에서 존속한다는 사실도 그와 같은 신적인 은혜로운 경륜 아래서 궁극적 미래의 구원 빛 아래 선다.

B.C. 8세기 이래 예언자들과 B.C. 4세기 이래의 묵시론자들 모두 세계 사적 민족들을 옛 이스라엘과 더불어 야웨 하나님의 심판 아래 세우면서, 그의 의롭고 아름다운, 에덴정원과 같은 나라에 모여들어 그를 찬양하리라 는 비전들을 선포한다. 에덴정원은 여기서 예루살렘으로써 선포된다. 야웨의 날, 창조의 원시간에, 세상에서 최초로 세워진 환국-배달국-고조 선의 세계사적 의의와 인류 최초의 문명권의 유산들이 그와 같이 궁극적 종말 시간에 되살아나리라! 그러나 타락과 죄악에 결부된 민족들이 어떤 궁극적 혁명 없이 그렇게 되살아나지 않으리라.

4. 바벨탑 붕괴와 야웨 하나님의 아브라함 선택

'신의 문'이라는 바벨탑은 환국의 문?

창세기 11장의 바벨탑 붕괴의 설화에 의하면, 온 땅의 '하나의 언어'를 말하는, 동쪽에서 온 이주민들이 티그리스-유프라테스강 사이 평야의 시날(Shinar) 땅에 정착하여, 거기에 '한도시(神市)와 하늘 꼭대기 안에 이어지는 탑'을 세워 그들의 '명성'을 위하여, 온 땅에서 흩어지지 않도록 하자는 것이다.(11: 1~4) 그들의 하나의 언어는 아마도 수메르의 설형문자인 것 같은데, 동이족이 최초로 만든 문자는 사슴의 뼈로써 표식 되는 녹도문자였다고 한다. 어쨌든 설형문자도 이와 유사했을 것이라고 여겨진다.

그 이주민들이 지니는 '명성'(name)은 아마도 하늘광명의 나라 환국의 배경을 가리키는 것 같다. 바벨, Babel은 '신의 문'(RSV=Revised Standard Version, 영어개역표준성서 혹은 개역표준역)을 의미하니, 하늘의 광명의 나라 환국의 명성을 의미하는 듯하다. '신의 문'이라는, 하늘의 신의 나라 건설의 표식이며, 신과 천제의 합일 사상이 그 탑 건설의 중심에 있다. 그 합일성은 천지인 합일성을 대표한다. 그런데 야웨께서 그 건설현장을 내려다보시고, "저들이 하나의 언어를 말하고, 이제 시작이지만, 저들에게 불가능한 것이란 없구나" 하시고, "저들의 언어를 혼란스럽게 만들어 서로의 말을 이해하지 못하게 하여 흩어지게 했다."라는 것이다.(11: 7~9) '바벨'이라는 말과 유사한 히브리어의 '혼동하다'라는 말에 연결된 것 같다.(RSV)

그 바벨탑 설화는 이스라엘의 족장 아브라함 대두의 배후인 동이족의 수메르→셈족 아카디아-바빌로니아 우주론적 문명권의 문제점을 부각한다고 생각된다. 구약학자들은 그 점을 전혀 고려하지 않는다. 그 설화는 야웨 하나님의 아브라함 선택과 소명이 수메르→아카디아-바빌로니아 문명권에서의 하늘 숭배사상에 대한 반립(反立)이라는 전제라고 해석되어야 한다. '신의 문'을 의미하는 바벨탑 건설은 신과 같이 되려는, 하늘의 신권을 담지하는, 메소포타미아 수메르의 신권왕국건설의 상징으로 계획된 것임이 틀림없다.

저 문맥에서 그 탑이 한 도시 건설과 결부되어 있다는 것은 B.C. 4000년경의 수메르 왕국건설 계획을 암시한다. 아마도 그 도시는 우룩(Uruk)을 가리키는 것 같다. (ABD Vol.4, 724~725에 의하면), 아주 오래전에 세워진 우룩 왕국의 기원은 '신의 가족'(divine family)이라고 일컬어진 것 같다.(725쪽) 그 기원은 환인의 나라 환국에 속한다는 것을 가리킨다고 추측된다.

'신의 문'이라는 바벨탑은 바로 그 환국의 문이 아닌가. 그 탑 건설은 좌절되었다고 해도, 우룩왕국이 세워졌다면, 야웨 하나님이 그 왕국 건설을 허락하시되, 그 왕국의 신권을 박탈했다는 것을 의미하지 않는가. 그것은 그의 구원의 경륜이다. 그렇다면 그 왕국의 존립 기원은 야웨 하나님 자신이라는 것을 암시하지 않는가. 어쨌든 그렇게 해석된다면, 신권을 담지하는 고대 근동 왕족들의 왕권개념 변화의 가능성이 바벨탑 설화에 함축되어 있다고 생각된다. 바벨탑 건설의 좌절은 야웨 하나님이 저 이주민들의 하나의 언어를 분산시켜 근동의 다른 언어들의 대두를 암시하며, 저 이주민들의 하나의 언어가 상호소통의 문제에 직면하게 되었다는 상황에 관련된 것 같다. 어쨌든 바벨탑 건설이 언어소통 문제와 결부되었다고 추측해 본다. 그러나 바벨탑 건설 좌절의 보다 더 근본적인 원인은 언어문제가 아니라 '신의 문'을 들락날락한다는 '신의 가족'이라는, 왕국의 신권개념에 대한 야웨 신앙의 반립이다. 이 반립은 야웨 혁명의 시초이다.

구약학자들의 바벨탑 설화 해석의 문제점

창세기 11장 바벨탑설화에 이어지는 11: 10~32에, 야웨 하나님의 아브라함 선택과 소명(12장) 이전에 아브람(Abram→Abraham, 어의는 다 아버지를 의미한다.)의 족보가 제시되어 있는데, 아마도 아브람의 조상이 메소포타미아 수메르 문명권에 속한 셈족 아카디아(Akkadia)계에 속한 것 같다. 아카디아-아시리아-바빌로니아가 수메르 문명권을 계승했고, 애굽, 페르시아, 그리스도 그 문명권의 영향을 받았다고 여겨진다. 아브람의 가족은 수메르 문명권에 속하는 바빌론의 갈데인들의 우르시(Ur)에 살고 있었다.(11: 31~32) '신의 문'이라는 바벨탑 건설의 좌절이 하나님과 피조물 인간과의 동일화에 대한 야웨의 심판에 의해서 발생했으며, 그 부정적 심판은 메소포타미아의 수메르 문명권 전체에 해당한다고 해석되어야 한다. 창세기 12장에서의 아브라함 선택과 소명은 그러한 심판을 전제한 사건이다. 그러한 연관성의 맥락을 주목하지 않은 구약학자들의 바벨탑 설화 해석은 아무런 요점을 제시해 주지 않는다.

창세기 12장에서의 야웨의 아브라함 선택과 소명 기록은 이러하다. 야웨께서 아브라함에게,

네 고향, 네 친척, 네 아비의 집에서부터 떠나
내가 지시하는 땅(가나안)으로 가거라.
내가 네게서부터 한 큰 민족을 이루고,
내가 너를 축복하고, 네 이름을 위대하게 하리라.

네가 (다른 민족들에게) 축복이 되리니,

너를 축복하는 자들을 내가 축복할 것이며,

너를 저주하는 자들을 저주할 것이니,

너로 인하여 땅의 모든 가족이

자신들을 축복하게 하리라고 말씀하신다.(12: 1~3)

아브라함 선택에서 구원사적으로 결성된 민족들의 시원

민족들의 시원이 아브라함 선택과 소명에서 혁명적으로 구원사적으로 결정된 것이다. 야웨의 선택은 바로 그의 선행하는 자유를 전제한다. 이 자유는 모든 피조물의 '무에서부터의 창조'(creatio ex nihilo)의 행위와 같이, 모든 피조물 자연과의 그의 초월적 구별성을 의미한다. 그의 선택과 소명은 바로 그의 자유로운 자아 계시 행위이며, 인간 아브라함과 민족들과의 혁명적 관계설정이다. 이어서 RSV[Revised Standard Version=RSV, 영어개역표준성서 혹은 개역표준역]는 창세기 11: 30에 대한 주에서 메소포타미아에서부터 가나안 땅에로의 인구이동이 B.C. 2000년대 초에 일어났다는 학자들의 주장을 말해준다.

그런데 인구이동 현상이나, 아브라함을 조상으로 한 민족분화의 계기가 야웨의 선택과 소명의 의의를 해명해 주지 못한다. 아브라함에게서 이루어질 한 큰 민족은 단순한 민족분화의 현상이 아니다. 아브라함이 다른 민족들을 위한 야웨 하나님의 축복을 대표하는 보편적인 조상의 표식이 되리라는 새로운 시간·역사의 미래가 예시된 것이다. 땅에서의 '모든 가족들'은 아브라함의 혈족들만을 지칭하는 것이 아니다. 여기에 구원사적인 민족 시원의 의미가 제시되어 있다.

이 새로운 구원사적 미래가 바로 인류 최초의 나라 환국의 동이족을 비롯한 모든 민족의 미래다. 어떻게 B.C.11~10세기경 다윗-솔로몬 왕국 시대의 야위스트가 그러한 보편 세계사적 민족 개념의 비전을 획득했는가? 야웨의 아브라함 선택과 소명이 야웨의 보편 세계사적 민족들을 위한 구원사적 축복의 표식이라는 야위스트의 비전은 수메르 왕국을 통해서 본 하늘광명의 나라 환국의 전통에서 발단한 비전이라고 추정된다.

이 추정은 물론 가설이지만, 가설이 사실일 수 있다. 에덴 정원의 지점을 동북쪽이라고 명시한 야위스트가 환국에 관한 전설을 접했음에 틀림없다고 추측되며, 아브라함 선택의 보편 세계사적 민족의 출현예시에 그 전설이 전제되어 있다. 바벨탑 건설의 좌절을 배경으로 한 아브라함 대두의 역사적 의의가 그러한 추론의 근거다.

야웨의 아브라함 선택과 소명에서 발단한 보편 세계사적 민족들의 구원사적 미래가 판관기와 왕국 시대뿐만 아니라 B.C. 8세기 이래의 모든 예언자와 묵시론적 종말론에서 되살아나온다. 그러나 환국을 비롯한 동방의 천제 개념, 신과 인간의 동일화 개념은 바벨탑 건설의 좌절에서, 또 야웨의 아브라함 선택과 소명에서 배제된다. 그러한 동일화 개념은 '자연 즉 신'이라는 범신론과 이에서 파생되는 다신론의 모태이다.

민족들의 시원, 인류 최초의 나라인 동이족의 환국

아브라함에게서 출현할 '민족'은 구원사적 의의, 즉 모든 민족에게 야웨 하나님의 축복을 증언하고 매개해야 할 사제적 의의를 담지하는 민족이다. 아브라함 선택과 소명에서 언급된 모든 다른 민족들은 어디에서 기원했는가? 저 인용 문구에 나타난 '가족들'이라는 말이 민족들과 동의어로 쓰여 있다. 그 민족들의 시원은 인류 최초의 나라, 동이족의 환국에 함축되어 있다.

환국이 동방광명의 하늘나라를 의미한다면, 민족들의 시원은 그 나라의 백성에 해당한다. 그 나라가 하늘의 광명에서 발원하고 땅 위에 발을 디디고 있다면, 그 나라의 백성도 그렇게 하늘과 땅을 통합해 가지는 존재이며 시간·역사를 산다. 이러한 천지인 합일의 의미는 야웨 하나님의 아브라함 선택과 소명의 말씀에도 함축되어 있다. 창세기 10장에 제시된 사제 P문서의 민족계보도, 아브라함 선택과 소명의 말씀에 나타나는 민족들도 다 창조자·구원자 하나님의 구원의 경륜에서 존속하므로 신적인 기원을 함축하고 있다.

그럼에도 불구하고 인간은 저 환국의 천제 개념처럼 본질적으로 신성을 담지하는 존재가 아니다. 환국의 천제도 민족들도 참된 초월적인 창조자·구원자 하나님을 자신들이 상상적으로 신격화시키는 우상들과 구별하지 못하기 때문에, 야웨 하나님의 아브라함 선택과 소명이 필요하다. 아브라함에게서 발원하는 '민족'은 민족들에게 혁명적인 새로운 의미를 함축하고 있으니, 창조자·구원자 야웨 하나님의 피조물 세계와 역사와 구별되는 초월성 계시이다. 이 점에서 아브라함에게서부터 출현할 민족과 다른 민족들이 근원적으로 또 궁극적 미래에서 만나게 되리라.

5. 고대 왕국들의 긍정성과 부정성, 종말적 하나님의 나라

종말적 '하나님의 나라'는 특히 다니엘 묵시록의 일관된 주제이다. 1에녹의 묵시록에서의 '하늘보좌'도 하나님의 하늘나라의 실재성을 가리킨다. 4에즈라에서의 '하늘의 예루살렘' 비전 영상도 하나님 임재의 영원한 도성으로서 그의 나라의 실재성을 증언하는 양식이다. 에즈라에게 땅의 예루살렘은 텅 빈 공터로 남아 있다. 하늘의 예루살렘이 다시 내려올 수 있는 미래를 열어둔 것이다. B.C. 8세기 이래의 예언자적 종말론도 모두 종말적 하나님 나라의 성취를 여러 양식으로 대망한 것이다. 모세의 중재에 의한 시나이 계약법도 이스라엘 백성의 나라를 함축하고 있다. 왕권 통치를 폐지하고 세워진 판관기 시대 '야웨의 백성'의 나라도 야웨의 왕권을 전제하고, 적대적인 여러 나라의 위협에도 불구하고 200년 동안이나 존속한 나라이다.

'야웨의 백성'의 나라는 인류 역사상 애굽의 왕국·제국의 왕권과 고대 근동 일대 왕들의 왕권에 반립했다. 야웨 하나님의 심판 아래서 비로소 동방의 왕권제의 부정성을 제기했다는 사실이 판관 기드온(Gideon)에게서 드러난다.(판관 8: 23) 많은 구약학자가 이 부정성을 열왕기 시대 이후의 DH[신명기적 역사를 칭할 때 DH(Deutronomic History)라 표기한다]의 반왕정적 자료라고 추정함에 반하여 우리는 그 부정성이 판관기 시대의 전반에 전제된 것이라고 논했다. 그 부정성은 오직 야웨께서 이스라엘 백성을 다스리신다는 전통적 신앙을 전제하고 있으니(판관

8: 23) 즉 왕권의 긍정성은 근원적으로 창조자·구원자 하나님의 은혜로운 허락으로 성립한다. 그러한 긍정성과 부정성은 모두 처음부터 DH의 구원사관의 주제이다. 판관기 시대에서부터 이스라엘 왕국시대에로의 전환을 수행한 판관 사무엘에게서 왕권의 부정성과 긍정성이 제시되어 있다.(삼상 8장) 이제 야웨 하나님의 순전한 은혜로 이스라엘 백성에게 왕권통치가 허락된 것이다.

어떠한 의미에서 허락된 것인가? 다윗 왕을 가리켜 시편 110: 4는 "너는 멜기세덱(Melchizedek)의 질서에 따라 영원한 사제이다."라고 언명한다. 우리는 나중에 신약 편에서 이 주제를 상론할 것이다. 우선 이스라엘에 주어진 은혜로운 왕권의 의미를 지적해 말하자면, 다윗의 왕권은 영원한 사제 직분이니 즉 야웨 하나님의 왕권을 모든 민족에게 중재하고 증언하라는 계명에서 세워진 왕권이다. 시편 110: 5 이하를 보자면, 그 왕권의 사제적 의미는 민족국가들에 대한 야웨 하나님의 부정적 심판을 대행하라는 것이다. 그런데 이 부정적 심판은 이미 창조자 하나님의 긍정적인 은혜로운 허락에 의해서 존립해온 민족국가들의 왕권 체제를 전제하고서, 그들의 불의한 '왕들을 야웨의 분노의 날에 산산조각 내라'라는 것이다.(110: 5~6)

다윗·이스라엘 왕권을 매개로 한 하나님의 그러한 부정적 심판은 그를 다른 민족국가들의 변혁과 새로운 미래를 도래하게 하는 계기이다. 그것이 다윗·이스라엘 왕권의 사제적 중재 역할이다. 역으로 후기 B.C. 587년 바빌론의 느부갓네살을 통해서 남 유다 왕국을 멸망에 이르게 한 계기도 묵시론적 종말론에서 세계사적으로 이스라엘 민족과 세계의 민족들에게 도래할 혁명적인 하나님의 의로운 최후의 나라 비전과 선포의 계기가 된다.

환국-배달국-고조선의 멸망과 종말적 심판

저 환국의 나라, 하늘 광명의 나라 전통의 이념, 땅 위의 백성들의 교화(教化), 치화(治化), 홍익인간이라는 이념은 놀랍고 은혜로운 이념으로서 동북방과 근동에 널리 전파되어 있었음이 분명하다. 이스라엘의 바빌론 포로기를 배경으로 한 1에녹, 다니엘, 4에즈라의 궁극적인 종말 시간에 도래할 하나님 나라 비전의 소재로서 작용했다고 추정된다. 묵시론적 종말적 하나님 나라 비전은 하나님의 전적으로 새로운 미래시간에 해당하는 비전이지만, 역사적 지평의 소재가 작용했음이 틀림없다. 종교사학파의 영향권을 반영하는 현대의 많은 구약학자가 다윗 왕권을 비롯한 이스라엘 왕국이 아주 오랜 동방국의 신적인 왕국·왕권 개념과 '공통적인 근거(common ground)'를 가진다는 주장을 필자는 『삼위일체 하나님과 시간(제1권 구약편)』(신앙과 지성사, 2014) 본론에서 부정했는데, 필자의 그러한 부정을 좀 수정해야 할 것 같다. '공통적 근거'가 있으나 모든 왕국의 변혁 필연성이 문제의 초점이다. 그러나 그 학자들은 이스라엘 왕국의 왕권개념의 새로운 혁명적 측면을 대체로 간과한 것이다. 게다가 그들이 고대의 그러한 왕권 개념을 총체적으로 신화라고 규정한 것은 특히 구약의 구원사 전통과 묵시론적 비전들의 역사신학적 이해를 혼란스럽게 한다. 그렇게 간주하는 것은 구원사와 예언전통의 야웨신앙과 묵시론적 종말론의 궁극적인 하나님 나라 비전을 다 인간의 상상물인 신화로 해소시켜 버리게 된다. 묵시론적 비전들은 하나님의 객관적 실재성을 전제하고 있으므로, 신화가 아니라, 역사신앙에서 가능하다. 이어서 특히 묵시론적 종말론의 신화적 해석에 대한 필자의 비판은 『삼위일체 하나님과 시간』에서 충분히 해명되었다고 생각한다.

여기서는 묵시론적 종말론에서의 하나님의 나라 개념의 세계사적 배경으로서의 동이족의 환국에서 발원한 나라와 천제 개념을 말하고자 한다. 이미 지적했듯이, 환인 하늘님·하느님의 나라의 천제는 모든 나라와 민족들이 야웨 하나님에게 속한다는 이스라엘 구원사적 직관과 동일하다. 그런데 어디에서 이 양자가 결별하는가? 천제는 '유일신'이며 동시에 하늘을 비롯한 우주 자연과 동일화되는 데 반하여 이스라엘 구원사적 야웨 하나님은 피조물 우주 자연과 구별되는 초월적 하나님이다. 구약성서 전통의 유일신 신앙은 바로 그 초월성의 표식이다. 이에 반하여 저 천제 개념은 범신론의 가능성을 촉발하며, 동시에 개별 자연 사물들에 따라 다신들을 대두하게 한다. 이스라엘 왕국을 포함해서, 하나님의 은혜로운 왕권을 부여받은 세계의 왕국들이 신권을 자신들의 본래적인 권리인 것처럼 자신들과 동일화하여, 백성들을 자신의 임의대로 부려먹고 노예화하는 죄악에서, 구원사적 전통에 있어서 모든 왕국과 왕권을 야훼 하나님의 심판→종말적 심판 아래 세울 때, 그의 초월성이 예리하게 부각된다. 저 위대한 환인의 환국-환웅의 배달국-환검의 고조선도 모두 어떤 대내외적 계기들에 의해서 멸망했다. 우리는 그 계기들을 해명할 수 없으나, 어쨌든 구원사와 예언전통에 의하면 야웨 하나님의 심판 아래서 멸망한 것이다. 구원사와 예언전통에서는 그러한 신적 심판이 일관되게 주제화되어 있으며, 묵시론적 궁극적 종말론에서 세계사를 관통하여 철저하게 주제화한 데 반하여, 환국을 비롯한 세계사에서는 그렇지 않다.

그러한 심판에서 피조물 세계 역사를 초월하는 하나님의 타자성과 구별성이 부각된다. 바로 그의 초월성·타자성이 역사혁명의 동력이다. 고대 근동과 동방의 나라들에서 신성 혹은 신적 통치 권능을 대표한 왕권은 타자로서의 초월적 의로운 하나님의 심판 아래 서지 않으니, 그 왕권 자체가 신적 권력과 동일화하기 때문이다. 통치자 자신이 그의 나라의 불의의 원천이 된다. 권력을 장악한 인간 통치자는 피통치자들을 기만하고 착취하여 자신을 정당화한다. 보도에 의하면, 인류 최초의 나라 환국이나 수메르 왕국이 노예제를 시행했다는 증거가 없다고 전해진다. 그 나라의 천제가, 우주의 유일신이 모든 나라의 최고 통치자라는 동이족의 직관은 원초적으로 이스라엘의 구원사적 왕권개념에 함축되어 있다. 그러나 천제가 하늘의 광명을 비롯한 우주 자연과 합일한다는 천지인 합일 개념의 대표적 표상, 아시리아와 바빌론 종교문화로 이어졌다고 생각되는 그 천제 표상에 반하여, 바빌론의 우주론을 반영한다는 창세기 1장 P문서는 그 우주론과 결정적으로 구별된다. 즉, 하늘의 광명이 첫 피조물이라고(1: 3) 선포한다. 여기서는 창조자 하나님은 하늘 광명과 우주 자연을 초월한다. 다시 말하거니와, 모든 역사의 죄악에 대한 심판자 하나님은 우주 자연과 역사를 초월하는 실재이며, 그의 종말적 시간에서 이루어질 그의 나라는 모든 나라를 변혁하는 새 나라의 동력이다.

인류 최초의 혁명과 선천개벽 사상

이제 민족과 나라 개념의 시원과 종말적 의미를 집중적으로 짚어볼 차례다. 이스라엘 민족과 나라의 시원은 출애굽 전통에서 발단하는데, 창조자·구원자 야웨 하나님의 이스라엘 백성 선택과 노예의 집 애굽에서 부터의 구원, 이 백성과의 계약관계라는 관계질서 설정에 의하여 역사적으로 발단하며, 묵시론적 종말론에서의 하나님 나라는 그러한 관계질서의 완성을 의미하며, 세계사적 민족들과 나라들의 종말론적 혁명의 미래를 가리키는 동력으로써 파악되어야 할 것이다.

그런데 동이족의 환국이 인류 최초의 나라이며 세계의 민족형성 시원이라면, 동이족의 환국이 땅 위에 흩어져있던 원시 세계에서의 혁명이 아닌가. 우리의 동학사상과 STB(상생방송국)가 주창하는 증산도에서의 '선천개벽'(先天開闢) 사상이 바로 인류 최초의 혁명에 해당한다고 생각된다. '선천'이라는 개념이 '천제'개념과 마찬가지로 우주론적 범신론의 문제를 야기시키는 데 반립해서, 저 이스라엘 구원사적 '야웨의 백성'의 나라가 대두하지 않았겠는가. '야웨의 백성'의 나라는 물론 직접적으로 애굽이라는 제국에 반립하여 대두했지만, 근동의 여러 왕국에 반립한 것이다. 야위스트와 문서들을 전제한 신명기적 역사(DH)가 근동에서 전해진 수메르 문명권의 원류인 동이족의 환국 전설을 들었음이 틀림없으니, 우선 아브라함 선택과 소명이 메소포타미아의 수메르 민족의 근동에로의 이주와 바벨탑 건설에 반립해 있기 때문이다.

그러나 구원사와 예언전통들이 단순히 반립한 것이 아니다. 심판 아래 세운다는 것은 그의(하나님) 종말적인 구원과 나라를 이들에게 중재하는 사제적 의의를 담지한다. 그러므로 묵시론적 종말론은 이스라엘 백성과 더불어 그들이 다 영원한 예루살렘으로 모여와 한 분 하나님을 경배하리라는 계시의 비전들을 본다. 그러한 묵시론적 비전들이 멀고 먼 과거의 신화에 불과한가? 그러한 해석은 구원사와 예언전통의 의미를 완전히 상실해 버리고 만다.

주체사상 '영원한 우리 민족'의 민족 개념

북조선, 조선민주주의인민공화국의 주체사상에서의 '영원한 우리 민족' 민족 개념의 의미가 무엇인가? 북조선의 사회주의 체제는 마르크스-레닌주의에 의해서만 해명될 수 없다. 거기에는 '영원한 우리 민족'이라는 요인이 지배적이다. '영원한 우리 민족'은 김일성 주석을 비롯한 항일혁명투쟁 선열들의 민족해방 쟁취와 사회주의 체제 설정에 입각해서 획득된 실로 역사혁명적 개념이다. 마르크스-레닌 혁명의 계기가 그러한 민족 개념에 내포되어 있지만, 그러한 민족 개념은 그들의 혁명사상으로 환원될 수 없는 것이다. 그러한 '영원한 우리 민족'의 개념은 원천적으로 남한 사회에 묻혀있는 항일민족해방운동의 선열들에게도 해당한다. 그런데 남한 사회는 친미·친일 자본주의 세력 아래서 우리의 선열들의 영원한 민족사적 의미가 혼탁해져 있다. 그와 같이 우리 민족이든 다른 민족이든 민족사에서 민족의 운명을 결정하는 결정적인 사건이 일어난다면, 그와 같은 영원한 의미를 획득할 수 있다. 그런데 그러한 영원한 의미는 창조자·구원자 하나님의 영원한 시간에 관계되어 있다는 사실이 시인되어야 하리라.

어쨌든 '영원한 우리 민족'이라는 개념은 이스라엘의 출애굽-시나이 계약-가나안 땅 점령-땅의 혁명과 같은 역사가 영원한 의미를 담지한다는 역사신앙과 동일선상에 있다. 김일성 주석이 북조선 체제를 지탱하는 구심점이기 때문에 그가 추앙될 수 밖에 없다. 역사적으로 그 체제는 그렇게 지탱한다. 김일성 주석을 필두로 한 북조선 인민의 주체의식, 미국을 필두로 한 한·미·일의 거대한 압박과 핵전쟁 위협에 맞서온 민족 주체의식은 장장 9천여 년의 동이족의 역사적 산물임이 틀림없다. 수메르를 포함한 12 환인 천제의 환국도, 환웅천자의 배달국도, 환검천손의 고조선도 다 우리가 추적할 수 없는 대내외적 죄악의 문제들에 의해서 붕괴했을 것이다.

그런데도 우리 민족의 '남은 자'들의 긴긴 역사적 존속은 남·북, 남조선·북조선 민족의식에 현재 살아있음이 틀림없으며, 그 과거 역사가 우리의 항일 선열들과 현재의 우리의 통일 의지의 동력이다. 통일은 우리 역사의 필연이고 운명이다. 고구려와 신라와 백제가 '삼한일통'(三韓一統)을 외치면서 중원 북방으로 뻗어 나가야 한다는 줄기찬 민족의식은 동이족의 역사의식의 명맥이다. 우리 민족의 그러한 역사의식 때문에 항일민족 독립운동의 선열들이 목숨을 걸고 투쟁했으며, 분단의 멍에를 짊어진 장기수들이 20~40여 년 동안 남한의 감방에서 혹독한 시련 끝에 무수한 생명이 죽어 나가기도 했으니, 온 청춘을 민족 제단에 바친 것이다. 그러한 민족은 궁극적 미래 하나님의 나라에서 되살아날 것이다.

6. 시간과 공간, 창조자-구원자 하나님과 피조물 세계와의 관계질서

본질적으로 유한한 우주

시간-공간은 하나님 자체 내의 영원한 관계질서의 차원이며, 피조물 세계와의 관계질서의 원천이다. 시간·공간의 차원 없이는 우주와 역사가 성립할 수 없다. 하나님 자체 내적 시·공의 관계질서는 바로 삼위일체 하나님 자체의 존재 차원인데, 이 주제는 신약성서에서의 예수 그리스도의 사건의 역사적 맥락에서 고찰될 것이다. 구약성서 편에서는 주로 창조자·구원자 하나님의 피조물 세계와의 관계질서 설정, 즉 이스라엘의 시간·역사를 고찰할 생각이다.

그의(하나님) 피조물 세계와의 관계, 질서 설정의 양식을 재확인하자면, 예언자 전통에서 주목받는 바, 하나님은 '처음과 나중'(the first and the last) 혹은 창조의 원시간(Urzeit), 원공간(Urraum, 예컨대 에덴정원)과 종말시간(Endzeit)에서의 그의 구원과 하나님 나라 사이에서의 우주와 역사의 존속 시간성 '올람'의 두 기둥 축들(two poles)이 우주와 인간 역사의 생동과 존속의 원천이다. 그 두 기둥 축들 사이에서 구체화하는 시간과 공간은 헤아릴 수 없다. 그 시간과 공간들의 현상들이 영원한 창조자·구원자 하나님 자신의 무한시간·무한 공간에서부터 발원하기 때문이다. 무한한 것처럼 보인다. 그러므로 호킹(Stephen Hawking)과 같은 물리학자는 우주가 유한한 것처럼 또 영원하다고 말하기도 한다.

그러나 우주의 별들이 생성하기도 소멸하기도 하고 변천한다는 것은 우주가 본질적으로 유한하다는 것을 암시한다. 그것들의 존속이 창조자·구원자 하나님의 자유로운 결정에 달려있으며, 피조물 우주와 인간이 결정하지 못한다. 4차원·3차원 시·공이, 즉 현대 물리학의 4차원 공간 개념은 우주 사물들의 움직임과 관계의 기본 측정에 해당하지만, 우주 사물들과 특히 인간 역사의 시·공의 관계질서는 저 원시간과 종말시간이라는 두 기둥 축 사이에서 구체화하고 한정되고 유한하다. 예컨대 창세기 1장 설화에서의 6일 창조가 제7일의 창조자 하나님 자신의 날에 의해서 한정되고 존속한다. 제7일은 6일 창조와 인간들의 한정된 시간의 시작이며 끝이다. 제7일을 축으로 한정된 6일이 반복 존속한다. 제7일이 예언자 전통에서의 '야웨의 날'에 해당한다. 이 경우의 '야웨의 날'은 주로 종말적 심판의 날인데, 묵시론적 종말론의 비전 영상에 의해서 태초 창조의 원시간부터의 모든 시간을 재포착하는 종말적 심판의 날로 부각된다. 모든 날이 창조자·구원자 하나님의 날이지만, 모든 날과 구별되는 그의 날은 그를 모든 피조물과 구별하는 그의 초월성과 모든 피조물과 역사의 주재권을 계시하는 날이다.

은혜롭고 유익한 시간의 유한성

저 원시간과 종말시간 혹은 '야웨의 날' 혹은 '처음과 나중'이라는 두 기둥 축들에 의하여 모든 피조물의 시간·공간이 한정되어 개체화한다는 것을 현대적 개념으로 표현하자면, 시간은 과거→현재→미래로 선후 계기하는 시간성(Nacheinander-Zeitlichkeit, successive temporality)

으로, 공간은 피조물들의 상호관계 혹은 사회관계의 상호적 공시간성(Miteinander-Zeitlichkeit, Co-temporality)으로 표식 될 수 있다. 계기하는 시간 사이에도 마찬가지로 공간들이 들어있다. 사회관계의 공시간성은 우선적으로 관계의 공간 차원이다. 계기하는 시간성에 관해서 부가해 말해둘 것은 과거-현재-미래의 계기는 미래가 현재에 도래하기 때문에, 우리가 역사적으로는 과거→현재→미래 순으로 말할 수 있다. 우리의 과거는 이미 사라진 것이므로 현재와 미래의 시간을 산출할 수 없으며, 미래가 현재로 도래하기 때문에 과거에서부터 현재로 이어질 수 있으며, 미래에로의 존속의 의의가 설정될 수 있다. 그러니까 미래시간이 피조물들의 시간의 원천이다.

미래시간이 어디서 오는가? 순환적으로 움직여, 날이 교체되게 하는 천체계가 피조물들과 역사의 시간의 원천은 아니다. 피조물 우주가 시간의 원천일 수 없다. 천체계의 규칙적인 순환 운동은 피조물과 역사의 시간과 존속의 측정을 위한 척도를 우리에게 제공하지만 시간과 존속의 원천이 아니다. 피조물들의 시간의 원천은 창조자·구원자 하나님의 자체내적 영원한 시간과 공간성에서부터 주어지는 그의 자유로운 선물이라고 말할 수밖에 없다. 피조물들에 주어지는, 우주와 사회 역사의 관계망에서 생동하고 자유로운 우리의 시간 설계를 위하여 주어지는 시간·공간의 원천은 하나님의 불가사의한 자유와 은혜의 경륜에 속한다. 태초의 창조시간으로부터 궁극적으로 종말적 미래시간의 묵시론적 비전 영상이 바로 그러한 신적인 경륜에 대한 신앙의 산물이다.

태초의 시간과 종말 시간의 두 기둥 축들 사이에서 피조물 시간을 한정한다는 것은 위에서 논했듯이 피조물들의 역사와 존속을 가능하게 하는 긍정적 한정성을 의미한다. 반대로 우리의 시간이 미래로부터 현재로 도래하면서 과거로 사라져 버리는, 사물들이 없으므로 돌아가 버리는 부정성을 가진다. 미래시간은 새로운 삶과 역사 변혁의 기회이지만, 과거의 일로 되어버리니 허무하고 슬프다.

그러나 유한한 시간성이 은혜롭고 유익하다. 유한한 시간성의 부정성은 우선 '무에서부터의 창조'(creatio ex nihilo, 마카베오 7: 28), 무에서부터 유를 창조하시는 창조자 하나님의 권능과 자유와 은혜를 시인하게 하는 표식이다. 둘째로 그러한 부정성 없이는 우리의 삶과 역사가 한편 발전-변혁-진보를 위한 결단과 행위의 계기를 가지지 못할 것이며, 다른 한편 노동자들의 노동력을 착취하고 무위도식하면서 궁궐에서 영원토록 살려는 인간의 욕심이란 변혁되어야 하고 죽어야 하기 때문이다. 왔다가 가차 없이 사라지는 시간이란 슬프지만 의롭고 은혜롭다. 은혜로운 죽음은 살아있는 자들과 더불어 하나님의 미래 구원과 그의 영원한 나라에로의 부활의 희망 안에서 여전히 시간성 안에 있다.

묵시론적 부정이 최종적 세계 혁명

그런데 우리의 유한한 시간성이 역사의 범죄와 결부되어 문제화된다. 범죄에 의해서 시간성은 하나님의 종말적 심판 아래서 영영 상실되어버릴 수 있다. 시간 상실은 삶과 역사의 공간상실이며, 창조자·구원자 하나님과의 의롭고 자유로운 관계질서에서부터의, 그의 시간·공간에서부터의 단절에 이르게 될 수 있다. 통치 권력자들이 자신의 정적과 적대국을 제거하기 위하여 전쟁의 빌미를 조작해내어 세계의 자원을 장악하는 악의 세력이 바로 묵시론적 종말론이 선포하는 바 하나님의 최후 심판 아래서 정죄되어야 하는 절대부정에 해당한다. 묵시론적 절대부정이 바로 최종적인 세계혁명에 해당한다. 절대부정은 창조세계의 창조질서, 의로운 시간 관계질서를 부정하고 파괴하는 죄악의 세력을 부정하고 새 나라를 도래하게 하는 구원자 하나님의 구원 혁명이다.

역사혁명이 이스라엘 구원사에서부터 대두한 예언자적 종말론의 표상이며, 창조자·구원자 하나님과 피조물 세계와의 의로운 관계질서의 성취가 아닌가. 마르크스-엥겔스의 공산주의적 '자유의 나라'라는 비전 영상은 궁극적 하나님의 나라 비전과 마찬가지로 역사신앙의 표상이다. 궁극적미래로부터 현재로 도래하는 시간은 혁명의 신호이다. 마르크스-엥겔스가 간과한 것은 그러한 미래시간이 창조자·구원자 하나님의 것이라는 구약성서의 시간 개념이다. 그들의 무신론 문제는 차후에 고찰되리라.

박순경(1923~2020)

감신대, 서울대 철학과, 미국 에모리대학교 신학부 졸업, 미국 드류대 대학원(조직신학) 박사, 1966~1988년 이대 기독교학과 교수, 한국여신학자협의회와 한국여성신학회 초대회장, 민주노동당 고문 역임. 2009년 늦봄통일상 수상. 저서로 『한국 민족과 여성신학의 과제』, 『민족통일과 기독교』, 『통일신학의 고통과 승리』, 『통일신학의 여정』, 『통일신학의 미래』, 『삼위일체 하나님과 시간(제1권 구약편)』 등이 있다.

령토의 개념으로는 현실적인 령토와 력사적인 령토 개념이 있는 법이다.
현실적으로는 빼앗겼지만 력사적으로, 문화적으로는 우리의 땅이라
불러보는 것은 죄가 아닐 것이다. 그러나 중국사람들의 동북공정이라는
정책은 이를 용납하지 않으려 하고 있다

이와 같이 7개년 동안 수유에 살다간 기자는 말할 것도 없고 약 80개년 동안 왕조를
유지했던 위만이나 우거는 결코 압록강을 건너온 적이 없었다. 하지만 반도사관에
젖은 학자들은 무슨 힘이 그렇게도 많아서 수유땅 그 무거운 땅덩이를 떠 짊어지고
평양으로 내려왔는지 도모지 알 수가 없는 노릇이다.

8장

환단고기에서
희망의 빛을 보다*

강희남

---

* 이 글은 강희남 목사의 저서 『새번역 환단고기』(법경원, 2008)의 머리말을 그대로 옮겨 실은 것이다. 필자의 독창적인 표기법은 그대로 살렸다.

1. 나의 민족적인 회한

남에게 길들여진 짐승으로 사는 백성이라면

우리 민족은 옛날 선인들이 누렸던 그 광활했던 땅을 잃어버리고 이제 아시아의 동쪽 한 모퉁이 파리 발만큼 붙어있는 한반도라는 작은 땅에 붙어살고 있는 처량한 모습이다. 불쌍한 소국이다.

이 어찌 한스러운 일이 아닌가?

그나마 현대에 와서 1세기 동안 잔인했던 왜놈들과 그들의 뒤를 이은 아메리카 제국주의 양키들로 인해 국토가 량단되고 또한 이남은 그들에게 국권을 전당잡힌 채 신식민지 아닌 식민지로 전락해 갖인 수모를 겪고 있는 현실이 아닌가? 실로 조상들이 피로 지키고 눈물로 가꾸어 소중한 유산으로 물려주신 이 터전을 갖이고 우리가 잘못했기 때문에 이 모양이 되어 그들의 령혼이 지하에서 통곡하고 있을 것을 생각하면 기막힌 일이다.

남에게 길들여진 짐승으로 살면서 력사에 물을 줄 몰으고 력사의 수업료를 낼 줄 몰르는 백성이라면 그 길이 뻔한 것 아니냐!

일즉히 저 한나라 사마천은 자기 친구로 불과 5천명 정도의 군사를 거느리고 10여만의 흉로군과 싸우다가 중과부적에서 포로가 되어 항복한 리릉(李陵)을 두호하다가 궁형(거세하는 극형)을 당한 몸으로 세상의 뜻을 잃고 "항상 이 부끄러움을 생각하여(每念斯恥) 집에 있으면 홀홀하여 무엇을 잃어버린 것 같고(居則 忽忽 若有 所亡) 어데를 가도 갈 바를 아지 못한다.(出則 不知 所往)" 했다 하는데 나 역시 항상 컬컬한 심정이다. 민중 민족주의자로 자처하매 40개년 동안 운동이라고 해보았지만 얻은 것이 무어 있겠는가? 날로 대외 례속의 속도만 더하는 것 같다. 88세를 살았는데 무엇하나 긍정적인 것을 맞나[만나]보지 못하고 이제는 다 망가진 몸이 되어버렸으니 이것을 어데 가서 하소연 할 것인가? 중국 송나라 때 포증(包拯)이라는 사람이 웃음을 몰르고[모르고] 살았다 하는데 나 같은 사람도 한 번 껄껄 웃어 본 적이 없는가 싶다.

나는 리조 중기의 명사 홍춘경(1497~1548)의 락화암 시를 가끔 되새긴다.

국파산하이석시(國破山河異昔時)
나라는 망하고 산천도 옛것이 아닌데

독유강월기영휴(獨有江月幾盈虧)
홀로 강달만 그대로 남아 있구나.

락화암반화유재(落花岩畔花猶在)
락화암언덕에 지금도 꽃이 피어 있음은

풍우당년미진취(風雨當年未盡吹)
당년의 비바람이 다 불지 못한 연고라.

락화암 언덕에 꽂은 누구의 넋일까? 아무리 억울한 바가 있다손치더래도 신라가 이족인 당(唐)을 끓어들여 내 동족 백제를 쳐서 멸망시켰으니 어느 민족국가에 이런 일이 또 있겠는가? 내가 백제의 후예이라서 그런 것이 아니다.

규원사화 쓴 북애자의 탄식

기록에 의하면 고구려 말기 연개소문은 일즉히 백제의 상좌평(흥수?)을 불러들여 량국 사이에 서로 공생하자는 구존입의(俱存立義) 언약을 했다 하며 또 신라의 김춘추를 청하여 자기 사저에 머물게 하면서 일으기를 "당나라는 금수와 같은 무도한 무리들이다. 우리가 서로 전날의 원한을 접고 우리 3나라가 힘을 모아 당을 치면 쉽게 그 추장을 사로잡을 수 있을 것이니 그 후에는 우리가 의리로 함께 다스려 서로 침략하지 말 것을 맹약하자고 여러 번 권했으나 김춘추는 끝내 이를 듣지 않고 민족을 망하게 하는 일을 저질렀던 것이다.

그럼으로 『규원사화』에서 북애자가 김유신, 김춘추가 당병을 끌어들여 동족을 멸망시키고 조상을 욕되게 했으니 실로 만세에 부끄러운 일이라고 탄식했던 것 아닌가? 조상도 같고 풍속과 례절도 같은 동족끼리 그와 같이 피차 멸망의 길로 들었다는 것은 달은 어느 민족 력사에서도 들어볼 수 없는 일이었다.

서양 사람들의 말에 "Stand in one's own light"라는 격언이 있다는 데, 이는 얼핏보기에 긍정적인 말처럼 보이지만 실은 부정적인 것이다. 즉, 자기 어리석음에 빠저 있다는 뜻이다. 신라가 그렇게 행동한 것이다.

그뿐이랴! 고려 중기에 윤관 장군이 오연총과 함께 시석을 무릅쓰고 여진을 정벌하여 9성을 쌓고 선춘령 정상에 경계비를 세워 국토를 넓혔지만 조정의 썩은 관료들은 오히려 윤관, 오연총을 탄핵함과 동시에 9성을 여진에게 내주는 우를 범했기 때문에 범을 길러 환을 당하는 격으로 1636 (병자)년 호란같은 수모를 겪게 되었고, 고려 말기에는 소위 원(元)의 간섭시대에 접어들어 철저히 그들의 시중을 드는 부용국으로 전락했을 뿐아니라 일은바 심양파(瀋陽派, 왕위에서 물러난 충선왕이 원으로부터 심양왕으로 봉함을 받음으로 생겨났음)와 국왕파로 갈려 매국로 심양파의 거두 류청신, 오잠 등은 한 술 더떠 아예 나라를 없애고 원의 행정기관으로 편입하자는 립성론(立省論)까지 일어나 원에서는 이에 적극적으로 나와 운명적으로 립성론이 가결되어 고려의 이름이 날려갈 지경에 이르렀을 찰라에 맞침 원의 왕실에 정변이 일어나 영종이 시해되고 태정제가 황제의 위에 올으는 바람에 립성책이 수포로 돌아갔기에 나라가 없어지는 위기를 면했던 것이다.

마지막의 기회로 통감부 시절 참정대신 박제순의 제의로 간도 지역 우리 교포들의 거주권을 확보하기 위해 압록강 이북 심양을 경계선으로 하르빈에서 연해주에 이르는 경계선을 그은 일은바 청일 간의 간도조약이라도 영속되었드라면 고토 1부라도 회복이 가능했을 것이나 그것마저 청일 간의 외교 마찰로 무산되고 말았던 것이 아닌가?

하기야 구한말에도 일진회 등 매국로들 때문에 왜놈들의 입갑(미끼)이 되었고 오늘날도 양키들을 향한 매판 보수파들은 속으로 립성론과 비슷한 생각을 하고 있는지도 몰을 일이다. 일즉히 효종대왕이 청나라에 대한 원수를 갚고자 송시렬 등과 로심초사 북벌책을 강구하고 있으면서 청의 요청에 못 이겨 북만주 러시아의 야만족 차한(車漢)을 치려고 출병할 때 그 심정이 어떠했겠는가? 오늘날 양키 제국주의자들을 위해 이 나라가 이라크 파병[2003~2008년]을 했으니 이 나라 력사를 아는 백성으로 어찌 효종의 심정을 리해 못하랴?

현실적 영토와 역사적 영토

부여 백마강 서쪽 언덕에는 대재각이라는 정자가 서 있고 그 곁에 바위에는 '일모도원(日暮途遠)'이라 해는 저물고 길은 말기만 하니 '지통재심(至痛在心'이라 지극히 통절한 마음뿐이라 한 것이 새겨져 있는데, 이것은 효종께서 백마강가에 퇴관 후 낚시질을 하고 있는 리경여 선생을 찾아왔으나 별 달은 계책이 없어 돌아가면서 새겨놓고 간 것이다.

한스럽기만 하다. 길림성 옛 고구려 도성 집안에 가면 고구려 20대 장수왕이 세운 광개토대왕의 릉으로 추정되는 장군총이 자리잡고 있다. 그런 장수왕이 왜 광개토대왕의 아시아 동쪽 1부 제패의 웅지를 생각해서 심양 같은 곳으로 천도하지 않고 백제만을 의식하여 좁디좁은 평양으로 내려왔을까? 그 때 그 장수왕의 결단이 그 넓은 땅을 잃고 약소국이란 운명의 씨앗으로 작용한 것이 아닌가?

고려말기 우왕 때의 일이다. 당시 원나라가 본래 홍건적으로부터 일어났던 주원장에게 몰려 북으로 달아나 북원이라는 허약한 정권으로 유지하고 있을 때 옛 고구려의 강토이었던 만주 료동 지역의 평장사로 있던 유익(劉益)과 왕우승 등이 결의한 바 있어 고려에 그 땅을 들어 귀부할 것을 청해왔던 것이다.

얼마나 감격스러운 기회인가? 우리가 싸워서 회복함즉한 그 땅을 갖이고 돌아 온다니 이게 무슨 떡인가? 그러나 고려 조정의 소심한 무사안일주의 벼슬아치들은 이를 받아들이지 안했던 것이다. 그러니 유익 등은 할 수 없이 그 땅을 갖이고 주원장에게로 갔던 것이 아니냐?

또 있다. 그 후 얼마 지나 최영 장군을 총사령관으로 하여 명의 료동을 공격하였더라면, 다음에 어떤 결과 되었을지는 몰을 일이지만, 잃어버린 옛 땅을 회복할 수도 있었을 것이 아닌가? 그러나 이것도 국운이라 리성계[계]의 위화도 회군으로 좌절되고 만 것이 아닌가?

집안(集安)에서 압록강으로 나오니 건너다 보이는 것이 북녘땅이다. 저쪽 언덕에 누군가가 낚시질을 하고 앉아 있는 것이 보인다. 인민군 하나가 자전거를 타고 서쪽으로 내려가고 있다. 아마도 순찰병인 것 같다. 왜 우리가 저 내 땅을 오고가지 못하는가? 저 땅이 왜 낯선 외국사람의 것으로 느껴지는가? 이것이 누구 때문인가? 38선은 누가 만들었는가! 나는 속으로 중얼거렸다. "저 강물보고 물어보라! 우리 민족에게 무슨 죄가 있느냐."라고. 저 강물은 우리 민족의 유구한 력사를 담고 흘으고 있다. 우리 력사의 증인이다. 배를 탔다. 거기서 조금 거슬러 올라가 옛날 홍범도 장군의 전첩지 만포진이 보고 싶어 올라가자 했더니 물이 얕아 갈 수가 없단다. 단제조선, 부여, 고구려의 그 광활했던 옛땅 그 편편하고 넓은 평야 아무리 큰 장마가 저도 홍수라는 것이 날 것 같지 않은 넓은 땅 옥야처리라.

선인들이 중앙아시아로부터 홍익인간 할 만한 땅을 찾아 여기 이 복된 땅에 자리잡은 그 지혜를 알 만하다. 풀 한 포기를 만져보아도 감회가 무량하고 눈물이 난다.

령토의 개념으로는 현실적인 령토와 력사적인 령토 개념이 있는 법이다.

현실적으로는 빼앗겼지만 력사적으로, 문화적으로는 우리의 땅이라 불러보는 것은 죄가 아닐 것이다. 그러나 중국사람들의 동북공정이라는 정책은 이를 용납하지 않으려 하고 있다.

룡정, 자유시, 하르빈, 심양, 단동

룡정으로 갔다. 유서깊은 룡정중학교에 들려 옛날 본관 2층에 올라가니 거기 전시실이 있어 여러 독립투사들의 사진이 진렬되어 있었다. 이곳이 만주지역 독립운동의 발상지이다. 그 사진들 중에는 김재준 박사도 있다. 나의 신학교 은사다. 그가 처음에 이곳에서 교편생활을 했던 것이다. 기념품 매점에서 붓 한 자루를 샀다. 그곳에서 나와 룡두레 우물을 보고 그 이름난 해란강을 건너 일송정에 올랐다. '선구자'의 노래 가사가 자연석에 새겨져 있었다.

일송정에서 북쪽으로 내려다 보는 데 넓은 경관은 형언할 수 없이 아름다웠다. 그런데 거기 일송정 이름 그대로 한 그루의 소나무는 죽어 있었다. 이 소나무는 옛날 독립투사들과 인연이 있던 것으로 일정 때 왜놈들이 뿌리에 독약을 넣어 죽인 것을 종전 후에 이곳 동포들이 다시 심었으나 또 누가 베어버렸는데 최근에 다시 심은 것이 현재 죽어 있는 나무라 한다. 이 소나무의 수란이 곧 우리 민족의 수란이 아니고 무엇이냐? 여기서도 나라 없는 백성의 설움을 다시 느낀다. 그곳에 조선족 어머니들이 과일을 팔고 있다. 그 밑에 마을에 산다 한다.

수분하로 가서 우리 독립군의 요람지 연해주로 들어갈까 했으나 러시아

비자가 없어 갈 수가 없었다. 하르빈으로 나와 하르빈역의 광장 어데쯤 안중근 의사의 이등 저격 지점이라 싶은 곳에서 사진을 찍었다. 그날 이등의 가슴과 배에 3발을 쏘았고, 왜령사, 만철 초재 등을 향해 3발을 쏘았던 권총의 화약 냄새는 나지 않았다. 야간 렬차를 타고 흑룡강가 흑하에 오니 날이 밝았다.

관광객들도 이곳을 찾는 이는 드물 것이다. 그러나 우리는 그 한 맺힌 흑하사변[자유시사변, 1921년]의 참상을 느껴보고자 이 북쪽 끝까지 왔다. 강이 꽤 넓고 선박들이 많은 것으로 보아 수상교통의 요지인 것 같다.

저 건너 러시아 땅에 보이는 곳이 이만이라는 자유시(그 당시)이다. 우리 독립군들이 왜놈들의 소탕작전에 쫓겨 밀산으로 들어갔다가 불안해서 아주 안전한 곳에 정착하여 장구한 게획[계획]을 세울 작정으로 강건너 찾아간 곳이다. 그 당시 우리는 백계 러시아와 싸우기도 하면서 쏘비에트에 협력했던 것이다. 그러나 왜놈들의 외교수단에 넘어간 쏘련군이 우리의 무장해제를 요구했으나 들어줄 수가 있겠는가? 불과 몇날이 지나 그들은 우리를 덮쳤다. 어처구니 없는 일이다. 뜻하지 않은 참변에 1천 수백명이 사살되고 행방불명되고 물에 빠져죽고 포로가 된 것이다. 세상에 이런 배신이 있을 수 있는가? 당시 쏘비에트가 혁명 초기인지라 혁명을 완수하기 위해서는 왜놈들과의 타협이 필요했기 때문이었다. 나라없는 백성의 신세가 이런 것이다.

여기서 살아남은 김좌진(1889~1930), 홍범도(1868~1943), 김규식 (1880~1931), 리청천(1888~1957) 장군 등은 패잔병의 신세로 다시 만주로 들어왔으나 모두 힘없이 흩어지고 말았던 것이다. 후에 김좌진 장군은 공산당의 손에 죽고 홍범도 장군은 혈혈단신 시베리아 등지로 류랑하다가 어데서 숨을 거두었는지도 몰은다.[1]

이곳 강가에서 허전한 마음을 달랠 길이 없다. 다만 거기서 제주도 하르방 비슷한 돌 하나를 주어갖이고 돌아올 뿐이었다.

심양으로 왔다. 거기 우리 조선족들이 모여 산다는 만륭툰으로 갔다. 거리의 간판 등도 전부 한글 일색이다.

아파트 휴식 공간이나 길거리 쉴 만한 곳에 모아 한가로히 담소하는 남녀 로소 모두 정겨왔다. 약 4, 5천명 쯤 되는가 싶었다. 각지에서 계속 모아드는 중이란다. 나는 거기 모아 담소하는 분들에게 남쪽에서 왔다고 인사하고 "여러분! 여러분은 이곳이 타국이라 생각하지 마십시오. 본국에서 여러분의 아버지, 할아버지들이 독립운동을 위해서 또는 삶의 터전을 찾아왔다고는 하지만 실상은 옛날 우리 선조들의 나라, 그들이 손때 먹여 일군 토지 이 강산에 다시 찾아온 주인이라는 긍지를 갖이고 서로 우애 화목하게 사십시오."라고 격려해 주었다.

압록강 단동으로 가보았다. 역시 우리나라 제1의 강이다. 헤넓은 하구에 철교가 있다. 렬차가 그리 잦우[자주] 오고가는 것 같지 않다. 신의주 북단이 조금 보인다. 앞서 말했던 위화도가 멀리 보인다. 배를 타고 가까이 가고 싶었으나 가까이 갈 수 없다고 한다. 저 건너 어덴가 림경업 장군의 통군정이 있을 것이나 알 수가 없다.

---

1 홍범도 장군은 참변 이후 연해주에 머물며 볼셰비키 당원이 되기도 하지만 1937년 소련의 강제이주정책에 따라 카자흐스탄 지역으로 옮겨가게 되고, 그곳에서 말년에는 극장 관리인으로 일하다 76세의 나이로 타계했다. 2021년 8월 15일 서거 78년 만에 홍 장군의 유해는 카자흐스탄에서 고국으로 돌아왔으며, 대전현충원 독립유공자 묘역에 안장되었다.

첫 단추 잘못 채워 뒤틀린 남한 역사

나는 아메리카 양키들이라면 노이로제가 될 정도이다. 내가 범민련 10개년 동안 안기부와 싸웠고, 그 배후의 C.I.A에 대한 싸움이었다. 싸움이라야 달음 아닌 감옥행이었다. 2차대전 종전 후에 여운형이 급속히 설계한 인민공화국의 여론 조사 결과는 당시 우리 사회 70%가 사회주의를 선호한다고 나타났다. 양키군대가 이 땅에 올라오기 전이었다. 저들은 아마 이 소식을 듣고 겁을 먹었을지도 몰은다. 그리하여 저들은 이 땅에 점령군의 자세로 들어왔다. 저들은 우리가 어느 모로 보나 종전 후 전승군의 대렬에 들어 마땅함에도 우리를 전패국으로 취급했던 것이다. 그리하여 우리 민족주의 세력은 완전히 짓밟아 버리고 임정도 개인자격으로 들어오라 했던 것이 아닌가? 그뿐 아니라 주요 지역(grand area)으로 만들려는 정책이었던 것이다. 이것은 저들의 정치적 리익과 편의를 위한 것이었다. 그러기 때문에 중한 전범자 일본이지만 천왕 이하 모두를 처벌하지 않고, 다만 도쿄 총리 1인만 상징적으로 처형했을 뿐이었다. 그리하여 이 땅에 그들의 군정은 민족주의 세력을 거세하고 반면에 친일 반역자들을 대거 등용했던 것이니 이는 일본 재생정책과 력학관계에서 그렇게 된 것이었다. 그리하여 친일분자들은 단지 자기 골방에서 전전긍긍하고 있다가 군정이라는 구세주를 맞게[만나게] 되었고 군정이 시키는 대로 '반공' 한마디로 하루아침에 애국자로 둔갑한 것이니 참으로 어처구니없는 일이 아닌가?

쏘련이 동부전선에 참여하게 된 것도 다시 생각해 보자. 전쟁 말기에 양키들은 만주지역 일본 관동군이 결코 만만치 않을 것으로 보았다.

그리하여 루즈벨트가 주동이 되어 1945년 2월에 얄타 비밀회의가 성립
되었고, 이 회의에서 루즈벨트는 동부전선에서 자기들의 인명피해를
덜기 위해 스탈린에게 동부전선 참여를 권하였다. 이에 스탈린이 쾌히
동의한 것이니 여기에는 루즈벨트의 인명피해에 대한 약은 꾀와 스탈린
의 동방진출 야망이 맞먹어 떨어졌기 때문이었다.

그런데 관동군은 의외로 힘없이 무너져 버렸고, 쏘련군은 단시일에
파죽지세로 남하하게 되니 이에 양키들은 다시 겁을 먹게 되었다. 그대로
두면 한반도 전체가 쏘련군 점령에 들어가게 된다는 것이다. 이에 양키들
이 고안해 낸 것이 북위 38도 선이었다. 그들은 쏘련군은 38선 이북의
왜군만 항복을 받고 이남은 차후로 저들의 군대가 들어가 항복을 받는다
는 제의를 했고, 이에 쏘련이 쾌히 응했던 것이다. 우리가 만약 전승국
대접을 받았다면 우리의 동의없이 있을 수 없는 일이었지만 복이 없는
민족이라 어찌할 것인가?

여기서부터 우리 민족 특히 남한의 경우 모든 것이 제대로 질서가
잡히지 못하고 뒤틀리게 되는 력사를 살 수밖에 없었으니 첫 단추를
잘못 채웠기 때문이었다.

중국 전국시대 악덕 진(秦)나라에 대항해서 제나라의 지사 로중련이
목숨을 내놓고 싸웠고 초나라 굴원도 역시 그랬다. 한번은 진나라 소왕(昭
王)이 초나라 회왕에게 혼인관계를 약속하고 회왕을 초청했다. 이 때에
이미 조정관료들은 진의 뢰물을 먹은 터라 오직 굴원만이 이를 불가타하고
만류했으나 회왕은 이를 물리고 진나라에 갔다가 당장 잡아간힌 바 되었
다. 굴원의 말을 듣지 않은 것을 후회했으나 어이하랴? 그는 결국 돌아오지
못하고 그곳에서 죽고 말았다.

대전 말기에 중국의 장개석도 모택동의 제의에 따라 3, 4차 국공합작에 응하는 척하다가 때마다 배신하고 양키들에 의지했다가 참변을 당하고 말았던 것이 아닌가?

자신의 걸음거리 조차 잊어버린 사람들

오늘날 양키들은 우리에게 무엇이냐? 그들이 좌우합작과 김구를 없애고 자기들의 똘마니 리승만을 세워 이 땅의 통치계급에서는 민족의 정통성을 찾을 수 없게 되었을 뿐만아니라 우리의 민족혼을 송두리째 앗아간 것이 아니냐?

일즉이 북애자도 말하기를 천하에 제 것을 버리고 남의 것을 받아들이는 자치고(天下之 舍己學人者) 한단의 걸음거리를 배우는 격이 되지 않는 자가 없다(不爲 邯鄲學步者 鮮矣)고 했다. 이를 새겨 말하면 옛날 중국 연나라 어느 젊은이가 조나라 서울 한단 사람들의 점잖코 멋진 걸음거리를 배우려고 한단에 가서 쉽사리 그 걸음거리를 배울 수도 없고 또 본래 자기의 걸음거리조차 잊어버려 네 발로 기어서 고국으로 돌아갔다는 장자의 우화에 나온 말이다. 자기 것을 버리고 남의 것만 취하는 자는 나라를 팔아먹고 만다. 자신도 망치는 법이다.

내가 보기에 비관적이라 할른지 몰으지만, 때는 이미 늦은 것 같다. 양풍이 이미 몸에 베어 구제불능이라 생각된다. 옛날 중국 3국 시절 제갈량의 뒤를 이어 촉나라를 구해보겠다고 강유 장군은 거짓으로 종회에게 항복하기까지 하면서 애써보았지만 계획은 역전되어 종회도 죽고 자기도 죽게 될 때에 그는 말하기를 "내 계획이 실패하게 된 것은 하늘이

시키는 일이다."라고 스스로 자결해 죽었던 것이니 뒤의 사람들이 그를 애석히 여겨 시를 짚어 "성도신사일(成都身死日) 성도에서 몸이 죽는 날/ 한장유여애(漢將有餘哀) 한나라 장수(강유)의 슬픔만 남았구나"라고 했던 것이다.

그렇게 촉나라가 망하게 될 때 후주 유선의 아들 유심은 위에 항복하기를 거부하고 자기 조부 유비의 사당에 올라가 곡하고 자결했으며 그 아내도 죽었다. 그러나 유선은 순순히 나가 항복하고 위나라로 끌려갈 때 죽은 장비의 아들 장소와 초주, 극정, 번건 등 몇 사람의 신하가 따라갈 뿐이었다. 위나라에 가서 유선은 사마의에게 안락공(安樂公)이라는 벼슬을 받고 이어서 베푸는 승전 잔치가 벌어졌는데, 사마의가 촉나라 사람들에게 촉나라 노래를 불으라 하니 장소 등 신하들은 눈물을 흘리며 노래를 불으지 못했다. 그러나 바보 같은 유선은 얼굴이 태연한 모습이었다. 그래서 사마의가 묻기를 촉나라 생각이 나지 않느냐? 하니 그가 대답하기를 "여기서 마냥 즐거우니 촉나라 생각은 나지 않는다.(此間樂不思蜀)"라고 했다는 것이다. 유현덕이 죽은 후에 그 바보 같은 유선 밑에서 제강량이 얼마나 곤혹스러운 일이 많았겠는가? 짐작이 가고도 남는다. 그럼으로 후인이 평하기를 유비에게는 손자가 있어도 아들은 없다고 한 것이다.

환단고기에서 희망의 빛을 보다

내가 이런 말을 장황하게 하는 오늘날 우리에게도 정도의 차이는 있지만 거의 같은 처지가 아닌가 싶기 때문에 독자들과 이 한을 나누고자 함이다.

오늘날 재산량이 있다는 자들은 모두 그 나라에[미국] 재산 빼돌리기에 혈안이 되는가 하면 돈량이 있다는 집 며느리들이 산기(産氣)가 오면 원정출산 가는 것을 보라! 그들의 선대 할아버지의 령이 있다면 자기들을 보고 어떻게 생각할 것인가, 한 번쯤 생각해 볼일이 아닌가?

그러나 여름날 가뭄이 아무리 심해도 말으지 않는 샘물은 있는 법이요, 동지섣달 아무리 강추위가 와도 얼어 죽지 않는 씨앗은 있는 법이다. 봉황은 죽실[竹實]이 아니면 먹지를 않고 오동나무가 아니면 앉지를 않는 법이다. 아무리 험한 산비탈에서도 똑바로 자라는 나무가 있고, 잡초 욱어진 덤불 속에서도 나팔꽃은 옳은 쪽으로만 감아 올라가는 법이다.

내가 무엇 한가지 쓸 만한 것을 찾아볼 수가 없는 세월을 살다가 어둔 밤길에 작은 반디불을 맞난 것처럼 한 가닥 희망의 빛을 본 것이 있으니 곧 『환단고기』라는 책이다. 이것을 관학에서는 위서(僞書)라 해서 거들떠 보지도 않디만, 나는 그 책에서 어느 달은 력사서에서 찾아볼 수 없는 뚜렷한 주체사관을 발견하고 '여기에 우리 민족의 갈길이 있구나' 하고 홀로 기쁨에 잠겼다. 그리고 단제도 신화라고 가르치는 세대에서 단제조 선에 대한 생생한 기록은 물론이고 단제 이전에 잃어버렸던 거의 5천개년 의 력사를 다시 찾게된 것이다. 력사란 과거와 현대의 대화를 갖어다주는 데서 그 값어치를 찾는 것이라면 나는 어느 달은 사서보다도 이에서 참으로 진진한 과거와의 대화를 찾게 된 것이다. 특히 거기 나오는 이두를 볼 때 이것이 단제 25대 솔라제 때가 아닌가 싶은데 그렇다면 지금부터 대략 3천개년 전의 우리 말과 오늘의 우리말이 그렇게 서로 같은 것을 발견하고 눈물울 금할 수가 없다. 참으로 금방 나의 혈관의 더운 피가 서로 맞닿음을 느끼지 않을 수 없었다.

2. 배달 민족의 연원

B.C 7,200년쯤 세워진 환국

고고학적 또는 실증주의적 력사연구 말고 전설적 또는 일반 인문주의적 차원에서는 중앙아시아의 파미르(Pamir) 고원 지대가 인류의 발상지라고 생각하는 것이 통례인 것 같다.

『부도지』에 따르면 역시 같은 지대라고 추정되는 마고성의 마고(麻姑) 씨가 있었고 그 다음에 궁희씨 그 다음에 황궁씨, 그리고 유인씨 또 환인씨라고 계보를 대고 있다. 그러나 『환단고기』에 따르면 인류의 시조 는 나반인데 나반이 꿈에 천신의 지시를 받아 7월 7일에 천해(天海, 이는 바이칼(Baikal)호를 가르키는 데 상고시대에는 5대양 같은 바다가 있다는 것을 몰랐기 때문에 바이칼 호와 같은 큰 호수를 바다라 하지 않았나 추측된다)를 건너 아만 할머니를 맞나 아이사타에서 혼례식을 올렸다 했고, 그의 후손이 오늘날의 인류가 되었다고 말한다.

『3국유사』에 "고기에 일으기를 옛날에 환인이 있었다.(古記云 昔有桓 因)"고 나와 있는 그 환인도 나반과 아만의 후손이다. (여기서 말하고 싶은 것은 『3국유사』의 저자 일연이 그 환인이라는 글짜 밑에 주를 달아 이는 곧 제석이라고 한 것은 시정되어야 한다. 왜냐하면 제석(帝釋)이라 는 말은 범어의 Sakra(석가)와 관련이 있는 불가의 도리천의 천황을 가르키는 말인데, 고대의 우리 기록에 엉뚱한 범어나 불가와 관계가 전무한 것이기 때문이다) 고로 환인(桓因)은 환인(桓仁)이라 기록해야 한다.

그 환인씨(이 환인씨에 대해서는 높고 높은 하늘에 높이 앉아있다. 또는 천제의 화신이다, 또는 천제이다 등등의 신화적인 표현이 있어 실재 인물이 아닌가 싶기도 하지만 이는 모두 위대한 인물에 대한 소박한 신격화의 수식으로 보아야 할 것이다)가 환국이라는 나라를 파내류산(Pamir) 밑에 세웠으니 이 때가 B.C 7,200개년 쯤 된다 할 것이다. 이 나라가 천해(Baikal호) 동쪽에 위치하고 그 령역이 동서로 5만리요 남북이 2만리라 했고, 그 안에는 수밀리(Sumer), 양운국 등 12개 제후국들이 있었다 한다. 이것을 처음에는 9환이라고도 하는데 이는 환인씨의 9형제가 나누어 다스렸다는 데서 나온 것으로서 아마도 시대에 따라 전기가 각각 달은 데서 기인한 것으로 보인다. 이 환인씨의 환국이 7대에 걸쳐서 기인한 것으로 보인다. 이 환인씨의 환국이 7대에 걸쳐 3301개년 지속되었다 한다.

사실 환국 시대에 대해서는 실증주의를 떠나서라도 모호성이 없는 것은 아니다. 넘우나 오래된 일이기 때문에 그렇다. 그러나 실증주의 사학가들이 말하는 대로 위서라 해서 내팽개치고 말 것인가? 우리는 역으로 생각해야 한다. 그 오랜 옛일에 대해서 이만한 기록이라도 전해 받은 것을 우리가 다행으로 알고 받아들여야 할 것이 아닌가 생각된다. 우리가 우리 민족문화 사랑에서 긍정적인 리해가 필요하다. 부정적인 태도로만 나간다면 그 것이 내 조부, 선친, 내 자신까지에도 미쳐올 것이 아니겠는가 말이다. 력사학의 원리로써 "믿을 만한 것은 믿을 만한 것으로 전하고(이신전신, 以信傳信) 의심다운 것은 의심스러운 대로 전한다.(이의전의, 以疑傳疑)" 는 원칙이 있으니 그렇게 할 일이다.

환인, 환웅, 치우

기록에 따르면 환인씨의 환국에 이어 환웅천왕의 신불시대 즉 배달나라가 나타나는데 환웅씨가 태백산에 도읍하고 국호를 배달이라 했으며, 백산과 흑수 사이 천평에 남자의 우물과 여자의 우물을 팠다 했다. 여기서 우물이라는 것은 옛날에는 우물을 중심으로 저자가 이루어지는 것이었다 한다. 다시 말해서 시장으로서 여기에는 남자의 것과 여자의 것에 구별이 있었던 것으로 받아들여진다. 그리고 청구에는 정지(井地) 곧 농지를 1정하게 구획해서 농민들에게 분급하는 제도를 실시했던 것이다.

이렇게 약 1천여개년을 지나 14대 자오지 황제 즉 치우천황이라는 영웅이 나타나 중국 산동성으로 진출하여 청구국을 세우고 황제 헌원과 대결해서 탁록의 싸움이 벌어져 이를 복속시켰다. 3한관경본기에 헌원이 항복하니 천하가 순복했다(헌구평복 천하종아, 軒丘平伏 天下宗我)라고 한다. 중국 측 기록에는 헌원이 치우를 사로잡아 죽였다 했으나 이는 당시 치우의 비장이었던 치우비 장군이 공을 노려 성급히 서둘다가 적에게 사로잡혀 죽은 것을 그릇 전한 것으로 사료된다. 이렇게 그 땅을 제패한 치우천왕의 자손이 3묘족이 된 것이고, 또 그 곳의 우리 환족을 구려(九黎)라고도 했으니, 이는 후대 즉 단제 때에 왕자 부루가 회계산(강소성 도산)에서 9려회의를 모았다는 기록으로 알 수가 있다.

그러는 동안에, 나의 연구로서는, 치우천왕 이전까지의 배달국 옛 땅에는 웅씨 왕조 등 여러 제후 소국들이 총립했던 것으로 보인다. 이는 3한관경(三韓管境)본기에 웅녀군이 천왕의 신임을 받은 바 되어 세습해서 비서갑의 임검이 되었다.(웅녀군 위천왕 소신 세습 위비서갑지 왕검,

熊女君 爲天王 所信 世襲 爲斐西岬之 王儉)고 함으로 알 수 있다.

이렇게 지내다가 치우천왕 후 어느 대의 일인지는 분명치 않으나 청구국의 주도 세력이 다시 단제 건국 고지로 진출한 것이 아닌가 싶다. 이는 치우천왕 후 약 4백여개년을 지나 단제 때에 치우씨의 후손 치두남이 단제의 인정을 받아 번한의 통치자로 임명된 것으로 추측이 가는 바이다. 이렇게 해서 신시 배달국은 18대를 거쳐 1천 565개년을 지났던 것이다.

단제조선의 탄생

그러면 단제조선은 어떻게 탄생되었는가? 이상에서 본 바와 같이 배달국의 제후 중에도 웅씨의 나라가 가장 강성했던 것으로 추측되는 데, 이는 3한관경본기 마한세기에 유위자가 웅씨왕에게 도학을 강론했다는 기사로 보아 알 수 있다. 유위자는 단제 11대 도해제의 세자를 가르치는 국자랑의 벼슬자리에 있었던 인물이다. 그렇다면 도해제 때까지 웅씨 왕조가 계속했다는 것을 알 수 있다.

그런데 그 웅씨 왕국에도 또한 여러 속국이 있었던 것 같다. 이는 3신5제본기에 웅씨 족속 중에 단국이 가장 강성하더라(웅족중 단국 최성, 熊族中 檀國 最盛)이라 한 것으로 짐작할 수가 있다.

『단제세기』[단군세기]에 의하면 단군의 부친은 신시 배달국 마지막 황제 단웅(거불단)이고 모친은 웅씨왕녀이다. 여기서 생각되는 것은 거불단을 단웅이라 했는데, 이는 거불단이 아마도 위에 말한 단국 출신이기 때문에 그런 것이 아닌가 싶다. 그렇다면 단군(후에 단제라 함) 자기

부친 때부터 단국(檀國)과 인연이 있고, 단제 자신도 웅씨 왕국 속국의 1인 단국 출신이 아니겠는가? 그리고 그가 당시 웅씨 왕의 외손이 되기 때문에 웅씨 왕의 비왕으로 임명되었다는 것은 속국인 단국의 군주로 책봉됨을 말하는 것이 아닌가 싶다.

나의 이 견해를 뒤받힘하는 것은 단군이 단국으로부터 아사달에 이르렀다(자단국 지아사달, 自檀國 至阿斯達)라는 기사이다. 이것을 다시 풀어 말하자면 아시에 단웅이 단국 출신이고, 단제도 단국에서 생장하여 자기 외조부 웅씨 왕으로부터 자기 연고지인 단국의 군주(비왕)로 책봉되어 24개년 지나 웅씨 왕이 전사함으로 백성들의 추대를 받아 웅씨 왕의 후계자가 된 것이니 바로 천하를 차지한 황제로 승격된 것은 아니라고 보는 것이다. 여기서 말해두는 것은 단제라는 명칭은 위와 같이 단나무가 많은 단국과 인연이 있어 자연스럽게 생긴 이름일 것이니 최남선이 말하는 제사직(무당) 단골(Tengri) 등에서 온 것이라는 학설은 넌센스에 지나지 않는다는 것이다.

이와 같이 단제는 웅씨 왕국 계승 단조로부터 시작해서 천하의 민심을 한몸에 모음으로 아무도 당적할 수 없는 황제 즉 단제가 되어 점차로 배달국 또는 옛 9환의 령역을 모두 아울으게 된 것으로 사료된다.

『환단고기』에 따르면 단제는 천하를 3분하여 진한은 단제 친히 다스리고 변한은 치두남에게, 그리고 마한은 웅백다(자기 외족?)에게 주어 다스리게 한 것으로 나타난다. 이는 단제세기에 보이는 대로 단제의 말년에 와서 행한 일이었다. 그러나 『규원사화』에 따르면 "단제께서 치우씨의 후손에게 남서쪽의 땅을 봉하고 엄독홀(험독, 후에 위만의 도읍지)에 도읍하게 하고 신시씨의 후손에게는 남동쪽 땅을 주어 락랑홀(평양)에

도읍하게 했으며, 주인씨의 후손에게는 개마국, 여수기에게는 예땅을 봉해 주었다. 아들 부소, 부우, 부여에게는 나라 서쪽 구려(句麗) 진번 등의 땅을 봉해주었는데 부여국이라는 것이 곧 그것이다.”라고 했으니 이는 일은바 렬국시대라 한 것을 두고 말하는 것이 아닌가 싶다.

여기서 지적하고 싶은 것은 더러 『3성기』 같은 기록에 보면 환인씨의 아들이 환웅씨이고 환웅씨의 아들이 단군인 것처럼 인식되는 부분이 없지 않은데 이는 물론 년대적으로 가당치 않는 것이다. 이런 착오가 나타나게 된 원인은 가령 환인씨의 환국 7대 제왕이 모두 …… 환인, …… 환인이라 해서 각 사람이 모두 환인으로 나타나 있으니 제1 마지막 지위리 환인의 아들이 환웅천왕이라 해야 맞다. 역시 환웅천왕의 신불시대 력대 제왕들도 모두 …… 환웅, …… 환웅으로 나타나 있으니 제1 마지막 거불단 환웅의 아들이 단제라는 것을 알면 오해가 풀릴 것이라는 말이다.

기자조선과 사대주의 모화사상

이제 소위 ‘기자 조선’에 대해 언급할 차례다. 이것은 다만 중국 측의 “무왕이 기자를 조선에 봉했다.(무왕 봉기자우 조선, 武王 封箕子于 朝鮮)” 라는 8개의 글짜에 의해 터무니없이 날조된 력사인 것이다.

이제 기자(箕子)의 정체를 살펴보자. 그는 은나라 말기 현인들 즉 미자 비간과 함께 은말 3인(三仁)으로 불리는 사람이다. 그는 주왕(紂王)의 숙부로서 이름이 서여(胥餘)인데 자작 벼슬로서 송나라 기(箕) 땅에 봉함 을 받았기 때문에 기자라 했다는 것이다. 그는 주왕이 광폭하게 될 때 간(諫)해도 듣지 않으니 거짓 미치쾅이로 노례 신분을 가장하고 조정을 떠났다 한다. 급기야 은나라가 그 제후국인 주나라 무왕에 의해 기묘(B.C. 1137)에 망했다. 중국 측 기록으로는 그가 무왕에게 홍범이라는 천지 운행의 대법을 강론했다. 하지만 이는 무왕을 미화하기 위한 것이고 설득력이 없는 것 같다. 왜냐하면 『환단고기』 3한관경 본기 마한세기에는 은나라가 망하고 3개년 지나 신사년에 서여가 태행산(태산) 서쪽에 피하여 거하고 있다는 소식을 듣고 가서 여러 주군들을 살피고 열병한 후에 돌아왔다[己卯 殷滅後 三年(B.C. 1134), 辛巳 子胥餘 避居于 太行山 西北地 莫朝鮮 聞之 巡審 諸州郡 閱兵而 還]고 했다. 이를 보아 기자는 조국이 망하게 되자 주의 무왕에게 복속할 것을 거절하고, 태산 기슭에 3개년 동안 피신하고 있다는 소식을 마한에서 사람을 보내여 그 부근 여러 고을을 단속하고 군대를 정비하여 만일을 대비케 하고 돌아온 것이 아닌가 생각된다.

그리고 단제세기 25대 솔라왕 37년 정해(B.C. 1127) 정해년에 기자가 서화로 옮겨가 살면서 인사를 사절했다(箕子 徒居 西華 謝絶 人事)고 했는데 여기서 서화는 송나라 땅 기자의 연고지를 말한다.

그렇다면 3한관경본기의 기록에 비추어 볼 때 기자가 신사 (B.C. 1134)년에 번한 땅에 입국했다고 추리된다. 그리고 단제세기 25대 솔라제 37년 정해(B.C. 1127)년에 떠났다면 기자는 이 땅(수유)에 7개년 동안 있었다는 말이 된다.

후에 번조선의 읍차(지방장관)로 있던 수유 사람 기후가 쿠데타로 번조선(번한)의 왕위를 쟁탈했는데, 그가 기자의 후손이 아닌가 싶다. 만약 그렇다면 이전에 기자가 은나라의 귀족이고 또 현인이기 때문에 번조선에서 그를 청해다가 아마도 객경(客卿)으로 대접하면서 수유에 거하게 한 것이 아닌가 싶다. 그렇다면 기자가 수유 땅에 들어와 약 7개년쯤 있다가 무슨 사연이 있었는지는 몰라도 자손들은 그곳에 남겨두고 B.C. 1127년 즉 정해년에 떠난 것으로 풀이된다. 그리고 서화에 기자묘가 있다는 것은 중국 사람들이 증언하고 있은 터이다. 필자도 가서 확인했다. 그럼으로 현대 중국 사학가들은 기자조선설은 한나라 때에 와서 날조된 것이라고 증언하고 있다. 이런 것을 갖이고 사대주의 모화사상에서 기자가 이 땅을 다스렸다는 것이 무슨 영광스러운 일이나 되는 것처럼 여겨 평양에 기자묘를 만들고 사당을 세워 제사 지냈던 것이다.

위만조선은 압록강 이북에

그러면 '위만조선'은 어떤가? 앞서 말한 대로 기자의 후손으로 보아지는 기후가 수유에서 번조선의 왕이 되어 6대를 내려와 기준왕 대에 연나라 로관이 한나라에 반란을 일으켰다가 흉로로 망명하는 틈에 로관의 부하이었던 위반이 기준왕에게 투항하여 아마도 번조선의 서비(西鄙) 한쪽을 얻어 지냈다. 그러다가 차차 힘을 길러 수유로 내려와 기준을 몰아내고 그곳에 나라를 세워 국호를 조선이라 한 것은 본래 그 땅이 번조선 땅인 까닭이었다고 생각한다. 구체적으로 말하자면 위만 번조선이라 할 것이다. 당시는 진조선, 막조선 등 지금 만주지역이 온통 '조선'의 땅이었던 것이다.

이것을 리해하지 못한 사람들이 평양(평양은 만주지역에도 두어 군데가 있었다)의 단군조선, 평양의 기자조선 등 망국적 반도사관에 빠져든 것은 원인이 따로 있다. 그것은 사마천 『사기』에 일으기를 위만이 1천여 명의 무리와 함께 상투머리를 하고 만이의 옷을 입고 동쪽으로 요새(국경)를 나와 패수(浿水)를 건너 옛 진(秦)나라의 빈땅 상하장(上下障)에 거했다 하는데 여기서 반도사관의 사학가들은 이 패수를 청천강으로 오해한 데서 그렇게 된 것이다. 이것은 참 어리석은 일이다. 그 패수는(사마천 『사기』 번역자 리영묵 교수가 패수를 청천강이라 했음) 결코 청천강이 아니니 그것은 그 뒤에 나오는 옛 진나라의 빈 땅 상하장에 거했다는 것으로 알 수가 있다. 패수를 건너서 도착한 곳이 상하장이라는 말인데 그 상하장은 위와 아래 2군데의 운장(雲障)이라는 말로서 이는 고조선에서 서북쪽으로 중국과의 경계지역에 쌓은 요새로서 지금으로 말하자면 조양 가까운 지역이라 할 수 있다. 이는 단제세기 45대 여루왕때 연나라가 운장에까지 침범해오니 번조선에서 장군 우문언을 보내어 막았다 했고, 또 연나라와 조양 서쪽으로 경계를 삼았다(以造陽以西 爲界)한 것으로 운장의 위치가 지금 조양 지역인 것을 알 수가 있다. 만약 리영묵 교수처럼 반도사관을 고집하는 학자들이 말하는 대로 패수가 청천강이라면 상하 운장이 평양 이남 자비령 쯤으로 옮겨와야 할 것이다. 참 우수운 일이다. 이제 평양의 위만조선이라는 망설은 졸업해야 한다.

이와 같이 7개년 동안 수유에 살다간 기자는 말할 것도 없고 약 80개년 동안 왕조를 유지했던 위만이나 우거는 결코 압록강을 건너온 적이 없었다. 하지만 반도사관에 젖은 학자들은 무슨 힘이 그렇게도 많아서 수유땅 그 무거운 땅덩이를 떠 짊어지고 평양으로 내려왔는지 도모지 알 수가 없는 노릇이다. 『사기』에 나오는 왕험성(王險城)은 험독(險毒) 즉 수유에 대한 사마천의 오기(誤記)인 것 같다. 평양의 왕검성이 아니라는 말이다.

락랑공주 설화와 최리장군-낙랑군

이어서 소위 한4군에 대해서 다시 생각할 필요가 있다. 이에 대해서 박시인 교수 등 1파는 한군이 우거와의 전쟁에서 완전 패배했기 때문에 좌장군 순체가 기시[棄市]되고 위산도 공손수도 참형을 당했으며, 루선장군 양복까지 참형을 당했다고 본 것(실지 양복은 참형을 면하고 서인으로 강척되었음) 같다. 그래서 개선장군이라면 한무제가 그렇게 혹형을 줄 수가 있겠는가? 이것으로 보아 한 4군의 존재를 인정할 수 없다는 립장인 것 같다.

물론 그 전쟁에서 한군이 1번도 이렇다 할 전과를 거두지 못한 것은 사실이다. 우거의 신하 니게상 삼이 우거를 죽이고 로인(路人)의 아들 최(最)가 성기를 죽인 것이 결정타가 되어 위만조선이 멸망하게 된 것도 사실이다. 그래서 삼, 한음, 왕겹, 최 등이 한으로 후작 벼슬을 받고 이어 한 4군을 두었다는 것이 『사기』의 내용이다.

여기서 조심스러운 것은 한 4군의 존재를 부정하는 1파에서는 위의 우거 신하 3, 4인이 한에게 후작 벼슬을 받은 것을 부정하고, 우리 측 자체적으로 론공행상해서 이루어진 성과로 보는 것 같다.

물론 우리 측 『한단고기』의 기록이 이런 견해를 뒤받힘하고 있다. 『북부여기 상』에 의하면 한무제가 우거를 멸하고 한4군을 둘라고 할 때 고리국 출신의 한(汗) 고두막이 일어나 의병을 일으켜 한병과 싸우는데, 우리 측 유민들이 4방에서 도와줌으로 한병을 물리치고(B.C. 108) 크게 승리를 거둔 것으로 나타나 있다. 그런데 이 해에 우거가 삼에 피살되었던 것이다.

또 우리가 예비지식으로 알아야 할 것은 우리 고조선의 부여와 위만조선 측과는 서로 적대시하는 중에서 잦우 충돌이 있었다는 사실이다.

여기서 당시의 여러 정황을 살펴 볼 필요가 있다고 생각된다. 그 무렵 단군조선은 47대 고렬가왕을 마지막으로 망했고(B.C. 238) 남쪽 평양에 도읍했던 막조선(마한)도 그 무렵에 35대 맹남왕을 마지막으로 하여 력사 에서 사라져 버렸다. 무슨 리유인지는 알 수가 없다.

그렇다면 오직 부여와 위만조선으로 량극화가 되어있던 시대라 할 수 있겠다. 그런데 고두막한이 나타나 의병을 모아 한군과 싸워 이를 물리쳤 으나 고두막은 부여에 대해 라이벌 의식을 갖인 단군조선 고렬가왕의 사람이었다. 그것은 그가 부여를 없애고 동명국을 세운 뜻으로 보아 대내 적으로 부여 시조 해모수에게 망했던 단제조선의 맥을 잇자는 뜻으로 풀이 된다.

내가 고대사를 살피는 중에 제1 풀기 어려운 란점은 이 한4군을 푸는 문제였다. 고두막한이 한군을 격퇴했다는 B.C. 108년은 우거왕이 살해되 던 해인데 그렇다면 우거를 살해한 뒤에도 성기가 살해될 때까지 한군이 수유지역에 주재해 있었다는 결론이 되는데 이 모순을 어떻게 해결할 것인가? 고구려 3대 대무신왕 때 호동왕자와 락랑공주의 설화나 락랑왕 최리와 같은 사실로 보아서도 한4군의 존재를 완전히 무시할 수는 없는 사실이 아닌가 싶다.

한사군에 대한 나의 추측

그래서 나는 나대로의 판단을 내려본다. 이것은 어데까지나 가설이요 추측이니 독자 여러분의 리해를 바라면서 이렇게 적어 본다.

B.C. 108년 우거왕이 피살되고 한군이 고두막한의 공격을 받은 후 그들은 완전히 철수한 것이 아니고 수유지역에서 물러나 당시 막조선(마한)이 망하고 주인 없는 땅 아무 저항도 받을 념려가 없는 락랑 평양으로 내려간 것이 아닐까? 그래서 락랑을 자기들의 군(郡)이라 하고 거기 앉아서 명목상으로 주인이 있는 지역 남만주 지금 길림성 남부지역에 현도군(예, 濊)를 두고 황해도 지역에 진번군을 두었으며, 역시 마한의 고지 함경도 강원도 1대를 임둔군을 둔 것이 아닌가 싶다. 그러나 특히 현도군은 확실히 주인이 있는 땅이라 불과 20개년 쯤 후에 고구려 세력에 몰려 료서 상하 운장 쪽으로 쫓겨간 것이 분명하고 얼마 후에 임둔군도 고구려에 흡수된 것이 아닌가 싶다.(리기백의 『한국사 신론』) 다만 저항을 받지 않았던 락랑군만이 진번군을 흡수한 채 상당히 오랫동안 유지했던 것같다.

고구려 대무신왕 때 락랑군이 멸망한 것처럼 보이었으나(A.D. 30) 그렇지 않은 것 같으니 백제 10대 분서왕이 락랑 태수가 보낸 자객에게 피살되었다(A.D. 304)는 기록이 있고(『3국사기』) 그후 10개년 쯤 지나 고구려 미천왕의 공격을 받았으며, 『자치통감』에는 이러한 기록이 있다 한다. 당시 락랑 태수 장통(張統)이 오래 미천왕과 싸우다가 후한의 중신 왕준의 권고를 받고 1천 호를 이끓고 가서 락랑을 료서지역 모용씨에게 귀속시켰다는 것이다.

또 어느 때엔가는 잘 몰으지만 한에서는 한강 1대에 대방군을 두었다 하는데 이는 당시 한나라에서 한수(한강)를 대수(帶水)라 한 데서 나온 지명이라 한다. 그리고 이것도 백제 13대 근초고왕 25년에 백제가 서울을 한산으로 천도할 무렵 백제로 편입되었다고 보는 것이다.

이상으로 보아 한4군을 실지로 락랑군 외에는 유야무야한 처지에 있다가 사라진 것으로 보아야 할 것이라 생각된다.

위에서도 말했지만 다시 말하거니와 이 모든 것을 실증주의 사관에서는 가볍게 취급해버릴 수 있을 것이다. 리기백 교수만해도 환인 환웅은 고사하고 단제조차도 아여 관심의 대상으로 여기지 않은 것같다. 믿지 않기로 하면 할 수 없는 일이다. 하지만 좀 생각해 보자. 단제세기 단제조에는 단제의 3한이 이전의 모든 9환(九桓)을 통솔했다(九桓 悉統于三韓)한 것이 보이는데 환인시대의 9환으로부터 단군제까지는 약 4천개년의 세월이 흘렀는데 그것이 어떻게 가능하겠는가? 허망한 소리로 들릴 수밖에 없다. 그러나 또한 긍정적으로 본다면 이를 뒷받침할 만한 기록이 보이니 단제세기 단군 3대 가륵왕 8년조에는 "강거가 반란을 일으키니 가륵제께서 티베트에 나가 이를 토벌했다.(康居 叛 帝 討之於 支伯特)"라고 했다. 여기서 강거라는 나라는 중국 문헌에서도 증명하고 있으니 중앙아시아 고대 터키족에 속하는 나라라 한다. 그 나라가 반란을 일으켰다는 것은 속령으로 있는 나라가 상국에 대해 반항했다는 의미이니 그 나라와의 종속관계를 암시하는 것이 아닌가? 이를 티베트까지 가서 토벌했다니 믿기지 않을 정도이다. 그러나 전혀 무근한 것을 만들어 적어넣었을까? 다소라도 무슨 사실이 있었기에 기록으로 전하는 것이 아니겠는가?

또 이 가륵왕 때의 일을 뒷받침할 만한 기록으로는 단제 15대 대음(벌음이라고 나와 있기도 하다)왕 때에는 지금의 메소포타미아 지역 곧 문명의 발상지 Sumer와 양운국 등에서 사신을 보내어 방물(方物)을 바쳤다고 나와있다. 그렇다면 역시 그 나라들이 환인 시대 12개 제후국들이니 단제시대까지도 그들이 옛 의리를 잊지 않고 있다는 증거가 아니겠는가?

그리고 또 대음왕 전후해서 단제조선의 인구가 1억 8천이라 했는데 그렇다면 지금부터 약 4천4백개년 전 인구가 희박한 시대의 인구가 그 정도라면 그 령토가 어느 정도이었으리라는 짐작이 가고도 남는다.

또 21대 두밀왕 때에는 천해(Baikal호)가 넘쳐 사아란산이 무너졌다 했으니 이것도 그 지역 나라들과의 인연이 있기 때문에 기록해 둔 것이 아니겠는가? 그럼으로 그 해에 Sumer, 양운국에서 사신을 보내어 방물을 바쳤다고 나와있다. 또 28대 해모왕 18년조에는 북극지대 가까운(?) 빙해(氷海) 여러 한(제후)들이 공물을 바쳐왔다고 했다.

무엇보다도 중요한 것은 단제 13대 흘달왕 50년 조에는 5개의 류성들이 1개의 항성 루성에 모였다(오성취루, 五星聚婁)라 했는데 이것을 실험하기 위해 서울대 박창범 물리학 교수와 라대일 박사팀이 1993년에 수퍼 컴퓨타를 동원해서 6개월 동안 추적한 결과 그 기록이 사실임이 증명되었다 하지 않는가? 다만 박 교수 팀이 연구한 대로는 1개년이 빠르게 나타난 것 뿐이라 한다. 여기서 생각되는 것은 그 옛날 신석기시대 우리의 선인 어른들께서 몇 백개년만에 한 번씩 나타날 수 있는 그런 천체현상을 그렇게 정확히 관찰했다는데 놀라지 않을 수 없다.

이런 사실들을 실증이라는 단순한 리유 하나만으로 쉽살히 팽개처 버릴 수 있겠는가? 또 고고학적 측정이라 해서 그것만이 만능일 수 있겠는가?

또 3한관경 본기에는, 물론 그 저자 리맥(李陌) 선생이 연산군 때 인물이기는 하지만, 환인 12개 제후국 시대 사람들이 5색 인종까지 분류하고 있는데 이는 물론 과학적으로는 인류가 흩어져 사는 그 지역 기후 풍토에 따라 사람의 피부색이 닮아지는 것으로 인식되지만 여하간 우리 황인종은 중앙아시아로부터 동진해서 우랄 알타이를 넘어 고비사막 몽골에서 1부가 분리되어 몽골족이 되고, 1부는 그대로 전진해서 동부아시아로 나와 아사달 배달민족으로 정착한 것으로 파악된다.

이와 같이 소중한 우리 민족 정신적 자산인 『환단고기』에 대한 여러 사람들의 번역들에 있어 오역투성이가 되어 크게 실망하여(물론 필자도 몰으는 구절이 많기는 하지만) 과감히 다시 번역을 해보겠다고 외람되히 붓을 들었던 것이다.

강희남의 독자적인 한글 표기법

흰돌 강희남 선생의 원고를 읽다 보면 한글맞춤법과 맞지 않는 표기법을 다수 발견하게 된다. 때로는 실수로 인한 오자인지 아니면 고의적인 표기인지 헷갈리는 경우도 많다. 강희남 목사는 2001년에 펴낸 『민중주의』(푸른돌)라는 책의 '일러두기'에 자신의 독자적인 한글표기법에 관해 설명했다. 그중 일부를 옮겨 적는다.

[일러두기]

나는 모든 사물에 혁신적이다. 그래서 비판할 것은 비판하고 고칠 것은 과감하게 고친다. 또한 모든 사물에 있어서 어떠한 비진리의 것이라도 용납하지 않기 때문에 세상과는 저촉되는 경우가 많아 고독감을 느낄 정도의 사람이다. 그럼으로 대략 아래와 같이 몇 가지 조목을 적어보고저 한다.

나는 현행 철짜법을 따르지 않는다. 우리 문화의 근본은 우리 문자에 있다. 그럼으로 우리 글의 발은 철자법이 무엇보다도 중요하다고 본다. 그래서 아래에 나대로의 의견과 철자법에 대해서 말하고저 한다.

- 소위 두문법칙이라는 것에 대해서

여기서 '리(李)'를 '이'라 하고 '라(羅)'는 '나' '록(錄)'은 '녹'이라 해야한다 하는데 이는 한낱 넌센스다. 이는 세계에도 없는 법칙이다.

외국 사람들은 같은 글자를 써놓고 경우에 따라서 여러 가지로 발음한다. 례컨대 's'자 하나가 앞에 나오면 'ㅅ' 소리도 나고 'ㅆ' 소리도 난다. 맨 끝에 나올 때는 '즈' 소리도 난다. 중국 사람들은 '북경(北京)'이라 써놓고 산동 사람들은 '뻬이킹', 관화로는 '킹'이 '징'으로 변한다. 그럼으로 원음대로 '리''라''록'이라 쓰고 발음만 이, 나, 녹으로 하는 것이 옳다. '령수증'이나 '력사'도 마찬가지이다.

– 또 '사이 ㅅ'이라는 것에 대해서

여기에 따르면 '뱃사공' '댓가지' '떗목' '머릿돌' 등이 되는 데 이것도 역시 넌센스이다. '배'는 어데까지나 '배'이고 '대'는 어데까지나 '대'이고 '떼'는 어데까지나 '떼'이고 '머리'는 어데까지나 '머리'이다. 여기에 무슨 군더덕이를 붙이는가? 그 원형은 절대 가치를 갖이고 있는 법이다. 다만 그 뒤에 나오는 글자에 따라서 된소리를 낼 뿐이다. 례컨대 '법적으로'라 쓰고 우리가 보통 소리는 '법쩍으로' 즉 '적'을 '쩍'으로 소리내며 '물가(物價)'라 쓰고 소리는 '물까' 즉 '가'를 '까'로 또 '밥ㅎ힘'이라 쓰고 '밥씸'으로 소리내는 경우와 마찬가지이다. 그럼으로 '배사공' '대가지' '떼목' '머리돌'로 써야 한다. 다만 '배사공'의 경우는 '사'를 '싸'로 '대가지'의 경우는 '가'를 '까'로 적으면 된다. 왜냐하면 ㅅ과 ㅆ, ㄱ과 ㄲ은 서로 동질성을 갖이기 때문이다.

이밖에도 흰돌 강희남 선생은 '일러두기'에 경제법칙이라는 것에 대하여, 한자음 'ㅔ'와 'ㅖ'에 대해서, 의태어와 의성어에 대해서, 륙갑연호(六甲年號)를 쓰지 않는다, 지명 국명 표기의 시정 등에 대한 의견을 적었다.

– 소위 경제법칙이라는 것에 대해서: 주검⇒죽엄, 무덤⇒묻엄.
 '죽'만 보아도 사(死)의 뜻, '묻'만 보아도 매(埋)의 뜻을 알 수 있게 하는 것이 무분별한 경제법칙보다 낫고 그것이 우리 글의 생명이다.

- 한자음 'ㅖ'와 'ㅞ'에 대해서: 세계⇒세게, 회계⇒회게

  경제법칙은 이런데 적용해야 한다.
- 의태어와 의성어에 대해서: 뻐꾸기⇒뻐꾹이, 뜸부기⇒뜸북이

  조상들의 슬기로운 의성, 의태의 현상과 진의를 살려야 한다.
- 지명 국명 표기의 시정: 영국⇒잉글랜드, 독일⇒또이취(불란서를 프랑스,

  아소를 예수, 백림을 베를린으로 시정했듯이)

  중국 사람들의 글자 표기음에서 벗어나 우리 언어문화를 주체적으로 써야

  한다.

한학에 조예가 깊었던 강희남 목사는 단재 신채호가 한학자이면서도 역사서 저술할 때 한글을 먼저 쓰고, 한자를 쓸 경우엔 반드시 괄호 속에 넣어 병용했던 것을 높이 샀다. 그래서 "해방 후론 괄호 안에 병서는 할지언정 그 밖에는 한일(一) 자 하나를 그어본 일이 없이 지내는 터"라고 했다.

강희남 목사는 자신이 이토록 언어 사용에 신중한 이유는 공자의 정명론에 근거한 것이라 했다. 모든 사물의 이름을 바르게 불러 줘야 그 사물의 본질을 정확히 파악할 수 있다는 것이 정명론의 요체다.

우리는 양키에게 길들여질대로 길들여저 이제는 남의 종노릇하면서도 자기가 남의 노예의 신분인 것조차 몰으고 살아간다. 이것은 더욱 슬픈 일이다. 엘리아스 카데티라는 시인은 "어느 세상이던 가장 먼저 울기 시작해서 가장 나중까지 우는 것이 시인이다."라고 했다는데 나는 시인도 아니면서 눈물이 어데서 나오는지 몰으겠다.

이러한 사대주의가 리조에 들어와서는 더욱 심해저 상고시대나 단제(檀帝)조선의 민족문화는 생각지도 않고 마치 우리 문화가 중국에서만 비롯된 것으로 알아서 우리의 것이 중국보다 나은 것이 있다면 이는 중국에 대한 불경스런 일로 여길 정도이었다.

9장

나에게는 피신할 '고구려' 땅도 없다

강희남

* 이 원고는 흰돌 강희남 목사가 쓴 『우리 민족 정리된 상고사』(2008, 법경원)의 서론 일부(1. 허탈감, 2.사대사관)와 맺는 글을 전재한 것이다.

1. 허탈감

'8.15' 종전이라는 것은 또 무엇인가?

옛날 중국 전한의 사마천은 친구 리릉(李陵)을 변호하다가 억울하게 중형을 당해 불구의 몸이 되니 만사에 뜻이 없어 "집에 있으면 무엇을 잃어버린 것처럼 허전하고 밖에 나가면 어데(어디)로 갈 곳도 없다."라고 허탈한 심정을 토로했다 한다. 나는 본래 성격이 잘못되어 그런지 남이 웃을 때 함께 웃지 못하는 사람이다. 남이 락관하는 것을 보고도 비관하기 일수이다.

특히 우리 민족 현대에 와서 왜놈들의 종살이가 36개년이라 하지만 실상은 운양호 사껀으로 인한 1876년 왜놈들의 강압에 의해 불평등하게 체결된 일은바 강화조약으로부터 시작되었다고 보는 사람이다.

그런데 '8.15'(해방이라 할 수 없음) 종전이라는 것은 또 무엇인가? 아메리카 양키들은 본래 종전이 되면 일본을 아시아의 주요국가(major state)로 빨리 재생시켜 자기들 전후 아시아 정책의 꼭두각시를 만들려는 야심에서 일왕(日王) 이하 극악한 전범자들에게(도조 한 사람 처단했을 뿐) 아주 가벼운 판결로 처리했다. 그 정책의 일환으로 이 땅에 들어선 그들의 군정은 고의적으로 친일파들을 대거 등용했다. 이리하여 어제의 민족반역자들이 아메리카 군정에 의해 일조에 반공애국자로 변신했으니 여기서부터 우리 이남(남한)의 사회적 현실은 무엇이나 제대로 질서가 잡히는 것이 있을 수 없고 꽈백이처럼 꼬이기 시작했다.

그들은(이것은 내 추측에서 하는 말이지만) 우리를 향해 "너희들은 일본의 식민지 백성들이 아니었느냐? 그럼으로 우리는 일본으로부터 너희들을 식민지 노예를 인수한 것밖에 아무 것도 아니다."라는 그런 반인륜적인 자세이었던 것이다. 그런 자들이 우리 항일애국 민족세력을 용납할 까닭이 있겠는가? 우리는 복을 못 타고 나서 61개년 동안 남의 종살이를 면치 못하고 있는 실정이다. 이 땅에 우리 대통령이 존재하는가? 그들의 주정부 지사만큼도 자유나 자주권이 없다. 우리는 민족의 력사도 민족혼도 완전히 상실해버렸다.

홍수지 횡류(洪水之 橫流)라는 말이 있다. 이는 홍수가 나서 큰물이 세차게 흘러감으로 전날의 아름다웠던 것이 다시 회복될 수 없음을 의미하는 말이다. 나는 우리나라 현실을 볼 때 바로 그런 느낌이다. 우리 조상 선렬들이 피로 지키고 눈물로 가꾸어 우리에게 소중한 유산으로 물려주신 이 터전을 갖이고 우리는 지금 누구에게 팔아먹고 있는가? 우리 선렬들이 지하에서 얼마나 통분해하고 계실 것인가?

잃어버린 만주벌판은 그만 두고 ……

『규원사화』의 저자 북애자가 방랑의 길을 떠나 룡만에 이르러 압록강 가에 있는 림경업 장군의 통군정에 올라 북쪽 강 건너 땅을 바라보매 "한 갈대의 배를 타고 압수를 건너면 이미 남의 땅인가? 슬프다. 우리 선조들의 옛 강역이 오늘은 남의 땅이 되어 1천여개년을 지났으니 회고비금(懷古悲今)이라, 옛일을 생각하니 오늘이 서롭구나" 하고 탄식을 금치 못했다 한다. 나는 반대로 얼마 전에 압록강 저편 중국 땅에서 강 건너 이북 땅을 바라보매 잃어버린 만주벌판은 그만두고 내 땅도 내 발로 못 가는 신세가 되었음을 생각하는 나의 감정은 북애자의 탄식 정도가 아니었다. 이것이 모두 누구 때문인가? 양키들이 아니면 38선을 누가 만들 수 있었던가?

그 옛날 환인천황시대 중앙아시아에 나라가 세워졌을 때 남북이 2만 리로 동서가 5만 리라는 광활한 국토 또 환웅천황을 거쳐 단제조선에 이르기까지 9환의 옛땅을 차지했던 우리 민족이 오늘날은 고구려 땅도 다 잃어버린 채 아시아 한 모퉁이 파지밭만큼 붙어 있는 그것조차도 제대로 간수하지 못하고 남쪽과 북쪽으로 갈라져서 처참한 신세가 되었음을 말하면 무엇하랴? 세계[세계]에서 우리 민족처럼 끝중잡이로 퇴락한 민족이 또 어데 있겠는가?

우리는 양키에게 길들여질대로 길들여저 이제는 남의 종노릇하면서도 자기가 남의 노예의 신분인 것조차 몰으고 살아간다. 이것은 더욱 슬픈 일이다. 엘리아스 카데티라는 시인은 "어느 세상이던 가장 먼저 울기 시작해서 가장 나중까지 우는 것이 시인이다."라고 했다는데 나는 시인도 아니면서 눈물이 어데서 나오는지 몰으겠다.

백제가 망할 때 조국의 회복운동에서 복신, 도침, 왕자 부여풍도 있었지만 흑치상지와 지수신(遲守信)은 임존성을 마지막까지 지키고 있다가 굳은 약속의 동지 흑치상지마저 당장 유인원에게 항복하고 배신해서 임존성을 향해 처들오니 강약이 부동으로 임존성도 함락되었다. 이제 지수신은 끝까지 지키던 보루 임존성을 뒤로하고 가족처자까지 버린 채 단기로 고구려를 향해 떠나는 그 형상이 얼마나 처량했겠는가? 그러나 나에게는 피신할 '고구려' 땅도 없다. 갈 곳이 없다.

2. 사대사관

뿌리깊은 중국 사대주의

옛날부터 우리 민족의 중국에 대한 사대주의의 뿌리는 깊은 것이다. 실상 우리가 세계 최고(最古)의 영광스러운 상고사를 알게 되면 중국 력사는 우리보다 3천개년 정도가 뒤진 것이며 그들이 최초 자기들의 천자라고 내세우는 황제 헌원도 환웅천황 배달국 시대부터 제후국의 하나로 내려오던 웅씨국 왕으로 종주국에 대한 반의를 품었다가 성공했다고 볼 수 있는 사람이다.

그러나 그동안 이러한 력사를 몰으고 있었기 때문에 중국 사람들이 말하는 력사를 믿어 우리 민족문화가 마치 그들에게서 흘러나온 것으로 인식하게 되었음으로 그들에 대한 사대주의는 어쩌면 당연한 일이라 할 것이다.

특히 후술하겠지만, 은나라가 망하고 무왕에게 복속하지 않으려고 우리나라에 왔던 기자(箕子)가 우리 땅에 7, 8개년 동안 머물다가 떠난 사람임에도 중국 사람들의 자의적 력사 왜곡의 몇 글짜를 력사적 사실로 믿어 기자가 우리 민족을 통치했다고 믿고 그것을 큰 영광으로 여겼던 것이다.

이러한 력사인식에서 중국 사대주의가 무슨 국시나 되는 것처럼 자랑스럽게 여긴 사람 중의 하나가 고려중기 17대 인종조에 출현한 김부식이니 그는 귀족 태생응로 대사학자요, 정략가요, 또 유학자로서 어사대부,

호부상서, 평장사 등 고위관직에 올랐다. 그는 묘청의 란을 평정한 공신이며 후에는 인종의 명에 의해서 『3국사기』를 편찬했으니 『3국사기』는 필연적으로 우리 민족 정사로 자리매김하게 된 것이다.

그러나 그가 참고로 했던 사서들이 오늘에 전해지지 않고 있기 때문에 『3국사기』에 대해 일쯯다 저렇다 비판할 수가 없게 되었다. 1부 속설에 의하면 그가 참고로 한 사서들을 없앴다 하기도 한다.

우리는 빈약하게나마 우리 주체성을 몇 가지 사서들을 통해 볼 수 있는 것은 그 저자들은 한결같이 우리 측 군주를 제(帝)라 칭하고 천자의 년호를 쓰기도 했으며, 상대방의 군주에 대해서는 수주(隨主) 당주(唐主)라 하고 그들의 군대에 대해서 수로(隨虜) 당로(唐虜) 등으로 적고 있으나 『3국사기』에는 수양제, 당태종 또 그들의 군대에 대해서는 왕사(王師)라는 높임말을 쓰는가 하면 "천자의 나라 왕사(王師)를 힘입어 백제와 고구려가 평정되었다."라고 할 정도이었다. 한편 친일 사가 리병도에 대하여 다행스럽게 느끼는 바는, 그가 『3국사기』를 번역하면서 우리 측 고서에 나오는 것과 같이 수양제를 수주(隨主), 당제를 당주(唐主)라 쓰고 있는 것만은 퍽 다행스럽게 여겨진다.

그는 또 고구려를 침략한 당군과 고구려군과의 백암성 싸움 당시 우리 측 북부욕살 고연수 장군과 남부욕살 고혜진 장군이 대로인 고정의 선생의 충고를 듣지 않고 싸우다가 당주 리세민에게 항복해서 적군의 향도가 되고 후에 높은 벼슬을 받았다고 했으나, 『환단고기』 고구려 본기에는 고연수, 고혜진 장군이 고정의 원로의 충고를 들어 나가 싸우지 않고 시일을 끊기 위해 성을 굳게 지켰고, 리세민의 뢰물을 받지도 안했으매 때로는 겉으로 적군에게 내응하는 듯한 태도를 보여주었을 뿐이었다는 것이다.

중국과 신라 편에서 역사 기록한 김부식

그뿐 아니라 김부식은 안시성 싸움에서 당주 리세민이 참패를 당하여 돌아갔다고만 전하고 있으나 우리 측 기록에는 리세민이 양만춘 장군의 살에 맞아 한쪽 눈을 상하고 달아나는 길에 소택지 등 늪지에 빠져 곤욕을 치르고 있을 때 고구려 연개소문과 고연수, 추정국, 양만춘 등이 승승장구 추격했고, 리세민이 사람을 보내 항복을 비니 연개소문은 당나라 서울 장안에 입성해서 리세민과 맹약을 맺어 산서, 하북, 산동, 강회 등 지역이 모두 고구려에 속하게 되었다라고 적고 있는데, 이런 것이 전혀 근거없는 일이라 할 수 있겠는가?

그리고 김부식은 백제, 고구려, 신라 등 3국에 대한 평론에서 백제에 대해서는 그 말기에 이르러 무도한 일을 많이 했고 때로 신라와 원수가 되어 싸웠으나 고구려와는 강화를 유지했다고 썼다. 그리하여 당의 천자가 몇 차례 국서를 내려 신라와의 원한을 풀도록 했지만 겉으로는 천자의 명에 복종하는 척하면서도 천자의 칙명을 어기어 멸망을 했으니 당연한 벌을 받은 것처럼 쓰고 있으며, 고구려에 대해서는 본래 기자(箕子)의 교화를 받아 그 문화가 크게 열었으나 진(秦), 한(漢) 시대에 들어 중국과 동쪽 변방 여러 나라들 사이에 옹알적 존재가 되어 그들의 중국 래왕의 길을 막고 부당하게 왕명(王名)을 참칭하여 중국에 대해 불손했고, 수와 당이 천하를 통일했는데도 천자의 명에 순종치 않으면서 천자가 보낸 사자를 욕봉기도 했다. 그와 같이 거만한 죄를 범했으나 때로 기계(奇計)를 써 천자의 대군을 깨뜨리기도 했지만 마침내 천자의 징게[징계]를 받아 망하고 말았으니 강한 술에 취한 막난이 짓과 같은 것이라 쓰고 있다.

그러나 신라에 대해서는 그가 신라 김씨의 후손이라서 그런지는 몰라도 매우 긍정적인 어투를 썼다. 그는 신라의 왕가에 대해 왕위에 앉은 사람은 자기를 위해서는 검소하고 백성을 위해서는 너그럽고 정사를 위해서는 간편하게 하면서 지성으로 천자의 나라를 섬겨 조공사절이 끊기지 않았으매 중국의 국학에 왕가 자제를 입학시켜 공부하게 하고 그 나라 성현들의 교화를 받아들여 례의의 나라가 되었다고 평했다.

그러나 바람즉하지 못한 불공에 젖어들어 평민 자제로 하여금 사찰에 들어가 생업과 국방의 의무를 망각케 했다. 그리하여 신라말기에 이르러 경애왕(박씨)의 란정으로 나라가 어지러워져 마침내 견훤의 침공을 받게 되어 죽었다. 그 뒤를 이은 경순왕(김씨)은 오롯이 생민을 아껴 그들의 액운에 처하지 않도록 하기 위해 자진해서 고려 왕건에게 투항했음은 크게 덕스러운 처사이며 또 고려 조정에 충성했으니 자랑할 만한 일이라고 찬미하고 있다.

그러나 만약 그가 자기 선대 왕실에 따라 불교인이 되었더라면 불교에 대해 어떻게 썼을까? 또 그가 신라 김씨로서 박씨 왕, 경애왕에 대해서는 아주 망국 군주로 적고, 김씨 경순왕에 대해서는 그렇게 잘 쓰고, 마의태자가 부왕의 천년사직에 대한 그 가벼운 처사에 항거하여 입산해 버린 그의(義)에 대해서는 왜 입을 다물고 있는가? 이러한 의문이 들기도 한다. 김부식이 중국 『3국지』를 몰을 리가 없다. 촉한이 망할 때에 후주 유선이 위나라에 항복하게 될 때 그의 아들 유심은 조국에 대한 대의명분을 말하며 항복이 불가하다 했으나 바보 같은 유선이 듣지 않았다. 이에 유심은 조부 유현덕의 사당에 들어가 자결하고 말았다. 이를 두고 세상 사람들은 평하기를 "유비무자유손(劉備無子有孫)"이라 유비는 자식은 없고 손자만 있다 했는데 이는 한 나라를 지키는 대의를 소중히 여겨 한 말이다. 다시 말해 위에 항복한 바보 같은 유선을 유비의 아들이 아닌데 유심같은 훌륭한 손자만 두었다는 것이니 얼마나 기막힌 해학인가? 김부식이 이런 것을 몰을 리가 없다면 어찌 경순왕의 처사를 그렇게 일방적으로 칭찬해 말할 수 있을까?

고구려, 백제의 중국 지배 기록은 무시한 김부식

한편 그가 자기 조국 신라를 가르켜 "신라는 조선유민"이라 했지만 실상 그 조선에 대해서는 한 글짜도 쓰지 않했다. 고조선은 그만두고 3국시대 전성기에 들어와 고구려와 백제가 중국 하북, 하남을 비롯해서 양자강 류역 등 중국 동부 전역을 지배하고 군현 관서를 두었다는 것이 중국 25사의 송서, 량서, 남사, 통전 등에 기록되었다 하는데 김부식이 그런 25사쯤 읽었음이 틀림없는 일이지만 그런 사실에 대해서는 일체 눈을 감아버렸을 뿐만 아니라 『태백일사』에 나오는 대로 고구려 말기 당태종이 고구려 침입에 대패하고 연개소문과 양만춘 등이 당의 장안까지 추격하여 당태종과 약정하니 산서, 하북, 산동, 강좌(江左) 등이 모두 고구려의 속주가 되었다 했는데도 김부식에게는 몰으는 일이 되어버렸으니 이상한 일이 아닌가?

또 고구려 보장왕 원년(AD. 612)에는 당시 대막리지 연개소문이 이미 백제와 맞나[만나] 백제, 신라, 고구려는 한민족이니 서로 련합하여 외적과 싸울 것을 설득했다. 김춘추가 진덕녀왕의 사신으로 고구려에 왔을 때 연개소문은 역시 김춘추를 사저로 초청하여 은근히 그와 같은 뜻을 말하고 동의를 구했다. 한 피 받은 민족이라는 큰 가슴으로 돌아가 3나라가 련합하자는 연개소문의 흉도[胸道, 마음의 도량]가 얼마나 큰 것이었던가? 당시로서 그만한 포부를 지닌 사람이 누가 또 있던가? 그렇지만 본래 백제를 치려고 고구려의 원병을 청원하기 위해 온 김춘추의 도량으로 그 넓은 가슴을 리해할 수 있을 것인가? 제비나 뱁새가 어찌 창공을 나는 기럭이의 뜻을 알 수 있겠는가? 김춘추는 닫힌 마음으로 돌아가고 말았던 것이다. 그리고 곧 당에 돌아가 원병을 청했으니 이는 백발백중의 일이다. 왜냐하면 당나라로서는 그렇게 해서 백제를 손에 넣을 수 있는 절호의 기회였기 때문이다. 이렇게 하여 백제부터 망하게 만든 것이니 김춘추의 반민족적인 처사와 연개소문의 민족적 초월성을 생각하면 후대 사람으로 가슴을 칠 일이 아닌가? 당시 연개소문의 큰 뜻이 이루어졌다면 우리 민족은 옛날 고조선의 그 큰 령토를 그대로 보존하면서 오늘까지 중국과 대등한 강국으로 존속했을 것 아닌가?

김부식이 이러한 사실을 몰랐을 리가 없으니 그는 연개소문의 사상과 철학이 옳았다는 것을 알면서도 고구려에 대한 선입감이 그를 어둡게 만든 것이 아닌가 싶다.

『3국사기』의 이러한 김부식 문화사대주의는 알게 몰으게 불련속선으로 고려 말기 몽골 례속에서도 그 영향이 미치지 않았다고 보기 어려울 것이다. 우리는 당시 3별초의 기막힌 독립투쟁이 몽골과 망국적 고려 련합군에 의해 참패당한 사실에서 그렇게 추단하는 것도 큰 무리는 아닐 것으로 안다.

일독(日毒)에 이어 양독(洋毒)에 중독된 백성들

이러한 사대주의가 리조에 들어와서는 더욱 심해저 상고시대나 단제(檀帝)조선의 민족문화는 생각지도 않고 마치 우리 문화가 중국에서만 비롯된 것으로 알아서 우리의 것이 중국보다 나은 것이 있다면 이는 중국에 대한 불경스런 일로 여길 정도이었다. 이런 현상은 현재 양키들과의 관계에서도 례외는 아닐 것이다.

거기에 더하여 왜놈들이 우리 민족 강점 말살 정책에서 고대 우리 민족 성조 단제(단군)에 대해서 실제 인물이 아니고 신화적 인물이라고 강변하면서 교육적으로 우리 자녀들에게 우리 문화력사를 의심하도록 가르치게 했다. 또한 막대한 예산을 들여 총독부 안에 력사편찬회라는 기구를 두었고, 최남선은 완전히 그들에게 매수되어 일조동조론(日朝同祖論) 즉 일본을 주축으로 하여 일본과 조선의 조상은 같다라는 것을 말하기도 했던 것이다, 그러면서 총독부는 일연의 『3국유사』도 당시 몽골의 침략을 받으면서 항몽정신 고취를 위해 날조해 낸 것이라 가르쳤다. 심지어 그들은 서당에서 우리 학동들에게 가르치는 『동몽선습(童蒙先習)』 같은 책을 압수해버렸던 것이니 이는 거기에 우리 국조 단제에 대한 간단한 내용이 들어있었기 때문이었다. 이런 일에 대하여 그래도 리병도는 말래에 와서 이를 뉘우치고 고백했다 하거니와 최남선은 그런 것도 없다.

원인 없는 사물이 어데(어디) 있으며 뿌리 없는 민족이 어데 있겠는가? 그러나 우리 민족은 일제로 인해서 자기 정체성을 잃어버리고 남의 등신 노릇만 하며 살아 왔던 것이다. 실로 신채호 선생이 말한 대로 아(我)와 비아(非我)를 구분하지 못하고 남의 것이 들어오면 그것에 맹종자가 되었으니 불교가 들어오면 불교의 나라가 되고, 예수교가 들어오면 예수교의 민족으로 변신해 버리는 그런 민족사회적 현상을 로정시켰던 것이 우리의 과거나 현재가 아니었던가? 특히 사학분야에서 오늘도 사학자라는 사람들이 왜놈들이 가르친 그대로 '단군신화'가 그들의 입에서 거침없이 튀어나오는 실정이다. 신채호 선생이 말한 대로 우리 민족은 일제 때에는 왜독(倭毒)에 중독되었다면 오늘은 양키들로 인한 양독(洋毒)으로 중독된 백성들이 아닌가? 그리하여 자기의 력사와 문화를 헌신짝처럼 버리고 남의 것만 맹종하는 쓸개 없는 백성이 된 것이다.

3. 맺는 글

자기가 노예라는 것 조차 모르고 산다는 것은

"거기 누구 사람 없오? 거기 누구 사람 살릴 사람 없오?" 이것은 구한말 왜놈들에게 나라가 망하기 오래전 위정자들의 부패로 나라는 이미 망해 들어가는데 탐관오리들의 가렴주구로 죽어가는 백성들이 해저믄 날 저 멀리 지평선 넘어에서 사람을 찾아 외치던 소리이었다. 얼마나 애절한 외침이던가?

오늘날은 물론 그와 같은 현실은 아니다. 그러나 필자는 오늘날 식민지 아닌 식민지 백성으로서 사람 찾는 심정은 그와 동일하다. 진정 애국자를 찾아 그렇다. 사람 없는 세대에서 사람 찾는 세상이라는 것이다.

우리 조상 선렬들이 유구한 세월을 피로 지키고 눈물로 가꾸어 그 얼마나 소중한 유산을 우리에게 물려주신 이 터전인가? 그런데 양키 제국주의자들은 2차대전 종전을 기해서, 좀 더 심층적으로 생각할 때, 이 땅을 하나의 전리품으로 왜놈들에게 인수 받았다는 자세가 아니었던가? 이것은 그들의 군대가 해방군이 아니라 점령군의 자세로 이 땅에 올라와 왜놈들이 물러간 중앙청[총독부 건물]에 태극기가 아니고 자기들의 성조기를 세웠다는 사실 그 자체가 웅변하고 있는 것이다.

이것은 실로 우리 민족사(이남)의 운명이 결정되는 기막힌 순간이었다. 저들이 웬만한 국제정치적 도의심이 있었다면 상해 임정과 기타 애국 민족주의 세력들과 항일운동으로 죽어간 20만 명의 령혼을 생각한들, 어떻게 그렇게 쉽사리 거세해 버릴 수가 있었을까? 반면에 저들은 친일파를 군정에 등용하여 자기들의 동료로 만든 것이니 저들은 사람의 량심을 지닌 자들이 아니다. 하기야 제국주의 하는 자들에게서 그런 것을 기대하는 내 자신이 먼저 틀린 일이기는 하지만 말이다.

이리하여 이 땅은 친일파들의 세상이 되고 애국 민족 세력은 남의 집 찬밥신세를 면치 못하고 3대가 빌어먹어야 하는 모양세가 되었다. 임자를 잘못 만난 것이다. 그러나 이런 민족사의 비극을 뼈저리게 느끼는 사람이 별로 없다. 진정 애국자가 없다는 말이다. 이 땅 그 잘난 양키들의 노례들은 '자유민주주의'를 전가의 보도로 써먹으면서 제국주의자들의 충견노릇을 하고 있는 것이다. 사람이 남의 노례로 살면서 자기가 노례 신분이라는 것 조차 몰으고 산다는 것은 넘우도 비참한 일이 아닐 수 없다.

앞서 이 땅을 우리 선렬들의 유산이라 말했지만 실로 우리 민족은 전 세계적으로 그 류례를 찾아볼 수 없는 9천8백여개년의 력사를 갖인 민족으로 일즉히 중앙 아시아 파미르(파내류산) 고원으로부터 나라를 세워 동쪽으로 오늘날의 중국 대륙에서 약 1천3백여개년을 그 땅의 주인 노릇하고 지내다가 불행히 당시에 그 땅을 토족 황제 헌원에게 내주고 더 동쪽으로 이동하여 몽골을 거쳐 지금의 동북 3성에 자리잡게 된 것이다.

이렇게 해서 단제 성조 고조선을 거쳐 부여, 고구려 대에 와서도 고주몽은 본래 압록강 가 졸본(환인)에서 나라를 세웠다가 더 큰 뜻을 품고 눌현 즉 지금의 장춘으로 천도했다. 이는 단제 고조선의 그 넓은 땅을 회복하려는 웅지이었음을 우리가 짐작할 수 있는 대목이다.

그러나 불행히 유리왕은 그곳에서 다시 졸본으로 내려오게 되었으니 이는 부왕 고주몽의 뜻을 저버림이라 아니 할 수 없다. 그리고 또 장수왕 때에 와서는 그 땅을 완전히 버리고 평양으로 천도하고 말았으니 오늘날 소국민으로 전락한 백성으로서 생각할 때 우리의 국운이 그뿐이었음을 통탄할 뿐이다.

그런데 또 한번의 기회를 잃었던 것이니 이는 고려 말기 원나라가 쇠미하게 되었을 때 동북3성 지역에 원의 평장사로 있던 유익과 왕우승은 그 땅이 바로 우리 고조선 땅이었음을 들어 그 땅을 갖이고 고려에 귀부[歸附, 스스로 와서 복종함]하겠다는 뜻을 전해왔을 때(물론 당시 신흥 명나라와의 관계가 간단하지는 않았지만) 조정 관리들은 고식주의에 빠져 호박이 넝쿨 채 굴러들어온 천재일우의 기회를 놓치고 말았으니 그 애석함을 말해 무엇하겠는가? 그래서 유익과 왕우승 등은 그 땅을 갖이고 명나라로 들어갔던 것이다.

내가 그 땅에 가서 그 해넓은 땅, 천리를 가도 산 하나가 보이지 않는 옥야천리 끝이 없는 지평선에 서서 풀 한 포기를 보아도 '네가 이땅에서 났구나!' 그 감회가 이만저만한 것이 아니었다. 그러나 거기 자라는 초목인들 무엇을 알랴? 거기 사는 동포, 다시 말해 조선족을 볼 때 일방 반갑기도 하지만 일방 처량해 보이기도 했다. 왜냐? 그 땅의 주인이 오늘날에는 남의 땅이 되어 조선족이라는 소수민족의 대우를 받고 있기 때문이었다. 돌이켜 고구려 보장왕 원년에 김춘추가 고구려를 방문했을 때 연개소문의 3국 련합게책만 받아들였어도 이 민족의 운명이 이렇지는 않았을 것이 아니냐?

"나는 원고 뭉치를 붙들고 울었다."

죽은 자식 나이 세어보기다. 그렇다. 부질없는 일이다. 그러나 일즉이 박은식 선생은 말하기를 민족은 력사를 먹고 산다라고 했다. 밖에서 잃은 것을 안에서 찾는다는 말도 있듯이 우리가 땅을 빼앗겼지만 력사라도 알면 그것이 우리의 정신적인 자산이 되기 때문에 력사는 알아야 한다. 그런 뜻에서 내가 범민련을 하면서 상고사를 공부하고 이것은 젊은 사람들이 학교에서 배우지 못한 그들에 가르쳐주기 위해 그리고 민족혼을 되살리기 위해 그와 같이 복잡하고 앞뒤 없이 무질서한 고서들을 머리통이 터지도록 파고들어 누가 보아도 합리성 있게 꾸며낸 것이다.

나는 범민련을 하면서 한총련(내가 한번 수천명 학생들이 전대협이라는 이름으로 모였을 때 "전국대학생대표자협의회라 하는데 그 전국이라

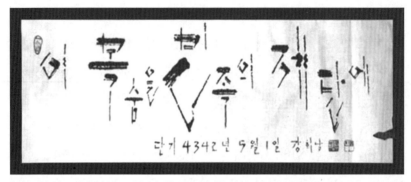

"가이생어생(可以生於生)이오 가이사아사(可以死於死)라 가히 살 만한 때에 살고 가히 죽을 만한 때에 죽는다."는 심정으로 2009년 5월 1일 자진(自盡)해서 돌아가신 강희남 목사가 남긴 글자 '이 목숨을 민족의 제단에'. 연도(단기 4342년) 표기를 단기로 적었다.

는 것이 도대체 무얼 말하는 것이냐? 한반도 남쪽 이 반쪼각을 갖이고 전국이라 하느냐? 달은 사람들은 몰라도 우리 통일운동 하는 사람들은 이것을 갖이고 전국이라 할 수 없다. 전국이라는 말은 아껴두었다가 통일된 후에 쓰자." 했더니 학생들이 이를 좋게 받아들여 전대협을 한총련으로 개칭했던 것이다.) 학생들을 볼 때마다 우리 민족의 희망은 이 젊은 사람에게만 있다고 스스로 위안을 받곤 했던 것이다. 이 젊은 사람들에게 애국이 있고 진실이 있다. 나이 든 사람을 나는 믿지 못한다.

　끝으로 한 가지만 더 사족을 붙인다. 이는 내가 어데서 본 것을 갖이고 우리 주관에서 우리라는 말을 넣은 것이다. "우리는 아메리카 사람들의 술책이나 그들의 전략적 허세에서 우리에게 쏟아 부은 외교적 장황설을 극복해야 한다."

　이 땅의 젊은이들이여. 지금은 조국을 위해 일어날 때다. 그리고 력사의 수업료를 낼 줄도 알아야 한다. 내가 이 원고를 쓰면서 가다가 행여나 중간에 병이라도 나서 죽으면 어쩔까 하는 조바심에서 평생의 사명으로

알고 탈고하던 날 나는 원고 뭉치를 붙들고 울었다.* 죽지 않고 마친
감격이었다.

　나는 이 땅의 젊은이들 밖에는 누구도 믿지 않는다.

　"이 늙은 학은 목이 길어서 더욱 서럽다."

---

* 이 원고로 만든 책 『우리 민족 정리된 상고사』의 목차는 아래와 같다.
제1장 서론
　1. 허탈감
　2. 사대사관
　3. 민족혼의 되찾기
　4. 고서들에 대한 나의 서술방법
제2장 우리 민족의 뿌리
　1. 인류는 어떻게 시작되었는가?
　2. 우리 민족의 기원
제3장 우리 민족이 세웠던 나라들
　1. 환인천황의 파내류국
　2. 환웅 천왕 신불(신시) 배달국
　3. 치우천황의 청구국
　4. 단제 3한 조선
　5. 부여조선
　6. 마한
　7. 예맥조선
　8. 고구려·백제·신라 그리고 가락
제4장 상고시대 민족문화
　1. 상고시대의 신관
　2. 신교
　3. 소도제천문화
　4. 철학
　5. 정치
　6. 세계(계)의 창제
　7. 교육
　8. 책력
맺는 글

강희남(1920~2009)

전라북도 김제 생. 한국신학대학 대학원 졸업. 목사. 조국통일범민족연합 남측본부 초대 의장, 1989년 남한(전국)민족민주운동연합 고문, 1980~1984년 한국기독교농민회 이사장.

저서로 『우리 민족 정리된 상고사』(2008), 『새번역 환단고기』(2008), 『동북3성을 가다』(2003), 『민중주의』(2001), 『력사 속의 실존』(1989)이 있다.

《환단고기》를 구성하고 있는 《삼성기》, 《북부여기》, 《단군세기》, 《태백일사》 등에서 시종일관 관통되고 있는 것은 우리나라 력사가 단군조선으로부터 부여, 고구려, 발해, 고려 등으로 이어왔다는 것을 강조한 것이다. 특히 《환단고기》의 구성과 내용에서 절반 이상을 차지하고 있는 《태백일사》는 이러한 력사관을 잘 보여주고 있다.

그러므로 우리는 단군관계비사 《환단고기》에 대하여 아주 엄밀한 사료적 검토를 진행하여 거짓을 벗겨내고 진짜 알맹이를 골라 취사하여야 할 것이라고 본다. 다시 말하여 근대 시기 혹은 그 이전 시기에 손을 댄 흔적들을 말끔히 벗기고 분석하여보면 원래의 사료로 만들 수 있으리라고 본다.

10장

단군관계 비사
《환단고기》에 반영된 력사관*

림광철

---

* 출처 〈력사과학〉(과학백과사전출판사, 2021년 4호). 맞춤법은 북의 〈력사과학〉 원문 그대로 표기했다.

《신화나 전설, 옛날사람들이 써놓은 사료를 대할 때에는 반드시 로동계급적 립장에서 옳게 분석해보고 당시의 력사를 해명할수 있는 진짜알맹이를 찾아내야 합니다.》(《김정일전집》 제2권 291페지)

주체적립장에서 외곡된 력사문제를 해명하고 조선고대사를 정립체계화하는데서 나서는 문제의 하나는 지난 시기 《삼국사기》와 달리 편찬서술된 단군관계비사들에 대하여 엄밀히 따져보고 취사하여 리용하는것이라고 본다.

지난 시기 《규원사화》, 《단기고사》, 《환단고기》를 비롯한 단군관계비사들은 후에 와서 대체로 필사본으로 나타났고 구성상, 내용상에서 믿지 못할 허황한 사실들과 또 후세사람들이 손을 댄 흔적이 있는것으로 하여 그 사료적가치가 도외시되던 력사책들이다.

그러나 단군관계비사들에 실린 사료들을 분석해보면 서로 각이한 전존 및 출현경위를 가지고있으나 단군조선의 47대 왕명이나 단군 8가를 비롯하여 일부 사실들이 공통된다는것을 확인할수 있다. 이것은 바로 단군관계비사들에 실린 적지 않은 사료들이 고유한 전승에 기초하여 반영된 력사적사실이였다는것을 보여주고 있다.

그러므로 이 글에서는 조선고대사를 정립체계화하는데서 단군관계비사들이 단군 및 고대사와 관련된 력사사료들을 적지 않게 반영하고있는데로부터 출발하여 대표적인 단군관계비사중의 하나인 《환단고기》에 반영되여있는 력사관에 대하여 개괄적으로 보려고 한다.

《환단고기》는 1911년에 계연수가 썼는데 《삼성기》, 《단군세기》, 《북부여기》, 《태백일사》 등 단군관계비사들을 모아놓은 종합본이다.

《환단고기》에는 단군조선으로부터 고려에 이르기까지의 우리 나라 고대, 중세의 력사가 서술되여있다. 그 내용들을 검토해보면 당시의 력사적 사실이 어느 정도 반영되여있으나 이와 반면에 믿기 어렵고 허황한 사실도 적지 않게 있다. 더우기 근대에 이르러 가공한 흔적이 여러군데 있어 반영된 사료들은 주체적립장에서 철저한 검토를 통하여 비판적으로 리용하여야 할것이다.

《환단고기》에 반영된 력사관은 크게 세 측면으로 분석평가할수 있다.

단군조선으로부터 부여-고구려-발해-고려로 계승

첫째로, 《환단고기》에는 우리 나라 고대, 중세력사가 단군조선으로부터 시작되여 그 전통이 고구려-발해-고려로 계승되여왔다는 관점에서 서술된것이다.

《환단고기》를 구성하고있는 《삼성기》, 《북부여기》, 《단군세기》, 《태백일사》 등에서 시종일관 관통되고있는것은 우리 나라 력사가 단군조선으로부터 부여, 고구려, 발해, 고려 등으로 이어왔다는것을 강조한것이다. 특히 《환단고기》의 구성과 내용에서 절반이상을 차지하고있는 《태백일사》는 이러한 력사관을 잘 보여주고 있다.

《태백일사》는 조선봉건왕조시기의 일십당주인 리맥이 지었고 근대에 와서 해학 리기가 보관하고있었던 책이라고 한다.

저자인 리맥은 연산군시기인 1504년에 괴산에서 귀양살이를 하면서

《고기》를 읽고 어떤 늙은이에게서 들은 옛이야기를 기록해두었다가 중종 반정이후 1520년에 찬수관으로 뽑혀 내각에 비장된 단군관계비사들을 모두 읽은 다음 앞의 원고와 상고해보고 차례로 엮어서 《태백일사》라고 이름지었으나 감히 세상에 내놓지 못하고 감추어두었다고 한다.

《태백일사》의 구성체계를 보면 그안에 8개의 본기로 나누어 삼신5제본기, 환국본기, 신시본기, 삼한관경본기, 소도경전본훈, 고구려국본기, 대진국본기(발해), 고려국본기로 되여있는데 여기서 삼신5제본기, 환국본기, 신시본기, 삼한관경본기, 소도경전본훈은 단군조선 혹은 고조선과 관련된 체계이다.

내용을 보면 고대로부터 고려에 이르기까지의 력사적내용들을 취급하였다.

삼신5제본기 1에서는 우주의 창조설을 밝히고 삼신일체의 상제 곧 《하늘》 님의 철학을 설명하여 《주체는 곧 일신이 되고 각각으로 신이 있는것이 아니라 작용이 곧 삼신인것이다.》라고 밝혔고 5제에 대해서도 설명하였다.

환국본기 2에서는 파나루산과 바이깔호를 중심으로 남북 5만리, 동서 2만리의 환국12련맹이 성립되였음을 밝히고 이곳이 인류의 발상지라고 하였다.

신시본기 3에서는 환웅천왕이 하늘에서 백두산에 내려와 신시를 열어 배달국을 개국하고 《홍익인간》, 《리화세계》의 천부주의를 선포하고 불씨를 발견하여 최초의 문화를 발명하였다는것을 설명하였다.

삼한관경본기 4에서는 단군조선때 단군왕검이 나라를 세우고 진한, 마한, 변한 삼한으로 나누어 다스리게 한 삼한관경제도와 삼한의 력대

왕들의 공적 또는 그 포괄령역을 설명하였다. 여기서 말하는 삼한관경제도라는것은 단군조선이후 삼한 즉 마한, 진한, 변한 등으로 명칭을 바꾸어 련합형식으로 다스렸다는것이다.

소도경전본훈 5에서는 고대의 종교와 철학을 밝히고 《천부경》, 《삼일신고》, 《참전계경》, 《황제중경》 등을 소개하였다.

고구려국본기 6에서는 북부여 해모수로부터 고구려력사가 시작되였음을 밝히고 신시개천이래의 전통리념과 종교를 이어받아 국운이 왕성하였다고 서술하였다.

대진국본기 7에서는 발해의 력사를 서술하였는데 고구려 보장왕 개화27년(668년) 9월 21일 라당련합군의 침공을 받아 평양성이 함락되자 진국의 장군 대중상이 고구려를 회복하기 위한 피어린 투쟁을 벌려 라당련합세력을 구축하고 고구려를 다시 중흥하였으며 태자 조영이 제위에 올라 고구려의 전통을 이어받아 해동성국을 이루고 왜국을 평정한 사실을 서술하였다.

고려국본기 8에서는 고려가 강대한 고구려의 전통을 이은 대의를 밝혔고 거란의 침입과 원의 침공을 물리치고 단군조선이래 줄기차게 이어온 민족전통을 다시금 이어왔다는것을 서술하였다.

결국 《태백일사》에서는 환인, 환웅에 이어 단군이 첫 국가를 세운 이래 우리 나라 력사의 정통이 단군조선-고구려-발해-고려로 줄기차게 이어져왔다는 관점에서 서술된것이다.

그러므로 《태백일사》에서 말하는 우리 나라 고대, 중세력사의 기본체계는 단군조선과 그 뒤를 이은 고구려, 대진국, 고려로 된다는것을 강조하였으며 이러한 관점은 과학적이고 정확한것이라고 본다.

그러나 《태백일사》에서는 리해할수 없는 철학과 종교 등 허황한 사실들을 반영한것이 있고 단군조선의 후국으로 있다가 분립한 삼한이 마치도 단군조선전체가 삼한으로 바뀐듯이 서술하여 혼란을 가져올수 있는 사실들도 있으므로 비판적견지에서 보아야 한다.

고대중국은 단군조선에 복속한 나라?

둘째로, 단군조선이 동방에서 처음으로 건국하여 중국을 비롯한 주변나라들에 영향을 주었으며 그 기풍이 고구려—발해—고려에까지 이어져왔다는 관점에서 서술된것이다.

《환단고기》를 구성하고있는 《삼성기》를 비롯한 여러 책들에서는 단군조선의 력사가 중국을 비롯한 주변나라들에 비하여 맨먼저 시작되였으며 다방면적인 면에서 문화적영향을 많이 주었다고 되여있다. 특히 중국의 문화는 우리 선진문화의 영향하에 발생발전하였다는 점을 강조하면서 중국의 고대전설속에 나오는 3황5제도 본래는 우리 선조들의 영향을 받아 중원의 문화를 꽃피웠다고 하였다.

결과 우리 나라가 중국보다 훨씬 먼저 발전하였고 위엄과 기상으로 중국을 위압하여 종당에는 고대중국이 단군조선에 복속한 나라였다고 주장하였다.

그 기풍은 고대를 이어 삼국시기에 들어와서도 고구려에 의하여 이어지고 그 이후 발해로 이어졌으며 당시 고구려와 발해가 중국을 속국으로 여기면서 다스려왔다고 긍지높이 자랑한것이다.

우리 민족의 국가들이였던 고조선, 고구려, 발해, 고려가 당시 강대국으로 중국에 널리 알려진것은 력사적진실이다. 그렇다고 하여 단군조선, 고구려, 발해가 력대로 중국왕조들을 복속시켰는지는 더 따져보아야 한다.

이렇게 놓고볼 때 저자가 과장확대한 감은 있지만 단군조선, 고구려, 발해, 고려가 동아시아력사에서 차지하는 지위에 대하여 긍정적으로 인식하고있었다고 볼수 있는것이다.

필사본이 빚은 오류와 주관적 해석

셋째로, 실제한 력사적내용들을 지나치게 과장확대시켜 주관적인 우월감에서 서술된것이다.

우리 나라가 사방 수만리의 령토를 가지고 인류려명기를 개척하였고 첫 시기부터 많은 소국들과 대국들을 복속시킨 세계문명의 중심국으로 만들어놓았으며 령토도 수만리가 되여 저 멀리에 있는 슈메르국까지도 단군시대의 속국으로 되여있다고 하였다.

그러나 그를 증명할만한 과학적인 근거는 없고 또 주관적인 해석의 과장확대로 인하여 종당에는 믿기 어렵고 허황한 력사적오류를 범하고있는것이다.

단군조선이 동방에서 제일먼저 건국한 선진문명국으로 주변에 영향을 주었다는 사실은 있을수 있는 일이지만 저 멀리에 있는 고대슈메르에도 문화적영향을 주었다는것은 아직은 믿기 어렵다. 이것은 저자의 주관적욕

망에 따라 과장확대된 론리라고 본다.

이러한 저자의 력사관은 큰 나라에 대한 사대와 여러 차례의 외적의 침략으로 말미암아 쇠퇴몰락하여온 조선봉건왕조시기 그리고 유미렬강과 일제의 침략이 로골화되던 근대시기에 민족주의적인 우월감을 고취하여 자존과 부강을 고취하려는데로부터 출현한 사상관점이라고 본다. 이것은 비단 《환단고기》에 반영된 력사관만이 아니라 17세기중엽에 나온 《규원사화》나 《단기고사》 등에도 반영되여있는것이다.

그뿐 아니라 당시 력사적사실에 부합되지도 않게 5색인종이 우리 나라에서 발생하여 세계에 퍼졌다는것, 단군조선시대에 벌써 삼한이 련방제형태로 나라를 다스렸다는것, 의회제와 립헌군주제와 같은 체제가 고대시기 형성된것처럼 서술한것이다. 이러한 내용들은 당시 고대, 중세력사에서는 들을수도 있을수도 없는 사실인것이다.

《환단고기》에서 이러한 실례는 적지 않게 실려있다.

《환단고기》가 이러한 내용까지 반영하게 된데는 필사본으로 전해져내려온 조건에서 근대시기에 민족주의사가들이 의도적으로 손을 대여 가공하여놓았기때문에 빚어진 결과였다.

무턱대고 위작이라고 보는것은 편협한 견해

이러한 력사적오유가 발로되여 종당에는 많은 연구자들속에서 《환단고기》에 대하여 의심하거나 도외시하는 경향이 있게 된것이다. 지어는 다른 나라의 일부 연구자들속에서는 《환단고기》가 근대시기에 와서 개별적사람들이 만들어낸 위작이라고까지 비난하였다. [《고조선연구》(중문) 홍콩 아주출판사 2006년 97~98페지]

그러나 《환단고기》에 믿기 어렵거나 과장확대된 사실, 근대시기의 개념들이 반영되여있다고 하여 무턱대고 위작이라고 보는것은 편협한 견해라고 본다.

사실 《환단고기》에 인용된 사료들을 검토해보면 력사에 있었던 실제한 력사책들을 인용한것으로 하여 일부 연구해볼 가치가 있는 사료들도 있다.

《환단고기》에서 인용한 《조대기》, 《표훈천사》, 《대변경》을 비롯한 책들은 조선봉건왕조시기 여러 왕대에 걸쳐 금지된 도서목록에 오른 실제한 력사책들이였다.

《세조실록》 3년(1457년) 5월 무자일조, 《예종실록》 1년(1469년) 9월 무술일조, 《성종실록》 즉위년(1469년) 12월 무오일조에는 왕이 8도관찰사 또는 례조에 내린 지시에서 국가적으로 구해야 할 도서목록들을 렬거하였는데 그중에 《조대기》, 《표훈천사》, 《대변경》, 《삼성기》 등이 올라있는 사실들을 통하여 알수 있다. 이것은 《환단고기》에서 인용한 책들이 실지로 조선봉건왕조시기까지도 이미 존재하여있었다는 사실을 말해주며 《환단고기》에 실린 자료들도 연구해볼 가치가 있는 사료들이라는것을 말해준다.

그러므로 우리는 단군관계비사 《환단고기》에 대하여 아주 엄밀한 사료적검토를 진행하여 거짓을 벗겨내고 진짜알맹이를 골라 취사하여야 할것이라고 본다. 다시말하여 근대시기 혹은 그 이전 시기에 손을 댄 흔적들을 말끔히 벗기고 분석하여보면 원래의 사료로 만들수 있으리라고 본다.

지난 시기 학계에서는 단군 및 고조선문제를 심화시키면서 이러한 단군관계관련도서들에 반영된 단군조선왕조의 47대 왕력이나 단군 8가같은 것을 분석하고 실제한 력사적사실로 인정하였다.

최근에는 단군관계비사들에 기초하여 전조선과 후조선의 왕세계도 합리적으로 밝혀내였다.

이처럼 《환단고기》는 내용서술에서 비록 주관적이고 과장확대해놓은 부분 그리고 근대에 만들어낸 부분도 있지만 한편으로는 일정한 력사사료에 근거하여 우리 민족사관을 옳게 정립전개하려고 한 긍정적인 측면도 찾아볼수 있는것이다.

앞으로 이 문제에 대한 연구를 더욱 심화시켜 단군 및 고조선력사와 고구려력사를 사료적으로 풍부히 하는데 이바지해나가야 할것이다.

* 실마리어: 《환단고기》

박순경, 강희남, 이유립과의 인연과 환단고기

『단군, 환단고기 그리고 주체사관』을 기획하게 된 데에는 여신학자 박순경(1923~2020) 교수와의 인연이 큰 영향을 미쳤다.

이 책에 실린 '구약성서 창세기와 환단고기로 읽는 우주론'을 쓴 원초 박순경 교수를 처음 만난 것은 1991년 9월 8일 서울구치소 접견실이다. 당시 월간 『말』 기자로 일하던 나는 '분단과 사람들'의 주인공으로 선정된 박순경 교수를 인터뷰하기 위해 서울구치소를 방문했다. 박 교수는 1991 년 7월 일본에서 열린 평화통일과 선교에 관한 기독자 도쿄회의 주제 강연과 범민련 활동이 문제가 돼 국가보안법 위반 혐의로 구속, 수감 중이었다. 그 시절 시국사범, 양심수는 흔한 뉴스였지만, 칠순을 바라보는 나이, 그리고 여교수라는 점 때문에 기획안이 채택됐던 것으로 기억한다. 접견실에서 수번 72번을 단 박 교수와의 짧은 만남 후 월간 『말』 10월호에 '기독교와 공산주의 잇는 여신학자 박순경'이란 기사를 실었다. 박순경 교수가 '열애'한 신학자 칼 바르트, 헨델의 '메시아' 들으며 울던 유학 시절, 민족신학과 여성신학에 대한 탐구, 주체사상의 성서적 해석 등을 소개한 글이었다.

민족신학, 통일신학을 연구하다 만난 『환단고기』

2013년 7월, 강화도 전등사(정족산성) 동문 앞에 선 박순경 교수. 단군 유적지가 있는 마니산 참성단에 오르고 싶어 하셨지만 90세의 노구를 이끌고 가파른 계단을 오르기 힘들어 대신 전등사를 찾은 것이었다. 전등사를 둘러싼 삼랑성에는 단군의 세 아들에 관한 전설이 깃들어 있다.

그 뒤 필자는 단행본 『분단시대의 지식인-통일 만세』(2013)에 들어갈 인터뷰 기사를 쓰기 위해 박순경 교수를 다시 만났다. 이때 한 번은 서울 자택에서 또 한 번은 강화도 전등사의 찻집 죽림다원에서 인터뷰했다. 단군 유적지가 있는 마니산 참성단에 오르고 싶어 하셨지만 90세의 노구를 이끌고 가파른 계단을 오를 수 없기에 대신 전등사를 찾은 것이었다.

박 교수님은 예전과 변함없이 민족과 통일을 강조했고, 민족이 이념과 체제보다 우선하며, 연방제 통일로 제3의 민족사회 건설해야 함을 역설했다. 이 분의 발언 중에 새로운 내용이 추가됐다면 『환단고기』에 관한 언급이었

다. 90을 맞이한 나이에 칼 바르트의 '삼위일체 하나님과 시간' 저술 작업에 몰입하면서도 틈틈이 상생방송을 보면서 독학으로 『환단고기』를

공부했다고 한다. 이런 내용을 담아 『통일 만세』에 '『환단고기』와 『삼위일체 하나님과 시간』'이란 제목의 글을 실었다.

"신학자가 『환단고기』를 공부하게 된 배경이 무엇인가?"라는 질문에 박 교수는 "민족신학, 통일신학 연구하면서 우리 민족사에 관심을 갖게 됐고, 우리 민족사의 시원을 밝히는 작업을 하다 보니 『환단고기』를 읽지 않을 수가 없었다."라고 답변했다. 민족신학, 통일신학을 추구한 박 교수는 한국의 역사학자 책 속에서 이에 관한 도움을 얻으려고 했으나 실패했다는 말을 여러 차례 밝혔다.

"통일신학에 주력하기로 마음먹은 1970년대부터 한국 역사책을 찾아봤는데 민족문제를 제대로 밝힌 역사학자를 찾지 못했어."
"우리나라의 진보적인 식자들은 역사를 잘 모르는 경우가 많아. 서구에서 공부를 잘못해서 그럴 거야. 근현대사 연구하는 학자들이 안타깝게도 제국주의 국가들의 민족주의와 피억압국가의 민족주의를 구별하지 못해."
"한국 사학자들도 민족시원을 잘 몰라. 진보진영이 걱정할 것은 제대로 된 민족주의가 없다는 것이야. 민족의 과잉이 아니라 민족의 결핍이지."

대학교수 중에 『환단고기』를 언급하거나 인용하는 사람은 거의 없다. '위서'라는 낙인이 찍혀있기 때문이다. 박 교수는 『환단고기』 '위서론'에 관해 매우 비판적이었다. 그는 "기존 학자들은 자기 이론에 갇혀서 다른 학설이 나오면 배제해. 그 사람들은 그게 무슨 역사냐 그러는데, 일제

식민사관에 젖어서, 타성에 빠져서 그런 거야. 시대, 인물, 상황이 구체적으로 나오는 걸 보면 『환단고기』는 결코 위서가 아녜요. 무슨 재주를 부려서 역사적 상상력으로 꾸며낸 책이 아냐."라면서 필자에게 꼭 한번 읽어보라고 권했다.

박순경 교수는 필자에게 인터뷰할 때뿐만 아니라 그 후에도 여러 차례 전화 통화를 할 때마다 『환단고기』를 구해서 읽으라고 강권했다. 학식과 덕망이 높은 분이 추천하는 책이라 일단 『환단고기』를 샀으나, 1420쪽에 달하는 방대한 분량이고 내용도 낯설어서 제대로 읽지 못했다. 그러다 몇 년의 시간이 지나고, 2020년 10월 24일 박순경 교수의 부고를 접하게 됐다. 거의 백 세를 바라보는 나이였다.

나의 인생길에서 큰 가르침을 안겨 주신 몇 안 되는 어른 중의 한 분이기에 한 인터넷신문에 추모의 글을 기고했는데, 마지막 문장을 이렇게 썼다.

"98세의 나이로 돌아가신 박순경 교수님 영전에, 교수님이 마지막까지 붙들고 공부했던 '민족개념', '민족시원'을 주제로 한 책을 발간할 것을 출판인으로서 약속드린다."

그 뒤 '진보적 민족주의자는 환단고기를 어떻게 바라봐야 할까'라는 문제의식을 갖고 단행본 기획안을 구상했다. 이번에 펴낸 『단군, 환단고기, 그리고 주체사관』은 그 약속을 지키기 위한 노력의 일환이라 말 할 수 있다.

강희남, 『환단고기』는 어두운 밤길에 만난 작은 반디불

이 책의 필자들과 얽힌 인연 중에 한 가지 더 소개할 이야기가 있다. 1999년 필자가 『한총련을 위한 변명』을 저술한 적이 있는데, 『단군, 환단고기, 그리고 주체사관』의 저자 두 분이 이 책의 추천사를 썼다. 박순경 교수와 강희남 목사이다.

흰돌 강희남(1920~2009) 목사는 내가 10년 동안 적을 뒀던 월간 『말』지를 그만두면서 마지막 인터뷰 기사를 썼던 분이다. 전라북도 전주 자택과 서울 종로 6가의 범민련 사무실을 찾아가 두 차례 인터뷰했고, 1999년 1월호에 '산 역사 물려주려 감옥 간다'라는 제목의 기사를 실었다.

그는 박정희 군사정권 시절에 반독재 민주화운동을 하다 끌려간 이후 모두 다섯 차례 감옥살이했다. 전두환 정권은 물론 김영삼, 김대중, 노무현 정권에서도 국가보안법 위반으로 감옥에 갔다. 그는 자신을 '하나님의 집을 지키는 개'라 여겼다. 하나님의 정의를 침범하는 도적, 외적이 있으면 짖고 무는 게 자신의 임무라는 것이다. 강 목사는 "환갑, 칠순이 넘은 연로한 나이에 계속 감옥에 가는 게 두렵지 않은가?"라는 질문에 "내게 두려운 것이 있다면 '사가의 펜 끝'과 '나 자신의 그림자'일 뿐"이라고 답했다.

당시까지만 해도 스스로 기독교인이라 여기던 내 눈으로 볼 때 강 목사님은 참된 기독인이고, 목사였다. 그는 성서를 읽고 기독교인이 되었다고 하는 찰나에 성서를 놓아버려야 참 기독교인이 될 수 있다고 말했다. 그는 입으로 주여 주여 하지 않지만 자신의 신앙은 해이하지 않으며 늘 기도한다고 했다. 인터뷰를 위해 서울 종로 6가 범민련 사무실에 함께 갔을 때도 먼저 두 손 모아 기도부터 했다. 무어라 기도했는지 묻자 "나는 항상 이 땅에 하느님의 나라가 구현되게 해달라고 기도하지. 그러기 위해서는 이 민족의 통일이 어서 이뤄져야 하고"라고 답변했다.

그때 만난 팔순의 흰돌 강희남은 고독한 목자였고, 강인한 투사였으며, 고결한 선비였다. 그런데 그 당시 인터뷰를 통해서 알지 못했던 사실을 최근에야 알게 됐다. 2009년 돌아가신 강희남 목사는 바로 한 해 전인 2008년, 88세 나이에 『우리민족 정리된 상고사』(2008), 『새번역 환단고기』(2008)를 발간했다. 흰돌 목사님은 인생의 말년기에 상고사 연구에 혼신의 힘을 기울였던 것이다. 그는 『우리민족 정리된 상고사』후기에 이런 글을 남겼다.

"내가 (젊은이를 생각하며) 이 원고를 쓰면서 행여나 중간에 병이라도 나서 죽으면 어쩔까 하는 조바심에서 평생의 사명으로 알고 탈고하던 날 나는 원고 뭉치를 붙들고 울었다. 죽지 않고 마친 감격이었다."

그가 인생의 마지막 순간에 우리 민족의 상고사 연구에 얼마나 공을 들였는지 알 수 있다. 흰돌은 『환단고기』에 관해 "어둔 밤길에 작은 반디불을 만난 것처럼 한 가닥 희망의 빛을 본 것"이라고 밝혔다.

통일운동 진영에서 활동한 주요 인사인 두 분이 인생의 막판에 『환단고기』 연구에 몰입했다는 사실은 시사하는 바가 크다.

『말』지를 그만둔 직후인 1999년 초에 펴낸 『한총련을 위한 변명』에 실은 '북한의 단군릉 개건과 통일이념'이라는 글의 마지막에 필자는 "쇼비니즘(국수주의)을 경계하면서도 식민사관을 극복하고 민족의 원형을 회복하기 위해서, 그리고 21세기의 통일이념을 준비하기 위해서는 지식인들이 우리 민족의 '오래된 미래'인 단군을 되살리는 작업에 착수해야 할 것이다."라고 썼다. 20여 년이 지났지만, 지금도 같은 생각이다.

남과 북을 통합하는 구심점 역할을 주체사상이나 기독교, 불교와 같은 이념과 종교가 할 수는 없다. 남북통일 이후 민족을 통합하는 이념으로 단군이념을 대치할 것이 그 무엇인가? 통일을 지향하는 사람이라면 남북의 그 누구라도 고민할 사안이 아닌가 싶다.

이유립의 '주체사관'

흰돌 강희남 목사는 89세, 박순경 교수는 98세의 나이에 돌아가셨다. 이 책에 소개한 한암당 이유립(1907~1986) 선생은 80세에 작고하셨다. 내가 『환단고기』를 현대에 전수한 이유립 선생에 관해 알게 된 것은 불과 몇 달 전의 일이다.

작년 여름 강화도에 헌책도 함께 취급하는 평화책방을 연 뒤에 지인들이 다양한 중고서적을 기증했다. 그중에 『寒闇堂 李裕岦 史學叢書』(天)이라는 책이 있었다. 제목도 한자이고 본문의 주요 단어는 거의 한자로 쓰인 책인 데다 833쪽에 달하는 두툼한 책이어서 살펴볼 생각도 하지 않았다. 솔직히 말하면 곰팡이 선 오래된 책을 버릴 때 함께 버리지 않은 것만도 다행이었다.

책을 기증받은 지 거의 1년쯤 된 어느 날 우연히 『한암당 이유립 사학총서』의 앞장을 살펴보다가 깜짝 놀랐다. 1983년에 펴낸 이 책의 발간사 첫 단락에는 "민족의 주체사관과 가치의 정립을 위해 노력해온 한암당 이유립 선생님의 사학총서가 발간된 것은 큰 의의를 지닌다."라고 쓰여 있었고, 이유립 선생의 첫 번째 글 '권두언'에는 사대주의를 비판하면서 "명예스러운 평화적 자주통일을 지향하는 단결된 주체세력을 형성해야 된다."라고 적혀 있었다. '주체사관', '평화적 자주통일' 같은 말에서 『환단 고기』하면 떠오르는 복고주의, 보수주의의 느낌이 아니라 '진보적 민족주 의'의 감성이 느껴졌다. 본문의 곳곳에는 이를 확인할 수 있는 내용이 많았고, 그다음 날까지 손을 떼지 못하고 밑줄 쳐가며 읽었다. 그리고 마지막 페이지의 판권에 적힌 '편집(단단학회, 전형배)'이라는 글자를 보고 다시 한번 놀라게 됐다. 발간사를 쓴 편집자 전형배는 10여 년 전부터 알고 지내던 전 창해출판사 사장이었다. 전형배 사장이 역사에 관심이 많은 줄은 알고 있었지만, 20대 초중반의 나이에 이유립 선생 밑에서 역사 공부를 하고, '총서'를 편집했다는 것은 나의 상상을 뛰어넘는 일이었다.

이미 정해진 기획안에 '이유립의 주체사관'에 관한 글을 보태기로 마음 먹었다. 바로 전형배 선생에게 청탁했으나 아직은 공부가 덜 됐다며 극구 사양하고, 대신 이유립 선생의 사관에 대한 인터뷰는 허락했다. 이런 연유로 '이유립의 주체사관'에 관해서는 공부가 전혀 되지 않은 필자가 급히 쓰게 됐다. 글을 쓰면서, 강희남, 박순경, 이유립 선생이 만나서 『환단고기』와 민족주의에 관해 대담할 기회가 있었다면 얼마나 좋았을까 하는 생각도 해보았다.

이 책에 실린 글이 민족, 통일, 단군, 남북통합에 관심이 많은 독자에게 '작은 반디불' 같은 역할이라도 하기를 기대해본다.

2022. 8. 15.

최진섭

찾아보기

환단고기에서 희망의 빛을 보다

-단군, 환단고기, 그리고 주체사관

초판 1쇄 | 2022년 8월 25일
　　 2쇄 | 2023년 7월 25일
지은이 | 박순경·이덕일 외 7인
펴낸이 | 최진섭
편　집 | 플랜디자인
펴낸곳 | 도서출판 말

출판신고 | 2012년 3월 22일 제2013-000403호
주　소 | 인천시 강화군 송해면 전망대로 306번길 54-5
전　화 | 070-7165-7510
전자우편 | dream4star@hanmail.net
ISBN | 979-11-87342-19-9